商务印书馆语言学出版基金
《中国语言学文库》第三辑

苏皖区域方言语法比较研究

王 健 著

商务印书馆
2014年·北京

图书在版编目(CIP)数据

苏皖区域方言语法比较研究/王健著.—北京：
商务印书馆,2014
ISBN 978-7-100-10416-6

I.①苏… II.①王… III.①江淮方言—语法—对比研究—吴语 IV.①H172.4②H173

中国版本图书馆CIP数据核字(2013)第273184号

所有权利保留。
未经许可,不得以任何方式使用。

苏皖区域方言语法比较研究
王 健 著

商 务 印 书 馆 出 版
(北京王府井大街36号 邮政编码100710)
商 务 印 书 馆 发 行
北京市艺辉印刷有限公司印刷
ISBN 978-7-100-10416-6

2014年7月第1版 开本 880×1230 1/32
2014年7月北京第1次印刷 印张 $8\frac{3}{4}$

定价：25.00元

目　　录

序一 …………………………………………………… 游汝杰 1
序二 …………………………………………………… 袁毓林 3
第一章　前言 ………………………………………………… 1
 1.1　汉语方言区域研究回顾 ……………………………… 1
 1.2　我们的研究思路 ……………………………………… 6
 1.3　苏皖方言概况 ………………………………………… 9
  1.3.1　现代苏皖方言概况 ……………………………… 9
  1.3.2　从历史渊源看吴语、徽语和江淮方言 ………… 11
 1.4　本文所用的材料 ……………………………………… 26

第二章　三种动态范畴的表现形式 ………………………… 29
 2.1　三种动态范畴的定义 ………………………………… 29
 2.2　三种动态范畴在吴语中的表现 ……………………… 33
  2.2.1　苏州话三种动态范畴的表现形式 ……………… 33
  2.2.2　常州话三种动态范畴的表现形式 ……………… 41
  2.2.3　湾沚话三种动态范畴的表现形式 ……………… 45
  2.2.4　吴语三地方言三种动态范畴表现形式比较 …… 48
 2.3　三种动态范畴在徽语中的表现 ……………………… 49
  2.3.1　绩溪话三种动态范畴的表现形式 ……………… 49
  2.3.2　歙县话三种动态范畴的表现形式 ……………… 51
  2.3.3　祁门话三种动态范畴的表现形式 ……………… 52

2 目录

2.3.4 徽语三地方言三种动态范畴表现形式比较 ·········· 54
2.4 三种动态范畴在江淮方言中的表现 ················ 55
2.4.1 泰如片三种动态范畴的表现形式 ················ 55
2.4.2 江苏境内洪巢片三种动态范畴的表现形式 ·········· 60
2.4.3 江苏境内泰如片、洪巢片江淮方言三种动态范畴表现形式比较 ·· 64
2.4.4 安徽境内洪巢片三种动态范畴的表现形式 ·········· 65
2.4.5 安徽境内洪巢片三种动态范畴表现形式比较 ········ 73
2.5 吴语、徽语和江淮方言三种动态范畴表现形式比较 ········ 73
2.5.1 三种动态范畴比较 ························ 73
2.5.2 体标记与动词结合能力比较 ·················· 75
2.5.3 助词"着"的比较 ·························· 77
2.6 从历时角度看吴语、徽语、江淮方言三种动态范畴标记的来源与演变 ································ 79
2.6.1 处所介词结构的语法化过程 ·················· 79
2.6.2 "着"的语法化过程 ························ 85

第三章 苏州话表体貌的"脱"及其在各方言中的对应成分 ········ 89
3.1 苏州话的"脱" ······························ 89
3.2 其他方言中跟"脱"相对应的成分 ·················· 97
3.2.1 其他方言"脱"类词概况 ···················· 97
3.2.2 常州话中的"落" ························ 97
3.2.3 湾沚话中的"得[rəʔ]" ······················ 99
3.2.4 绩溪、歙县的"塌" ························ 100
3.2.5 祁门话的"掉"和"失[ɕi]" ···················· 103
3.2.6 泰州、东台的"掉" ························ 104

3.2.7 兴化话的"特[tʰəʔ]"、"去[tʰi]"和"掉" ········· 105
  3.2.8 南通话的"去" ································ 106
  3.2.9 灌南、阜宁、涟水、沭阳、合肥、扬州的"得[təʔ]" ··· 108
  3.2.10 六安话的"掉" ······························· 111
  3.2.11 枞阳话的"特[tʰəʔ]、得[təʔ]、掉、去[tʰi]" ······ 112
 3.3 各地"脱"类词语法化的等级 ······················· 114
 3.4 全国其他方言区的"脱"类词 ······················· 121

第四章 量词独用现象考察 ································ 125
 4.1 什么是量词独用现象 ····························· 125
 4.2 吴语的量词独用现象 ····························· 125
 4.3 徽语的量词独用现象 ····························· 130
 4.4 江淮方言的量词独用现象 ························· 134
  4.4.1 涟水话型方言量词独用现象 ···················· 135
  4.4.2 兴化话型方言量词独用现象 ···················· 142
  4.4.3 扬州话型方言量词独用现象 ···················· 145
 4.5 吴语、徽语、江淮方言量词独用现象比较 ············ 146
 4.6 量词独用现象的共时和历时考察 ··················· 149
  4.6.1 量词独用现象在其他方言区中的分布 ············ 149
  4.6.2 量词独用现象的来源 ·························· 152

第五章 与动词重叠相关的几种句法、语义现象 ············· 163
 5.1 北京话与苏州话动词重叠式表义功能和句法格式的差别 ·····

                                                    163
 5.2 其他方言动词重叠的句法、语义表现 ················ 168
 5.3 动词重叠式语义、句法功能差异的历史来源 ·········· 172

5.4 从共时方言差异反观文献中的相关现象 …………… 177

第六章 与数量词连用的词缀"头" …………………………… 190
  6.1 做后缀的"头$_1$" ……………………………………………… 191
  6.2 做前缀的"头$_2$" ……………………………………………… 195
  6.3 做中缀的"头$_3$" ……………………………………………… 200
  6.4 跟数量词结合的词缀"头"的共时分布及历时蕴涵 ……… 201

第七章 结语:区域性共同特征的成因 ………………………… 203
  7.1 区域语言学视角下的苏皖方言共同语法特征 ……… 203
    7.1.1 什么是区域语言学的视角 …………………… 203
    7.1.2 苏皖方言的底层问题 ………………………… 204
    7.1.3 平行发展造成的共同特征 …………………… 210
    7.1.4 方言接触造成的共同特征 …………………… 212
  7.2 苏皖方言中的层次问题 ………………………………… 213
    7.2.1 汉语方言层次问题研究回顾 ………………… 213
    7.2.2 苏皖方言语法中的异源层次问题 …………… 216
    7.2.3 苏皖方言语法中的同源层次问题 …………… 229
  7.3 本书的成绩与不足 ……………………………………… 232

参考文献 …………………………………………………………… 236
附录 各地发音人、核对人一览表 …………………………… 252
专家评审意见 ……………………………………………………… 256
专家评审意见 ……………………………………………………… 259
后记 ………………………………………………………………… 261

本研究成果承蒙以下资金资助：

1. 欧盟第七框架计划（FP7/2007－2013）下之欧洲研究理事会（ERC）拨款资助（ERC 基金批准号 230388，资助课题：汉语方言混合语法类型比较）

The research leading to these results has partly received funding from the European Research Council under the European Community's Seventh Framework Programme （FP7/2007 － 2013）/ERC grant agreement No.230388: The hybrid syntactic typology of Sinitic languages'.

2. 2011 年度教育部人文社会科学研究青年基金项目"徽州地区方言语法比较研究"（批准号 11YJC740102）

3. 2011 年度江苏省社科基金项目"苏南吴语语法比较研究"（批准号 11YYB005）

4. 2012 年江苏省高校"青蓝工程"中青年学术带头人培养对象基金

5. 2011 年江苏省"333"高层次人才培养工程第三层次培养对象基金

序一

游汝杰

　　王健的书稿《苏皖区域方言语法比较研究》比较研究苏皖地区吴语、徽语和江淮官话的若干语法现象，内容相当深入，可以说是第一部研究方言语法的"区域方言学"著作，可喜、可贺。

　　所谓"区域方言学"应是"区域语言学"（areal linguistics）的下位概念。传统的汉语方言研究大都是地点方言的描写，也有将不同方言材料列成表格，进行排比的，例如高本汉的《中国音韵学研究》《江苏省和上海市方言概况》，以及北大的《汉语方音字汇》和《汉语方言词汇》等。此类字音表或词汇表为地区方言研究和各大方言和比较研究打下了很好的基础。后起的跨方言比较研究，大都限于语音和词汇层面，也没有"区域语言学"的自觉意识。王健则一开始就是立足于区域语言学的高度，选定地理上相连的苏皖地区，从事方言语法的调查研究。

　　区域方言学可以说刚刚起头，今后可以研究的区域还很多。王健所选择的苏皖地区的吴语，是北部吴语。北部吴语、徽语和江淮官话合为一个区域来研究是合适的。南部吴语则可以与闽语组成一个区域，因为两者在历史来源和方言接触方面，关系密切。客赣方言可以自成一区域，自不待言。广东可以独立成一区域，因为粤语、潮汕闽语、海南闽语和客家话在这一地区都有互相影响的关系。如此等等，可以开展研究的区域，不一而足。

　　由区域方言学想到近年来蓬勃发展的跨方言语法研究和方言类型学研究，这三者有异曲同工之妙。它们都是跨方言比较研究，不过区域方言学的志趣是研究同一区域的方言接触及其结果；跨方言语法比较，并不强调这些方言在地理上的关联,似乎也不怎么追求类型学的"蕴含"关系;类型学则有较完备的理论基础和研究范式。这三个研究方向应该可以互相借鉴,相辅相成。它们不仅是汉语方言研究的新的增长点,也将大大提高汉语方言研究的学术价值和对语言学的贡献。

王健博士 2007 年 8 月—2009 年 6 月在复旦大学中文系做博士后,主要从事方言语法的调查研究工作,也兼任语言学学科的秘书,常起草有关学科建设的计划、总结,组织学术会议和全国语言学高级讲习班,各项工作勤勉有加,努力不辍,成效显著,有口皆碑。在学术上更是兢兢业业,多年来不辞辛苦,从事田野工作,孜孜不倦,终于结成硕果。故我乐意为之作序。

2013 年岁末

序二

袁毓林

王健博士的《苏皖区域方言语法比较研究》即将出版,这是一件令人欣喜的事情。他远道来信(电子邮件),嘱我写序;我也正好利用这个机会,就方言语法的调查和研究,从师门学统和乡音瓦解两个方面,谈一些个人性、体验性的感想,跟作者和广大读者交流。

回想起来,王健从2002年来北大中文系做博士生开始,就尝试从区域语言学的角度来描写、分析苏皖两省境内的吴语、徽语和江淮方言的有关语法现象,比较动态范畴的表达形式、重叠式及相关格式等语法项目在不同方言点的异同,探讨它们之间可能的关系:到底是纵向的同源历史演变关系造成的,还是横向的不同汉语方言之间长期接触形成的,或者是不同的汉语方言平行发展造成的,甚至是早先进入这些区域的汉语方言跟当地土著语(百越语等)互相融合,后来又跟其他方言(官话等)长期接触形成的?

对于我而言,这是一种激动人心的工作,很好地践行了朱德熙先生倡导的贯通方言和历史的现代汉语语法研究的路线。众所周知,朱德熙先生早在1985年为桥本万太郎的《语言地理类型学》中译本(北京大学出版社)所写的序中,就一方面肯定了德·索绪尔区分共时和历时给20世纪语言研究带来的积极影响;另一方面也明确指出这种学说的消极影响:把对语言的历史研究和断代描写截然分开,看成是毫不相干的东西。朱先生着重批评了这种思潮在汉语研究上的严重后果:研究现代汉语的人往往只研究普通话,不敢越雷池半步;不但不关心汉语的历史,而且把方言研究也看成隔行。为了彻底地改变这种风气,朱先生身体力行,将共时的各种方言(包括北京话和普通话)之间的比较研究跟历时的古今汉语语法之间的比较研究结合起来,先后对"的、者、所、之"等虚词、重叠式象声词、反复问句等语法问题进行了跨越方言和贯通古今的对比研究,写出了令人眼界大开的《北京话、广州话、文水话和福州话里的"的"字》(《方言》1980 年第 3 期)、《自指和转指——汉语名词化标记"的、者、所、之"的语法功能和语义功能》(《方言》1983 年第 1 期)、《"的"字的方言比较研究》(1991 年提交北美中国语言学年会论文,其主要内容写入《从方言和历史看状态形容词的名词化兼论汉语同位性偏正结构》[《方言》1994 年第 1 期])、《潮阳话和北京话重叠式象声词的构造》(《方言》1982 年第 2 期)、《汉语方言里的两种反复问句》(《中国语文》1985 年第 1 期)、《"V-neg-VO"与"VO-neg-V"两种反复问句在汉语方言里的分布》(《中国语文》1991 年第 3 期)。这一系列开创性的研究工作,为汉语语法研究开辟了一条贯通共时和历时的路子,扩大了我们的视野、拓宽了我们的思路,并使汉语语法研究走上了全方位、多视角的道路。当时,受到异师朱德熙先生这种思想的影响,师兄陈小荷做的博士论文是《丰城赣方言语法研究》(1989 年,世界图书出版公司 2011 年出版),师弟张敏做的博士论文是《汉语方言反复问句的类型学研究:共时分布及其历时蕴含》(1990 年)。记得刚去北大做博士生时,张敏就告诉我,朱先生非常看重吴语,曾经问张敏:"你会说吴语不会?"张敏回答:"不会。"朱先生叹了一口气说::"那太遗憾了。"这件事对我触动很大,我感到了一种无形的压力:作为来自吴语区的人,不去观察、描写和分析吴语语法现象,这无异于捧着金饭碗要饭。于是,我也悄悄地在方言上下功夫,先后发表了《正反问句及相关的类型学参项》(《中国语文》1993 年第 2 期)、《方位介词"着"及相关语法现象》(《中国语文研究》2002 年第 2 期)、《苏州话人称代词构拟中的时间差》(《吴语研究——第二届国际吴方言研讨会论文集》,上海教育出版社,

2003年),还跟王健合作发表了《吴语的动词重叠式及相关的类型学参项——从几种语法格式的分布地域看古吴语的北界》(《吴语研究——第三届国际吴方言研讨会论文集》,上海教育出版社,2005年)。

但是,我的研究兴趣被计算语言学和中文信息处理所牵制,无法在方言语法的研究上投入足够的时间和精力。于是,在了解了王健对方言研究有很高的兴趣,同时具有较好的学术基础以后,就鼓励他以方言语法作为博士论文的研究对象,并且还希望他把方言语法研究作为学术生涯的主攻方向,趁着年轻力壮多做实地调查,争取掌握大量的第一手材料。

现在,拿起王健这本沉甸甸的稿本,知道他没有辜负大家的信任和期望。说起来还真不容易,为了完成这项研究,他不辞辛劳,十多年来,一次又一次地去实地调查和核对,住过八块钱一个晚上的乡镇小旅馆,喝过好客的发音合作人自酿的烈酒。大概是为了让我分享他实地调查的快乐,或者见证他实地调查的辛苦,他好几次在奔赴乡村的公交车上给我打电话,说:"我正在赶往祁门(或绩溪)的长途汽车上。"同时,电话听筒中传来嘈杂的方言土音,有时还夹带着鸡鸭的叫声。这让我心里踏实,坚信有了这种脚踏实地、深入乡土的方言调查,他一定会做出令人满意的成果。

说起来,这种大规模的方言实地调查,在当今中国尤其具有必要性和紧迫性。大家知道,我国目前正处于迅速的社会大转型和城乡一体化的历史大变迁时期。在这种"千百年来未有之大变局"的背景下,伴着城镇化的快速推进,随之而来的是大量村落的消失和乡音的瓦解。媒体上一个模糊的说法是,我国每天都会消失几个古老的村庄。可想而知,那里的方言土语也四散飘落。拿我的故乡江苏省昆山市千灯镇萧墅村来说,自1949年以后到60年代初期,陆续有操着官话的土改、四清等运动的工作组成员进驻,他们带来了零星的外地词语和读音。但是,由于他们逗留的时间短,对当地方言没有造成什么影响。到60

年代末期,大规模的知识青年上山下乡运动,带来了一些上海和苏州市区的插队青年及其城里吴语,给当地人留下了深刻的印象。他们一待就是十年左右,好在每一个生产队只有两个知青,并且他们一般不跟本地人结婚,所以两种城里吴语也没有对我们本土吴语造成什么冲击。80年代开始,情况有了较大的改变。一方面是收音机、电视等现代媒体的普及和学校普通话教学水平的提高,使得新生代口里普通话越来越多,方言土语越来越少;90年代中期以后,不少本地人进城工作或办企业;而大批来千灯镇的各种企业打工的外地人(主要来自苏北地区),在村里租房住下来。这样,形成了多数外地人跟少数本地人混居,强势的外地话和普通话包围弱势的本地话的局面。到2010年以后,则更为彻底。整个由大大小小十几个古村落组成的萧墅村,连同周围的几十个自然村一起搬迁。几天工夫,房子夷为平地,村民风流云散、各奔东西,住到了周围的千灯镇、陆家镇、花桥镇、玉山镇等城镇。随之飘散零落的是一个个具体方言点的方言。当然,历史的脚步不会停止。在一个个居民小区中,本来十里不同音的人群又开启了新的方言融合进程。可想而知,在这种"日暮乡关何处是"的情形之下,再想找一些合适的发音人,调查某一个方言点的音系、词汇和语法,就不可能像以前那样单纯和容易了。

有感于此,我认为,像王健博士这样的方言语法的大规模实地调查工作,显得尤其必要和及时,弥足珍贵。

我拉拉杂杂写了以上这些感慨,希望同仁们认识到当前方言调查和音档保存的迫切性,也希望王健博士能够抓住机遇,多做实地调查,多出有分量的研究成果。

2013年岁末
于京西蓝旗营寓所

第一章 前言

1.1 汉语方言区域研究回顾

著名语言学家罗曼·雅可布森(1958/2001：68)认为语言分类有三种方法：发生学方法，地域方法，类型学方法。发生学方法借助的是语言的亲缘关系，地域方法借助的是邻近语言的近似性，而类型学方法借助的是语言的同型性。我们也可以把这三种分类方法理解成语言研究的三种方法。

汉语各个方言都是由同一母语分化而来，有同源关系；另一方面，汉语方言间又发生着各种各样的接触关系。在汉语方言研究中，发生学的方法和语言联盟的模式并不冲突。正如游汝杰(2000：162)指出的那样，汉语方言"分化的过程和融合的过程是同时发展，并行不悖。并不是先分化后融合。并不是分化到一定的时候，分化的过程完全停止，再开始融合。只是在不同的历史时期，分化和融合有主次之分而已"。

正是因为汉语方言具有分化和融合同时进行的演化特点，区域语言学的方法就很适用于汉语方言的研究。区域语言学(areal linguistics)以某一区域为研究范围，研究这一区域使用语言或方言的特点，分析它们的歧异形式和历史渊源[①]。丁邦新在《汉语方言史和汉语区域史的研究》(1992/1998)中提出汉语历史语言学中两个重要的课题：汉

[①] "区域语言学"的定义参考了戴维·克里斯特尔编的《现代语言学词典》(第四版)和杰克·理查兹等编著的《朗曼语言学词典》的说法。

语方言史和方言区域史的研究。汉语方言史是研究一个汉语方言形成的历史；而方言区域史则是以现在或古代某一个方言区为对象，研究那一个区域从古到今方言之间演变接触的情形。这两个课题着重点虽有不同，最终的目的都是给整个汉语史描绘一幅比较完整的图画。

不过，在汉语方言学界，区域方言学的研究并没有引起足够的重视。民族语言研究倒是在这一块领域取得了一些成就，比如陈保亚(1996)的《语言接触与语言联盟》和杨清(1996)的《台—卡岱语系区域语言学研究》。这两部著作都是以侗台语(台—卡岱语系)作为主要研究对象。陈保亚(1996)跟踪调查了傣语和汉语的接触过程，提出了语言接触的"无界有阶"理论；杨清(1996)则更明确地从区域语言学的角度对台—卡岱语系进行了研究，认为台—卡岱语跟汉语长期相互影响，具有很多共同的特征，但没有真正的发生学上的关系。

桥本万太郎(1985)针对亚洲语言的特点主张把区域与语言类型联系起来。他在《语言地理类型学》中提出并证明亚洲大陆语言在结构类型上表现为一个连续体(continuum)，并从人类学角度把亚洲语言分为"牧畜民型语言"和"农耕民型语言"两种[1]。具体到汉语，桥本万太郎(1985：31)在《语言地理类型学》中曾经提出"吴湘一体"的说法："吴语和湘语曾经明显地构成同一个方言区，很可能后来在客家南下时从中间分割开了。"类似的提法袁家骅等(1960/1983/2001)在《汉语方言概要》里已经有了："我们不妨把'南楚江湘'看作上古时期的一个方言群或土语群，是'楚语'的嫡系或支系，同时也是吴语的近亲。"

丁邦新(1982/1998)对浙江西南角吴语以及吴语、闽语关系的研究特别引人关注。他认为，浙江西南角吴语底层的白话音有闽语的成分，

---

[1] 桥本万太郎认为只是把邻近地区的一些共同现象贴上"区域特征"的标签，而不去追问它是怎么产生的，不去阐明它们的内在机制是远远不够的。因此他曾经提议废止"区域特征"这一术语(桥本万太郎 1985：30—31)。

并进而推测可能南北朝时的吴语就是现在闽语的前身,而当时的北语则是现在吴语的祖先。丁邦新提出的语音方面的主要证据是浙江西南角吴语的白话音"端知不分";另外在闽语里还存在"支"韵和"之脂"韵分读的情况,而这又跟南北朝后期齐梁陈北周隋时代的韵文反映出来的情形相仿。从词汇方面来看,在闽语中还广泛存在"骹"和"侬(人)"这两个南北朝时期南方的口语词,而这两个词在今天大部分的吴语中已不见使用("骹"),或者改变了意思("侬"在有些吴语中还保存,是"你"的意思)。不过,仅就丁邦新(1982/1998、1992/1998)所提出的这些证据我们也可以得出不同的结论:古吴语分布范围比今天吴语的范围更广,可能包括淮河以南直到今日的闽浙交界处。江浙地区由于受到官话的强大压力,江淮之间逐渐演变成官话(即今天的江淮方言),长江以南苏南浙北吴语在官话反复的冲击之下有些特征逐渐消退;而浙南地区则受官话影响相对较小,还保留着一些古吴语的特征。除此以外,历来移民在迁移到福建地区时往往经过吴语区,难免夹带一些吴语特征到闽地。那么,在闽语中出现一些古吴语的成分也就不足为奇了。而且,认为闽语直接继承了中古吴语,也很难解释为什么中古浊声母浊音的音值在受北方官话长期影响的吴语中还得到保存,反倒是处在吴语区以南、和北方官话并不接触的闽语中却已经不再存在[①]。

鲁国尧(1988、1992、2002、2003a/2003b)对吴方言、江淮方言、赣方言、客家方言关系的研究也引起人们的广泛关注。鲁国尧(1988)详细钩稽历史文献材料,再结合共时方言音韵表现,提出:古吴语本北抵淮河,永嘉之乱后北方方言进入江淮之间,通泰方言即来源于此。鲁国尧(2002、2003a)又在此基础上更详细地阐明了这个观点。鲁国尧(1992、1998)还根据古全浊塞音、塞擦音声母今读不论平仄都送气的现象提出

---

① 详细的论述见王福堂(1999)《汉语方言语音的演变和层次》第 69 页。

客、赣、通泰方言源于南朝通语说,并且认为徽语中也存在的这个特点与此也有关联。李如龙、辛世彪(1999)也曾根据同样的现象提出现今南北方言中的"全浊送气"的特点是有源流关系的,源头都是古代的秦晋方言,秦晋、江淮(通泰)、客赣方言中"全浊送气"这一声母上的传承演变至少已经有1500年以上的历史了。从这里也可以看出,鲁国尧和李、辛都认为客、赣、通泰方言"全浊送气"的特点是有源流关系的,但他们所认定的"源"有所不同。谢留文(1999)则认为不同方言中具有的这样的共同现象并不是同源关系,只是类型上的一致罢了。

许心传(1988)、伍巍(1988)着重探讨了徽语跟吴语的关系,指出徽语和吴语在语音、词汇和一些语法现象上有惊人的相似之处。

张光宇(1993、1994、1996a、1996b、1999)在探讨东南方言关系的一系列论文和专著中注意到了广泛存在于东南方言中的一些"区域特征"。比如"鱼韵白读-(i)e,这种现象从长江口的崇明岛沿江上溯直到湖南中部大体一致";再比如"蟹二-a、麻-o、歌-u、模-əu、侯-y 在苏州、双峰呈现相当大的一致性,中间地带(徽语)也表现类似的倾向"(张光宇1993)。王福堂(1999)在讨论客赣和吴闽之间的关系时也提到了一些存在于不同方言间的共同特征,比如客赣方言都共同具有的"古全浊声母清化后塞音、塞擦音一律送气"和"非敷奉母字声母和晓匣母合口韵字声母音值一般相同"这两条特征。王福堂(1999:57)并主要据此认为客家话和赣方言应该可以处理成一个方言中的两个次方言。

近年一些年轻学者把研究的重心放到汉语各方言之间关系上来,出现了一些引人注目的力作,他们也都关注到了一些跨方言的区域特征。比如陈立中(2004)的《湘语与吴语音韵比较研究》,考察了湘语和吴语在古今语音演变规律和今音语音构造这两个方面的主要相同和相异之处,指出吴语和湘语具有同样古老的历史,又有相似的受外来方言侵蚀的经历。再比如辛世彪(2004)的《东南方言声调比较研究》考察了吴、湘、徽、闽、赣、客家、平话、湘南土话、粤北土话等东南地区方言声调的表现,采取类型比较和历史比较相结合的方法,再结合语音史和移民史的材料,判定东南方言声调的历史层次,作出了有益的探索。王临惠(2003)的《汾河流域方言的语音特点及其流变》则以汾河流域方言语音为研究对象,考察了这一区域内的晋语和中原官话语音上的共同特征和相异之处。张维佳(2005)的《演化与竞争:关中方言音韵结构的变迁》则以关中地区的音韵演变为研究对象,讨论了演化(方言音韵结构内部发展)和竞争(方言接触造成的异质结构音韵成分的叠加)这两种途径在关中方言音韵结构变迁中所起的作用。

在方言区域特征和方言接触领域所做的研究中,有两篇博士论文不能不提到。一篇是胡松柏(2003)的《赣东北汉语方言接触研究》,从语音、词汇和语法等不同角度对赣东北地区方言接触的情形做了细致的描写,并对方言接触的不同类型作了理论上的归纳。2009年,在胡松柏(2003)的基础上,胡松柏等又出版了专著《赣东北方言调查研究》。另一篇是彭泽润(2003)的《衡山南岳方言的地理语言学研究》,运用地理语言学的方法对衡阳市衡山县和南岳区的354个村进行了密集的调查,通过90幅方言地图,研究了不同方言的分布、分界、过渡、相互接触以及它们跟周围方言的关系,它们在湘语中的地位等问题。

以上介绍的研究多从语音方面入手,汉语方言词汇和语法区域特征的研究相比还比较薄弱。词汇方面比较引人注目的是李如龙(2002)主编的《汉语方言特征词研究》。他试图从方言特征词的比较入手,为方言分区提供更多的依据。语法方面,朱德熙(1985、1991)对反复问句所做的开创性研究为汉语方言研究引入了类型学的视野。邢向东、张永胜(1997)的《内蒙古西部方言语法研究》对广泛分布在内蒙古西部晋语区的一些重要语法现象进行了描写和分析。陈淑梅(2001)的《鄂东方言语法研究》则从量词、代词、副词、状态表示法、体范畴、几种特殊句式等几个方面对鄂东地区的方言语法现象进行了描写,并比较了鄂东地区方言内部的差异。汪化云(2004)的《鄂东方言研究》也用了大部分的篇幅讨论了鄂东地区的几种重要语法现象,比如:量词单用、文白异序等,是对陈淑梅(2001)很好的补充。莫超(2004)的《白龙江流域汉语方言语法研究》对跨四川、甘肃两省的白龙江流域的汉语方言语法进行了细致的描写,跟邻近的西南官话、中原官话以及藏语康方言进行了比较,并且联系历史文献和汉语史的材料对一些语言现象的形成进行了解释。邢向东(2006)的《陕北晋语语法比较研究》重点调查了府谷、神木等黄河沿岸七县的陕北晋语,从代词系统、体貌范畴、时制范畴、虚拟范畴、复句关系、反复问句等多个角度对陕北晋语的语法现象进行了描写,并结合历史文献讨论了部分现象的来源和演变。

1.2 我们的研究思路

由于汉语方言的分化和融合一直在进行,今天分属不同方言区的两地历史上可能曾经属于同一方言;历史上不同方言区的两地今天也可能同属一个方言区。所以,在方言研究中突破方言区的限制,研究分属不同方言区的某一地域内方言分化和接触的情形就是一项非常有意义的工作。

在某一个地域内,不同的方言往往会形成一些共同的聚合特征,这些特征可能是同源关系造成的;也可能是长期接触形成的;还可能是平行发展的结果。研究这些聚合特征,对了解方言分化的历史、区域的变迁、类型的演变、融合的程度都具有十分重要的意义。这样的聚合特征一般称作"区域特征"。

"区域特征"可以体现在语音、词汇和语法等层面上。我们计划研究江苏、安徽两省吴语、徽语和江淮方言中存在的几种语法方面的区域特征。我们首先从以苏州话为代表的吴语和以北京话为代表的北方话在语法上具有类型差异这一工作假设入手,选取若干项在苏州话和北京话中具有典型类型对立或差异的特征在设定的区域内进行广泛的、客观的田野调查,结果表明该区域的上述特征多属苏州话型而不属北京话型。第二,我们并不期望也不要求这些特征为本区域所独有,因为汉语方言本身就是主要由同源分化产生的,相对语音和词汇来说,语法各地差异最小,我们很难找到某个语法现象是某个区域所独有的。这正表明方言语法研究恐怕不宜以主要根据语音特征划分出来的方言区为界线,而类型学的研究方法是值得提倡的。第三,我们并不期望也不要求所选语法特征在苏皖两省的吴语、徽语和江淮方言中具有百分之百的普遍性和完全一致的表现。我们的目的就是客观地考察三个方言的异同,进而根据其共同性来探讨和追溯其历史渊源,根据其差异性来分析其演变和接触的历史层次①。为了使结论更有说服力,我们也会拿江西境内的徽语(婺源话)和安徽境内的赣语(宿松话)以及浙南吴语与上述区域内的方言做对比。

我们计划研究的区域特征共五项:三种动态范畴(进行体、持续体、存续体)的表现形式;苏州话表体貌的"脱"及其在各方言中的对应成分;量词独用现象;跟动词重叠有关的几种句法语义现象;跟数量词连用的词缀"头"。

北京话进行体用句尾的语气词"呢"表示;持续体和存续体用动态助词"着"表示。苏皖的吴语、徽语和江淮方言普遍用前加于动词的半虚化的方所介词结构表示进行体;用后加于动词的半虚化方所介词结构表示持续体和存续体。少数方言主要用动态助词"着"表示持续体和存续体。还有些方言有自己特殊的表示动态范畴的形式,比如常州话经常用"佬"

---

① 江淮方言一般认为属于北方方言。但实际上,江淮方言具有过渡方言的性质。本文认为它与吴语、徽语共属于一个区域共同体,在一些语法范畴上与北方方言形成对立。

表示持续的意义。

苏州话的"脱"有一种虚化的用法,近似于实现体标记。跟"脱"对应的成分在苏皖两省的吴语、徽语和江淮方言中广泛存在。比如常州话的"落";东台、泰州、六安等地的"掉";江淮方言洪巢片广泛存在的"得"①;南通话的"去"等。这些词语法化的过程相似,但各地语法化的等级却有不同,具体的表现也各有特色。有意思的是,除了常州话的"落"和祁门话的"失"之外,其他点的这类成分声母都是舌尖中塞音[t]或[tʰ]。

北京话量词独用要受到很严格的限制:当数量词组成的偏正结构处于宾语位置上时,如果数词是"一",可以略去不说,此时量词轻读,重音在后头的名词上,量名结构只能表示不定指。而苏皖两省的吴语、徽语和江淮方言的很多地方,量词独用比较自由。有的量词独用是省略数词"一"造成的;有的量词独用是省略指示词造成的。省略指示词的独用量词有定指的意义。

北京话的动词重叠可以表示时量短或者动量小。苏皖两省的吴语、徽语和江淮方言多数地方也有这样的动词重叠式。跟北京话不同的是,苏皖的很多地方动词重叠还可以表示行为的伴随性或从属性;动词重叠后还可以跟上结果补语、趋向补语、介词结构,单音节形容词也能够修饰动词重叠式。

在苏皖两省的吴语、徽语和江淮方言中词缀"头"可以放在数量词前做前缀,表示"大约"的意义;可以跟在数量词后头,做后缀;还可以放在数量词中间做中缀。跟数量词连用的前缀"头"和后缀"头"很少见于北方话。

通过对这些"区域特征"的研究,我们可以更清楚地了解吴语、徽语

---

① 本字不明,从俗写作"得"。

和江淮方言的面貌,为下一步研究它们之间的关系打下良好的基础。

1.3 苏皖方言概况

1.3.1 现代苏皖方言概况

江苏、安徽两省人口大约1亿4千多万,方言复杂,江苏南部和皖南宣州地区主要讲吴语;江苏和安徽中部主要分布着江淮方言;皖南山区主要是说徽语;皖西南分布着赣语;苏北和皖北还有中原官话[①]。我们先从语音上来看苏皖两省吴语、徽语和江淮方言各自的特点。

江苏境内的吴语区属于吴语太湖片;安徽境内的吴语区主要属于吴语宣州片[②]。吴语太湖片最重要的特征是:塞音和塞擦音声母的发音方法三分,即不送气清塞音或塞擦音、送气清塞音或塞擦音、浊塞音或塞擦音。例如苏州音:报[pæ^{412}]泡[p^{h}æ^{412}]袍[bæ^{24}];钉[tin^{44}]听[t^{h}in^{44}]定[din^{31}];叫[tɕiæ^{412}]窍[tɕ^{h}iæ^{412}]桥[dʑiæ^{24}]。这一特征也是现行划分吴语和非吴语的首要标准。宣州片吴语特点是古全浊塞音闭塞成分都很轻微,很多都向通音转化,并且带有清送气成分,古塞擦音大都已转化为擦音。这种塞音成分通音化以及气音化的现象是宣州片吴语区别于其他吴语的主要特征。

徽语区内部分歧很大,对它在方言分区中所处的地位,曾经有过多种不同的看法:①独立成区。1939年赵元任在史语所的方言分区中,"皖方言"(后称徽州方言)单独成区。后来的《中国语言地图集》(1987)

[①] 赣语和中原官话不是本文研究的重点,下面概况部分也不做介绍。但适当的时候会拿赣语和中原官话与吴语、徽语和江淮方言做对比。

[②] 以下关于吴语和徽语特点的论说和材料参考了侯精一主编(2002)《现代汉语方言概论》中的有关内容。

实际沿用了这样的看法。②归入赣语区。罗杰瑞(1988/1995)是持这种看法的代表。③归入江淮方言。丁邦新(1982)在《汉语方言分区的条件》中认为徽州方言"从早期历史性条件看来,不能独立……古全浊声母清化后,平仄都送气。……江苏下江官话也有同样的现象,比如,如皋、泰兴、南通都是如此;因此可以看作是下江官话的一种,可能受到吴方言的影响"。④归入吴语。赵元任、杨时逢(1962)认为徽州话可以是吴语的一种。赵先生也改变了他早年提出的徽州方言独立的看法。王福堂(2004)也认为徽州方言还是归入吴方言为宜。从各家不同的观点中我们可以看出:徽语跟吴语、赣语、江淮方言关系密切,但又有自己的特点。现在一般认为徽语的主要特点包括:声母系统接近赣语,古全浊声母今全读清音,其中塞音、塞擦音声母不分平仄大多数地方都以读送气清音为主;但它的韵母系统却跟南部吴语(如吴语的处衢片、瓯江片)较为接近,咸、山一二等鼻尾消失或转化为鼻化音比较普遍,甚至连深臻宕江曾梗通几摄也有这种现象。蟹摄的[-i]尾,效摄的[-u]尾也大都消失(如歙县岩寺:雷＝来 la^{44} | 嫂 sɤ^{435}、小 siɤ^{435});声调方面古上声通常分为阴阳上或合为一调,古全浊上一般不归阳去;部分方言上声字带喉塞音,这也跟南部吴语的温州等地方言相似。

  苏皖的江淮方言包括江淮方言泰如片和洪巢片①。江淮方言保留入声,这使它不同于北面的中原官话;中古全浊声母清化,这使它不同于南面的吴语。泰如片和洪巢片的主要差异在于:①泰如片古全浊声母仄声字逢塞音塞擦音有许多字(或其白读)读送气清声母(有的声调同时读阴平),跟古全浊平声字声母相同,不符合"平送仄不送"的官话

---

  ① 以下关于江淮方言特点的论说和材料参考了侯精一主编(2002)《现代汉语方言概论》中的有关内容。另外,刘祥柏(2007)将安徽省的安庆市、桐城市和枞阳县三地方言归入江淮方言黄孝片。在本书中,我们仍沿用 1987 年版《中国语言地图集》的划分方法,将上述三地方言归入江淮方言洪巢片。

区通例,也跟洪巢片不同。②泰如片入声分阴阳,声调有六个(个别方言去声也分阴阳,声调达七个,如南通市区话)。入声字的调值为阴入低,阳入高。洪巢片入声不分阴阳。

从词汇上来看,这三种方言有很多一致的方面。钱乃荣(2002a)列举了60个北部吴语一级特征词,经过我们的调查,发现在江苏境内的江淮方言中这些词也广泛存在:沭阳有12个,灌南有15个,灌云有14个,涟水有28个,南京有10个,兴化有37个,东台有27个,盐都有25个,句容有25个,江都有26个,姜堰有21个,阜宁有26个,滨海有27个,如皋有31个,南通有49个,泰州有35个。根据赵日新(1998a:15),徽语中也有很多与吴语共有的词汇。

从语法上来看,除了我们将要详细论述的五个项目以外,三种方言还有一些共同的特点。比如,宾语和补语的语序,北京话"打不过他",苏州话可以说成"打俚勿过",绩溪话可以说"打渠不过",兴化话可以说"打他不过"。再比如,状态形容词的BBA式重叠,苏州话有"笔笔直、雪雪白"等,绩溪话有"冰冰冷、滚滚圆、四四方、笔笔直"等,南通话有"粉粉碎、笔笔直、汪汪亮、雪雪白"等,如皋有"刷刷齐"等,扬州有"鸦鸦乌、别别翘"等。这些现象都是很少见于北方话而在吴语、徽语和江淮方言中广泛存在的。在反复问句的表现上,苏南吴语跟江淮方言也有一致性,一般不用"VP不VP"式,而用"K+VP"式;不过徽语一般是用"VP不VP"式。徽语常见的动词后置成分,比如,表示追加、继续的"添",在苏南吴语和江淮方言中很少见到,在南部吴语中却也很常见。

1.3.2 从历史渊源看吴语、徽语和江淮方言

1.3.2.1 吴语和江淮方言的历史关系

从历史上来说,吴语、徽语和江淮方言关系密切。方言学界一直有这样的看法:徽语和江淮方言中有吴语的底层,现在的徽语区和江淮方

言区原来也是说吴语的,后来受到北方移民的影响,走上了不同的发展道路。

吴语跟江淮方言关系的研究实际上也就是古吴语北界问题的研究。从目前学界研究的成果来看,多数学者认为古吴语北抵淮河一线,今江淮方言区以前也是吴语(比如郑张尚芳1998:292—293;鲁国尧1988、2002、2003a;李小凡等2002;袁毓林等2005)。不过,也有学者对此持谨慎态度,比如游汝杰(2001)在《吴语地理在历史上的演变》中认为作为汉语方言的吴语在西晋时代才真正独立,其北界从严应为长江,从宽可以远至淮河。

从文献材料来看,古吴语的范围肯定比今天吴语的范围广。公元1世纪初,扬雄撰写了《輶轩使者绝代语释别国方言》(以下简称《方言》)。《方言》记录了当时各地的方言(语言)差异,主要是词汇差异,并且指明了:①某词是通语、凡语、凡通语、通名、四方之通语;②某词是某地语、某地某地之间语;③某词是某地某地之间通语。这样,人们就可以据此划分汉代的方言区域。林语堂(1927/1933)在《前汉方音区域考》中设立了四条通则:

①甲地在《方言》所见次数多半为与乙地并举则可知甲乙地方音可合一类(如秦晋)。

②甲乙与某邻近地名并举之次数多于其他方面邻近地名次数,则可知甲方言关系之倾向(如齐之与鲁)。

③某地独举次数特多者,可知其独为一类(如楚及齐)。

④凡特举一地之某部,其次数多者,则可知某部有特别方音,别成一类,由该地分出(如齐分出东齐,73次。楚分出南楚,85次。燕分出北燕,43次)。

这四项通则基本是正确可行的。后来的学者利用《方言》为汉代方言分区也只能这样做。林语堂据此推测汉代方言可分为十二个系,其中"吴扬越"为一系。林语堂在文中没有明确指出吴扬越所包含的具体范围,但从他所画的地图来看,似乎吴扬越只涵盖了长江以南地区。罗常培、周祖谟(1958:72)也根据《方言》,认为汉代方言在词汇方面比较接近的有七个大的地区,其中代表吴语的应是"吴越区"。遗憾的是,罗、周两位先生没有具体说明吴越区所包括的范围。时隔近三十年之后,周振鹤、游汝杰(1986)利用《方言》,结合《说文解字》,给汉代的方言做了分区。根据他们给出的分区图,我们可以看出吴方言的北端到达淮河流域。刘君惠等(1992:105—106)在前人研究的基础上,以《方言》材料为主,参考其他材料以及各地的人文历史情况,为汉代划分出十二个方言区,其中代表吴语的是"吴越区"。据刘君惠等(1992:117—128)的研究,《方言》中的"吴"包括今江苏大部和安徽浙江的部分地区;"越"大体指今浙江省。按照他们绘制的地图,汉代的吴语大致也是北到淮河,只是最北端比周、游(1986)稍南一点。华学诚(2003)则根据《方言》把汉代分为12个方言区:秦晋、周韩郑、赵魏、卫宋、齐鲁、东齐海岱、燕代、北燕朝鲜、楚、南楚、南越、吴越。在华学诚的体系中,吴越方言区以吴县为中心,跟楚方言关系十分密切,江淮为楚方言下的一个次方言区。李恕豪(2003:215)的观点跟华学诚是一致的,他认为楚方言对吴越方言影响很大,这种影响主要是通过江淮地区来实现的。

由于《方言》中地名种类繁多,既有行政区划的地名,又有自然地理的地名;既有古代的地名,又有汉代的地名;既有代表广大区域的地名,又有表示个别地域的地名,这给后来的研究者设置了许多障碍。而且扬雄在当时也不可能掌握科学的方言调查方法,用汉字做方言调查工具也很难如实反映方言的真实面貌,所以上述学者对汉代方言区域划分的研究都只能是大概的。但从中我们也大致可以看出,汉代吴语的范围比现在大,有些学者认为其北端直抵淮河流域。而且吴、楚两种方言关系极为密切,具有很多共同特征。

周振鹤、游汝杰(1986)还利用郭璞的《尔雅注》《方言注》结合《世说新语》以及史籍中的移民材料对西晋时代方言区划进行了拟测。汉末和三国时期,北方战争频仍,人口出现了大规模的流动。这些人口流动引起了方言的混化和统一,特别是北方方言内部的统一;同时,大批北方移民来到南方,也给吴语造成了很大的影响。周振鹤、游汝杰(1986:89)发现,郭璞常拿晋代的方言和扬雄时代作比较。扬雄时代有许多还是某方域语的条目,到郭璞时代已成通语。不过,吴语和楚语跟北方方言差异还是很大的,这一点到南北朝时期依然如此。《世说新语》和《北史》中就有相关记载。按照周振鹤、游汝杰(1986)的拟测,西晋时汉语方言可分为七区,其中吴语的北界没有什么变化,仍在淮河一线。

值得注意的是,游汝杰在2001年的《吴语地理在历史上的演变》中修正了他以前的看法。在2001年的论文中,游汝杰认为,作为汉语方言之一的吴语直到西晋时代才真正独立,其北界从严应是长江。他根据的主要是魏晋南北朝时期的文献材料。《颜氏家训·音辞篇》中有一段话:"共以帝王都邑,参校方俗,考核古今,为之折中,榷而量之,独金陵与洛下耳。"游汝杰认为,颜之推将金陵的语音看作标准音,那么,当时的金陵就不可能是纯吴语的地盘。

由于历史文献没有直接的记载,也没有像《方言》《方言注》《尔雅注》那样资料集中的著作,所以对宋金时代方言区划所做的研究较少。我们见到的只有周振鹤、游汝杰(1986:91—104)的研究。他们根据以下三个方面来拟测当时的方言区划:①唐宋时代的移民材料;②宋人笔记中有关方言类别的零散记载;③对比宋代的行政区划和现代方言的区划,寻求相重合的部分。据周振鹤、游汝杰(1986:95—97)的研究,南宋时代的吴语分布范围较之魏晋已大为缩减,但比现代要稍大一些。大致包括今浙江省全部、上海市全部、苏南(宁镇地区外)、苏北的通州和海门、江西的婺源、玉山、上饶、永丰、福建的浦城。

除了《方言》等以词汇为主的文献外,古代文人所做韵文和古代流传的韵书也是考察古代方言区划的重要材料。在《切韵》系韵书出现以前,南北朝时候的文人对于方音抱着"各有土风,递相非笑"的态度,那么,他们所作的诗词歌赋之类当然不会不按自己的方音压韵,转去效仿别处的方音,尤其是当时流行的民间文艺更不会强压违背乡音的韵脚(罗常培1935)。所以,通过系联韵文,再与韵书做比,也可以看出当时的方音状况①。

《切韵》"鱼、虞"分作两个不同的韵部,根据《切韵》编写的原则来看,这两个韵在当时的方音和隋以前的古音中一定是有区别的。但是,《切韵序》中说:"又支脂鱼虞共为一韵,先仙尤侯俱论是切。"《颜氏家训·音辞篇》也说:"其谬失轻微者……北人以庶为戍,以如为儒……""北人之音,多以举莒为矩"。这都表明,隋时某些地区的方音"鱼虞"两韵已经混淆。综合《切韵序》、《颜氏家训·音辞篇》和《经典释文序》给我们提供的信息,从晋到隋的方音显然有"南""北"两大界限,而"鱼""虞"两韵在南音中有分别,在北音中已混淆。罗常培(1935)《切韵鱼虞之音值及其所据方音考》遍考六朝诗文归纳出的结果是:大概吴郡,丹阳秣陵,吴兴故鄣,吴兴长城,吴兴武康,会稽山阴,会稽余姚,广陵,彭城等地方,对"鱼""虞"两韵很少混用。如果以金陵为中心,彭城作北极,余姚作南极,而画一圆周,恰好把这些"鱼""虞"分用的地方包括在内。而在此范围以外的地区,"鱼""虞"多已相混。由于《切韵》取韵是采取所谓"最小公倍数的分类法",即无论哪种声韵只要在当时某一地

---

① 后代虽然有了官修韵书,但文人写诗填词有时仍用方音。比如陆游《老学庵笔记》卷二:"鲁直在戎州,作乐府曰:'老子平生,江南江北,爱听临风笛,孙郎微笑,坐来声喷霜竹。'予在蜀见其稿。今俗本改'笛'为'曲'以协韵,非也。然亦疑'笛'字太不入韵,及居蜀久,习其语音,乃知泸戎间谓'笛'为'独'。故鲁直得借用,亦固以戏之耳。"(中华书局1979年第一版16页)鲁国尧(1991)《论宋词韵及其与金元词韵的比较》中也引了这段话说明造成宋词韵中歧异纠杂的用韵现象的原因之一是词人根据方音押韵。

方有别,或是在从前某一时代有别,《切韵》也因其或异而分,不因其或同而合(罗常培1935),所以,《切韵》中"鱼""虞"从分。而"鱼""虞"分立则正是六朝江东方言的特色之一。而江、淮之间恰恰正是属于"鱼""虞"分立的区域。

不过后人对罗常培的研究也提出过质疑。比如潘悟云(1983)认为罗常培对古代诗人诗歌用韵情况考察不够全面,只考察了诗人的郡望,而对更能反映其所操方言的里居重视不够,所以得出的结论难免会有问题。潘悟云(1983)得出的结论是:①中古汉语鱼、虞不分的方言区域主要在河南及其周围。②长江以南和西北地区的中古方音是能够区分鱼、虞的,幽燕一带的方言也可能属于这种类型。这样的话,我们仅仅根据"鱼""虞"两韵的分合的地域分布还是很难确定古代江东方言到底包括不包括江淮之间地区。

时隔六十年之后,丁锋在他的《〈博雅音〉音系研究》中系统研究了《博雅音》,整理出了《博雅音》的声、韵、调系统,并将它与同时代的韵书、音读著作所反映的语音系统进行了对比。《博雅音》是隋唐之际曹宪为三国时魏人张揖《广雅》作的音注。据丁锋考证,张揖乃扬州江都人,生平历梁陈隋唐四朝。《博雅音》成书于隋炀帝大业年间(605—618年),反映的是梁陈隋三代的江淮方音。丁锋(1995)拿《博雅音》声系状况与其前后的十四家音系作了比较。我们把丁书中的表格照录如表一。

中古方言分为南北两大区,分别以金陵、洛下为代表。南北方言的声母差异在南方表现为"明""微"分化略迟,"泥""娘""日"混切,"匣""云"同母,演变的步子慢于北方,有稍多存古性质。丁锋(1995)认为,《博雅音》所代表的江淮音与《玉篇》、《经典释文》所代表的江东音(吴语)一样,具有南方方言的所有声母特征,将隋以前的江淮话划归吴语是不成问题的。但是,《博雅音》全浊声母已经开始清化,这又可以看作吴语和江淮话分化的开始。

表一

音系	写作年代	音系代表地	轻重唇	明微	非敷	舌头舌上	泥娘	泥娘与日	精庄	从邪	崇俟	船常	匣云	云以	浊音清化	浊送气	浊仄不送气
三国对音	三世纪	洛阳建业	合	合		合	合	合	混				混			不送	
玉篇	梁543	吴音	分	合		混	合	混	混	合	合	合	合	分		不送	
释文	陈583	吴人	合	合		合	合		混	混		混①	合	分			
周隋对音	546—604	长安	合	合		混	混						合	合	匣清化	不送	
切韵	隋601	洛阳人	合	合	分	混	合		混	分	分	分	分	分②		不送	
博雅音	隋605—618	江都人	分	合	混	混	混	混	混	混	合	合	云晓混	分	清化、混	不送	仄不送
玄应	唐638—649	长安	混	混		混	混			分			混	混			
汉书注	645	主关中	分	混		混	混		分			禅入昌	分	分	禅清化		
玄奘对音	604—664	中原(洛)	分	分		分	混		分			分	分	分	匣清化	不送	
文选注	658	吴音(?)	合	合		混	合	混	混	合	分	合	混	分			
晋书音	747	洛阳	合	合		混			混	分	分	分					
五经文字	776	长安	分	分	分												
慧琳	789	秦音	分	分	合	分	合		合	合	合	分					
系传	南唐	吴音	分	分	合	分	分		分	合	合	合	混	合			
西北敦煌	唐五代	西北(陇)	分	分	合	分			分			合	合		清化、合		仄不送

①《经典释文》常船不分,见邵荣芬《切韵研究》,第103页。②依类而分。

丁锋(1995)还具体考察了《博雅音》的韵母系统。他发现,《博雅音》三等重韵混切93次,但"鱼""虞"自切93次与107次,整整二百字无一相混,与其他重韵组大不相同。这与罗常培在《切韵鱼虞的音值及其所据方言考》中的结论不谋而合。这说明了"鱼""虞"之分在江淮地区不仅在六朝,而且在隋唐之际都是分明的。从这点来说,江淮地区的方言不近北语而近南音。但是,从韵母的其他表现来看,《博雅音》却更接近北音。具体表现在,《博雅音》重纽四等韵和纯四等韵合流,跟重纽三等韵和普通三等韵对立;而顾野王和陆德明所代表的南音,重纽三等韵和重纽四等韵难分难辨,跟纯四等韵和普通三等韵对立(张渭毅2003:147)。张渭毅(2003:146—147)提出了和丁锋(1995)不同的看法,张认为《博雅音》所反映的不是梁陈隋三代的江淮方音,而是带有南音色彩的北方洛阳音。

我们认为张渭毅(2003)的看法可能更接近事实。因为曹宪常年在长安讲学著述,不可能还说家乡话,更不可能用家乡话为《博雅》作音注,而隋时通行的最有可能的还是洛阳话。但是,从《博雅音》中表现出的接近南音的成分也可以看出曹宪的乡音仍属于南音系统。换句话说,我们认为当时扬州话更接近南音而不是北音。

最早明确提出古吴语的北部边界是在淮河一线的是鲁国尧先生。他在1961年完成初稿,在1988年公开发表的《泰州方音史与通泰方言史研究》中提出古吴语本北抵淮河,永嘉之乱后北方方言进入江淮之间,通泰方言即来源于此。后来,鲁先生又在《客、赣、通泰方言源于南朝通语说》(1992)和《"颜之推谜题"及其半解》(2002、2003a)中重申了自己的观点,并且补充了一些材料。鲁先生所用的研究方法是将"历史文献考证法"与"历史比较法"相结合。

首先,鲁先生举出了大量文献上的证据说明早在春秋战国时期江淮地区就是属于吴国的一部分。比如《左传·襄公三年》:"六月,公会单顷公及诸侯,己未同盟于鸡泽。晋侯使荀会逆吴子于淮上,吴子不至。"清高士奇《春秋地名考略》认为"淮上"乃吴地,"当在临淮、泗州之境"。又如《左传·哀公十二年》:"秋,卫侯会吴于郧,公及卫侯、宋皇瑷盟,而卒辞吴盟。吴人藩卫侯之舍……太宰嚭说,乃舍卫侯。卫侯归,效夷言。""夷言"即吴语,"郧"在今江苏海安境内。类似的例子鲁文中还有很多。鲁先生在文中还引文献证明了越灭吴之后,越将吴原有淮南之地并吞直至楚灭越。在公元前223年秦灭楚之前,楚统治了江淮之间达一百一十年之久。即便如此,越在人们头脑中仍是与楚不同的地区。秦汉之际江苏的江淮之间的居民没有什么大的变动,当仍为吴语区。《宋书·州郡志》:"三国时江淮为战争之地,其居不居者,各数百里,此诸县并在江北、淮南,虚其地,无复民户。吴平,民各还本,故复立焉。"所以,包括今扬州、泰州等地的江淮地区在西晋时仍为吴语区。四世纪初的永嘉之乱,西晋王朝崩溃,导致南北分裂。北方战乱频仍,大量人口南迁。从有关史书的记载中可以看出,江淮之间、长江以南满布北方流民。自然,这些南来的北方人也同时带来了北方话,从此以后北方话占领了江淮之间和江南的北部地区,迫使吴语后撤到江南中部。后来又经过反复斗争,吴语又重新取得了今丹阳、武进、常熟,北方话则固守于今丹徒、句容一线(鲁国尧1988:201—205)。

  文献只能作为外部证据,要想真正令人信服还需要语言学内部的证据。鲁国尧(1988、2002、2003a)找到了一个切入点,即中古音系的"谈"、"覃"、"寒"、"桓"四韵。在诸家的音韵学说中,上述四韵都是一等韵,"谈""覃"为咸摄一等重韵,"寒""桓"为山摄一等开合韵。从现代方言中这四韵的表现来看,多数官话方言"谈""覃""寒"韵表现一致,不因声纽的类别(即是舌齿还是牙喉)而有所区别;"桓"韵是"寒"韵的合口。江淮方言中的扬州话稍有不同,但"谈""覃""寒"三韵平行性仍是很强的;"桓"韵也是合口,但主元音却与"寒"韵不同,是后半高圆唇元音。在湘方言里,"谈""覃""寒"三韵具有一致性,只是"桓"韵主元音有异。

客家方言"谈""覃"两韵完全一致,"寒"韵的主元音,舌齿为前低元音,牙喉音则为后半低圆唇元音;"桓"韵为合口。粤语"谈"韵舌齿与牙喉主元音有别,"覃"韵并无二致;"寒"韵"桓"韵是另一条路子。闽南、闽东方言四韵主元音都相同,"桓"韵多一个合口介音。但是,在通泰、吴、赣三方言内,上述四韵的今音和其他方言有很大不同。为方便起见,我们把鲁文中的表简化,每种方言只录两个代表点,抄录如表二:

表二

	谈韵		覃韵		寒韵		桓韵		
	舌齿	牙喉	舌齿	牙喉	舌齿	牙喉	双唇	舌齿	牙喉
泰州	ē	ū	ū、ɛ̄	ē	ū̃ɛ	ū			
南通	ā	ū	ỹ	ū	ā	ū		ỹ	ū
常熟	ɛ	ɤ、ŋə	ŋə		ɛ	ɤ			u、ɤu
温州	ɑ	ø			ɑ	ɵ、y	ø		ɑ
南昌	an	ɵn	uɛn	ɵn	an	ɵn、an	ɵn	ɵn、on	uɛn
高安	an	on			an	on	ɛn	on	uɛn

从上表中鲁先生得出一个公式:谈韵舌齿音:("谈"韵牙喉音+"覃"韵)="寒"韵舌齿音:("寒"韵牙喉音+"桓"韵)。鲁国尧认为,通泰、吴、赣方言四韵的分派跟切韵音系相差太远。为什么会造成这种状况?鲁先生认为这是三种方言同根演化的结果(2003:143)。这根就是古吴方言。公元四五世纪发生在淮南、江南的"语言入侵"使北方话席卷南方,形成"南朝通语"。通泰方言就是南朝通语的嫡系后裔。

王洪君(2004)对鲁国尧(2002、2003a)的某些材料和观点提出了自己的看法。她认为,今吴、赣方言的材料显示,覃谈牙喉音字今为开口的同一韵母,寒桓韵牙喉音字却是相互对立的开合两类韵母,这说明"谈""覃"与"寒""桓"的关系并不平行。不过,王洪君(2004)也承认现代方言可以部分区分一二等重韵(如"覃""谈""哈""泰""皆""佳")的,只有吴语、北部赣语、闽语和通泰方言。它们或与古吴方言的地域相当,或是古吴方言区居民的移民地,同时它们也都在通常所说南朝通语的通行区域内。

鲁国尧先生力图将"历史文献考证法"与"历史比较法"结合起来,为后人的研究指出了一条光明大道。虽然在具体操作中还有一些细节需要更详细的论证,但这种把死的文献和活的语言结合起来的方法却是值得称道的。

李小凡、陈宝贤(2002)的论文《从"港"的词义分布和地域分布看古吴语的北界》是一篇专门讨论古吴语北界的论文。这篇论文选取的角度很独特。它通过考察地名通名"港(河流)"的分布区域来判定古吴语的北界。现代汉语共同语里"港"的基本义是"港口",但其本义却是"与江河湖海相通的河流"。通过作者的考察,"港"的本义主要保留在地名中,此类地名主要分布在江浙皖鄂湘赣,这种地域分布古今一致,且与古吴语和古楚语的地域范围吻合。据此,两位作者推测,"港"可能源自古吴语并扩散到古楚语,属早期吴楚通语而为早期字书失收。因为该地名分布的北界为古淮河,所以作者认为这也许可以作为一条词汇上的证据证明古吴语的北界应该在古淮河一线。该文引用的资料丰富,论证严密周到,结论也基本让人信服。在此之前,颜逸明(1994)在《吴语概说》里也提到"港"指江湖相通的小河,苏南地名多用"港"。其实,还有其他一些地名用字也可以列入考察的范围,比如"浜""浦""溇""埭"等。因为地名往往有存古的性质,所以考察地名的地理分布或许是我们推测古方言区域的一个很好的角度。

张光宇(1993)在《吴闽方言关系试论》中也提出早期吴语伸及江淮地区,在北方话势力的影响下逐渐萎缩。张先生提出的证据主要是北部吴语咸山两摄三四等韵母合流,读前高元音。这一类型的韵母形式在长江以北一直延伸到江苏中部(如盐城)、北部(如涟水)等地。由于这篇论文张先生主要论述吴方言和闽方言之间的关系,所以并没有用很大的篇幅讨论吴语的北界问题。

顾黔(2001)在《通泰方言音韵研究》中还举出流摄一等"楼、走、狗"等混入蟹止摄灰微韵、"支微入鱼"的分布范围,与咸山两摄三四等韵母形式(ĩ)的范围大体相当,都覆盖了江淮、吴、徽、闽、湘。顾黔认为这种现象说明闽语现状是"吴音南移",江淮方言是吴语底层的沉积,吴湘(徽)之间的共同点则是原来相同或相近方言因素在异地的共同保留。她的这种看法与鲁国尧的结论大体接近。不过,我们也注意到"支微入鱼"的现象在晋语中也广泛存在,很难说是早期吴语的一个特征。

郑再发(2002)的论文《就韵母结构的变化论南北方言的分歧:官话方言元音谐和小史》认为汉语南北方言韵母结构除了韵尾的不同之外,韵头、韵腹、韵尾三者结合的方式也有不同。北音有元音谐和现象,南音则无。以北京话为例,根据赵元任记音,北京音系共有 12 个元音,分成两大类:①中元音[e,o]只接元音韵尾,[ə,ʌ]只接鼻音韵尾。低元音[a,ɑ]可接元音及鼻音韵尾。这六个音是一类,分阴阳,讲谐和。韵头及韵尾的[±后]征性,概由韵腹元音决定。②高元音[i,y,ɿ,u]与非高元音[ɤ,ʌ]可独自构成韵母。高元音也可接辅音韵尾,前后不限。非高元音不接韵尾,但可接韵头,前后不拘。这一类是中性元音,无所谓元音谐和。郑先生在文章中以有无元音谐和现象为依据,大致以淮河为界划分南北方言,江淮之间为过渡区。郑先生认为这种元音谐和现象是受北方阿尔泰语系语言的影响产生的。

郑先生的文章虽然不是以古吴语北界为专题进行研究的,但却从另外一个角度提醒我们:中古南北两大方言的分歧可能也是以淮河为界的。江淮之间一方面受到阿尔泰语系语言的影响,出现了部分元音谐和现象;另一方面,古吴语的底层还在发挥作用,使得演变进行得不彻底。

以上我们综述了前人和时贤关于古吴语北界问题所做的研究,可以看出,多数学者认为,最起码在西晋以前,江淮地区跟古吴语和古楚语关系非常密切。大体来说,江淮东部(今江苏境内的江淮地区)跟古吴语关系更密切一些;江淮西部(今安徽境内的江淮地区)跟古楚语的关系更密切一些。而古吴语和古楚语虽有区别,但也有很多共同的特征,跟秦晋、齐鲁等地方言差别较大。

不过,我们仍然有许多问题没有找到明确的答案。第一,大家都承认,淮河、长江以南的广大区域在汉人到来之前是百越民族活动的区域,其居民说的不是汉语。直到周太王之子太伯、仲雍奔吴才给上述地区带来了汉语。那么,作为汉语方言一支的古吴语是什么时候形成的呢?鲁国尧先生(2002)推测是在秦代以前,但并没有给出明确的证据①。第二,今天吴语和江淮方言大致以长江为界划然有别的局面是什么时候形成的?是在晋室南渡以后就形成了,还是在此以前或者以后?第三,古吴语的分布范围到底有多大?如果我们暂时不考虑其南界,其北界到底在哪里?是长江,还是淮河?今天的江淮方言的底层是不是古吴语?

1.3.2.2 吴语和徽语的历史关系

从历史来看,徽语的分布地区上古时期也是百越民族的居住地,跟居住在淮河以南的越人是同一种族。不过,由于地理险阻,汉人大规模进入这一地区的时间较晚。《汉书·地理志》"丹扬郡"条"黝"下班固自注云:"渐江水出南蛮夷中,东入海。"可见当时渐江流域(即今新安江流域)还是"南蛮夷"的疆域。东汉三国时候,东吴开发江南,江北汉族居民大量进入江南。西晋永嘉之乱以后,北方中原地区的汉族居民为躲避战乱又曾多次南迁,其中颇有迁入皖南一带的,这是北方汉族第一次大规模进入徽州地区。此后,唐中期安史之乱,唐末黄巢起义都使北方生灵涂炭,迫使北方老百姓大量南迁,这是徽州地区第二次大量迎接北方汉族移民。到北宋末年,宋室南迁,带来了第三次大规模的汉人移

---

① 董楚平(2001:39—40)认为作为汉语方言之一的吴语直到西晋才确立,西汉扬雄《方言》所记吴越方言主要是侗台语词汇。

民。此后,直至明以后,江淮地区的居民还有不少移入徽州地区的。

除了不断有汉人移入徽州地区,还有一些原来居住在其他地区的越人移入徽州地区。《史记·东越列传》记载,汉武帝建元三年(公元前138年)"东瓯请举国徙中国,乃悉举众来,处江淮之间"。随后汉武帝又以闽越地险阻,数反叛,留东越人于其地终为后世患,乃"诏军吏皆将其民徙处江淮间。东越地遂虚"。东瓯、东越大量人员迁至江淮之间,其中也有部分迁到今新安江流域,跟当地原来的越人和汉人融合①。

根据赵日新(1998)的研究,徽州地区接纳外来移民有三个特点:①居民来源复杂,迁徙频繁。早期的百越民族、三国以后不断迁入迁出的汉人、"少小离家老大回"的明清徽商、明清时一拥而入的"安庆人",形成了今天徽语区复杂的语言层次。②聚族而居,不杂外姓。③徽语区内部人口迁徙,唐宋以后时有发生。这些因素造成了现在徽语歧异复杂、共性不突出的面貌。

王福堂(2004:5)认为,徽州地区的居民原来是说百越语言的,中古以后是吴语的一部分,但在闭塞的环境里也逐渐产生了一些自己的特点。同时,徽州方言又受到周围江淮方言和客赣方言的影响,具有了一些共同的特征。赵日新(1988)把徽语分为四个层次:①古百越语层次;②日译吴音层次,也可以叫六朝吴语层次;③中古层次;④近现代官话层次。

从现代共时的语言现象来看,徽语具有内部差异明显、缺乏一致的重要特点,跟周围方言有或多或少的共同特点,跟吴方言最近,赣语次之,跟江淮方言距离较大。《中国语言地图集》举出吴语15条共性:①古全浊声母多数点今仍读浊音,与古清音声母今仍读清音有别。②古"疑"母今读鼻音,洪音作[ŋ-],细音作[n-],不与"影"母相混。③古

---

① 以上主要根据赵日新(1998)和王福堂(2004)。

"微"母今有[v、m]文白两读,文读口音,白读鼻音。④古"日"母今有[z~ʑ、n~ȵ]文白两读,文读口音,白读鼻音。⑤[m、n、ŋ]能自成音节,"五鱼"口语多读[ŋ]音。⑥"鸟"字声母有[n t]文白两读,白读与古音端母符合。⑦咸山两摄字一般不带鼻音,读口音或半鼻音。⑧蟹摄二等字不带[-i]尾,读开尾韵,江西吴语除外。⑨咸山两摄见系字一二等不同韵(二等指白读洪音)。⑩梗摄二等白读跟同摄三四等及曾摄不混,"更打~坑杏撑生"跟"亘恒称胜"不同韵。⑪"打"字读法合于梗韵"德冷切",不与麻韵相混。⑫平上去入今各分阴阳(一部分方言阳调没有阳上),阴调只拼清音声母及紧喉的鼻流音声母,阳调只拼浊音声母(包括带浊流的鼻流音声母)。⑬入声多数方言收喉塞尾;少数读开尾,但不跟古平上去三声相混。⑭否定词"不"字口语读齿唇音声母。⑮表示领有的"的"多数点是"个"字的轻音,有的读成促音。赵日新(1998a:18—19)比较了这15项特征在徽语中的表现,结果如表三:

表三

	1	2	3	4	5	6	7	8	9	10	11	12	13	14	15
旌德	−	+	+	+	+	+	+	+	+	+	−	−	−	−	−
绩溪	−	+	+	+	+	+	+	−	+	+	−	±	+	−	−
歙县	−	+	+	+	+	+	+	−	+	+	−	±	+	−	−
屯溪	−	+	+	+	+	+	+	−	+	+	−	±	+	−	−
休宁	−	+	+	+	+	+	+	−	+	+	−	+	+	−	−
黟县	−	+	+	+	+	+	+	−	+	+	−	+	+	−	−
祁门	−	±	+	+	+	+	+	−	+	+	−	+	+	−	−
婺源	−	+	+	+	+	+	+	−	+	+	−	+	−	−	−
德兴	−	+	+	+	+	+	+	−	+	+	−	±	−	−	+

从表三的比照中我们可以清楚地看出徽语跟吴语在多数特征上都很相似。同时,徽语跟赣语也有不少相同的特点:①微日疑母音值为[m、ȵ、ŋ];②流摄开口见组一等为齐齿韵;③覃谈区分;④平声调去声调分阴阳。徽语跟江淮方言也有少量的共同特点:①覃谈区分;②平声

调去声调分阴阳①。

1.4 本文所用的材料

在方言研究中,方言语法研究一直是薄弱环节。语法材料极其缺乏,这给我们进行全面比较造成了一定的阻力。其次,要想进行比较,材料就必须具有可比性。这一点,语音问题解决得比较好。我们有一套以《切韵》系统为蓝本编写的《方言调查字表》,不同点的语音差异以及它们跟《切韵》的对应情况一目了然。在材料的可比性方面做得最差的是方言语法材料。目前方言语法调查存在的主要问题有:①描写不够全面,往往只关注跟普通话不同的地方。由于描写得不够全面,许多项目挂一漏万,使比较无从进行;②缺乏理论指导。正如刘丹青(2003b:16)所指出的那样,"(许多)为方言工作者所熟悉的框架,有些已经落伍于语言学发展的大势",很多方言学者"不知道方言语法现象中哪些具有更高的理论价值,不知'宝'在何处,为何是'宝'"。

吴语是研究得比较充分的一种方言,尤其是对苏州话的研究,前人时贤给我们留下了许多材料。本文苏州话的材料多取自他人的论述,我们将会随文交代出处,也有一些是自己补充调查的。本文其他材料多数来自笔者的田野调查。我们于 2002 年底到 2009 年初对安徽、江苏境内的吴语、徽语、江淮方言 21 个点进行了实地调查。2010 年 12 月到 2011 年 1 月,我们又对这 21 个点的方言进行了调查,核对了以前得到的材料,并补充调查了江西婺源(徽语)和安徽宿松(赣语)两个点。另外,我们还在徐州师范大学、常熟理工学院、淮阴师范学院、盐城师范学院、安徽师范大学、安徽教育学院的本科生中进行了范围更广的调查,调查的点达

---

① 根据王福堂(2004:4—5)。

到61个。本文所用的材料以下列17个点为主：

吴语：苏州(市区)、常州(湟里镇)、芜湖县(湾沚镇)

徽语：绩溪(上庄镇)、歙县(徽城镇)、祁门(祁山镇)

江淮方言泰如片：南通(市区)、东台(富安镇)、泰州(市区)、兴化(昭阳镇)

江苏境内江淮方言洪巢片：涟水(南禄乡)、阜宁(沟墩乡)、扬州(市区)、灌南(北陈集镇)

安徽境内江淮方言洪巢片：合肥(市区)、枞阳(陈瑶湖镇)[①]、六安(苏埠镇)

选取这17个点的原因有以下几点：①它们有广泛的代表性，涵盖了我们要调查的三大方言以及内部的不同方言片。缺憾是徽语调查的点偏少，休黟片和旌占片因为没有找到合适的发音人而没做调查，希望以后有机会可以补上。②17个点中的多数我们都可以找到可靠的以当地方言为母语的语言学工作者帮助核对材料。方言语法调查难度大，调查人没有母语语感，调查材料的准确性往往难以得到保证，所以我们在调查点的选择上花了一番工夫。我们将在附录三里介绍各点的发音合作人和核对人的情况。有时为了把问题说得更全面，所用材料也可能不局限在这17个点。

本文所举例句估计理解有困难的一般给出普通话的翻译；估计不影响理解的，一般不加翻译。本文不刻意考求本字，一时找不到本字的用同音字代替，并在下面加波浪线表示[②]。找不到同音字的直接用国际音标注音，注音一般只给出声母、韵母，不标调值。例句中小括号内

[①] 根据刘祥柏(2007)，枞阳属江淮官话黄孝片。本文乃遵从《中国语言地图集》(2008)的划分方法。

[②] 有些用字，比如苏州话的表示"在这里/那里"意思的"勒海、勒浪"以及第一人称代词复数"伲"，第二人称代词单数"耐"，第三人称代词单数"俚"，也不是本字，但一般描写苏州话的著作都不加另外的标记，我们也不加。

的内容指的是在那个句子中可用也可不用的成分。"/"表示其左右的成分可以互换而不改变意义。

第二章 三种动态范畴的表现形式

2.1 三种动态范畴的定义

Comrie(1976)认为语言中典型的"体"(aspect)应该首先包括完整体(perfective)和未完整体(imperfective);未完整体又包括习惯体(habitual)和持续体(continuous);持续体又分两类:进行体(progressive)和非进行体(nonprogressive)。有的学者把非进行体明确叫延续体(contination)。进行体表现的是动态(dynamic)事件的持续;静态事件的持续是延续体(contination)。具体到不同的语言,情形又各有不同。比如英语,在一般情况下,动态事件的持续用进行体,静态事件的持续用非进行体是强制性的;根据有无进行体还可以把英语动词分成两类:状态动词(stative verb)和非状态动词(nonstative verb)。还有一些语言,动态事件也可以用非进行体。比如英语的'John is singing'既可以翻译成意大利语的'Gianni sta cantando'又可以翻译成'Gianni canta'(Comrie1976:33—35)。

现在多数学者认为现代汉语有"体"的语法范畴。现代汉语的"体"主要通过虚词表示,比如普通话的助词"着、了、过"。不过汉语"体"范畴的表现跟印欧语"体"的表现还是有一些不同。除了我们刚才提到的主要用虚词表示之外,"体"汉语标记使用强制性不足是另一个特点。很多时候用或者不用"体"标记都可以表示一样的"体"意义。而且,汉语中还存在同一个标记形式可以表示不同"体"意义的情况。正是因为这个原因,有少数学者否认汉语中有"体"这个语法范畴(比如陆俭明1999)。

我们不准备过多纠缠在汉语到底有没有"体"这个语法范畴的问题上,而着重考察不同的"体"意义在不同方言里是用什么形式表现的。为了比较方便,我们还用"体"这个说法。还有一点需要说明的是,汉语里往往用零形式表示一定的"体"意义,比如"他一直在那儿等你","等"后没有加助词"着",表示的是持续的意义;加上"着"后表示的还是持续的意义。用零形式表示"体"意义在任何一种方言里都有,但这不在我们考察的范围之内。

我们将要考察的三种动态范畴是进行体、持续体和存续体[1]。在我们考察的吴语、徽语和江淮方言中许多地方可以用相同的方式表示这三种"体",而不同的方言点又具有自身的特点。所谓进行体指的是句子所描述的事件正在进行之中。北京话中通常是用"呢"来表示的[2],比如"小张正吃饭呢"。所谓持续体是指某个事件或者某种状态正处于持续不断的状态。北京话常用助词"着"来表示,比如"他一直醒着,根本就没睡着"。持续体既有可能是动态(dynamic)事件的持续,比如"他推着车上山";也有可能是静态(static)的持续,比如"鱼还活着呢";还有的时候是动态还是静态不好区分,比如"我等着他呢"。"等"是一种动作行为,有动态性,同时"等"这个动作在时间轴上是匀质的,又有静态性。所谓存续体指的是动作行为实现后其状态在延续和存在。北京话助词"着"还可以表示存续范畴,比如"他坐着,我站着"。"坐着"是表示"坐"这个动作完成后进入"坐"的状态。存续范畴跟持续

---

[1] 进行、持续和存续的名称参考了钱乃荣(2002b),但在具体定义上跟钱乃荣(2002b)有一些不同。

[2] 见刘一之《北京口语中的"着"》,载于《语言学论丛》第22辑。

范畴不同的是,它表示的是动作行为完成后所进入的状态的延续,而不是指动作行为本身或某种状态本身在持续。进行体、持续体和存续体在时间轴上的关系如下图:

$$\longrightarrow\longrightarrow\longrightarrow\cdots\cdots\cdots\cdots\longrightarrow\longrightarrow\longrightarrow\longrightarrow\text{T}$$
$$\quad\quad\quad\quad\text{B}\quad\quad\quad\quad\quad\text{C}$$

BC 表示一个动作(或状态),B 表示动作(或状态)的开始,C 表示动作(或状态)的终点。进行体的着眼点是在 BC 之间某一点所体现的情状上;持续体着眼点是强调 BC 是一个持续不断的过程;存续体实际包括两个方面的内容,一是某个动作实现,二是进入 BC 这样一个持续的状态。进行体和持续体都既不包括动作(或状态)的起点 B 也不包括动作(或状态)的终点 C;而存续体则强调状态有一个起始点。

汉语里这三种"体"关系密切。比如在北京话中,持续体和存续体就共用一个助词"着"来表示。动态的持续跟进行有时也不容易区分,所以在语法学界对"着"的用法一直就存在争论。有人认为"着"可以表示进行体,也有人认为"着"不能表示进行体。详细的讨论可以参看刘一之(2001)。不过,有的方言可以用不同的形式区分这三种动态范畴,比如常州话经常用来源于表方位的介词结构放在动词前表示进行体;用助词"佬"表示持续体;用来源于表方位的介词结构放在动词后表示存续体。

汉语里实现体和存续体关系也很密切,因为"动作完成就变成状态"(吕叔湘 1956/1990),而汉语许多动词既可以表示某种动作行为,也可以表示动作结束之后进入的某种状态。从动作已经实现的角度来看,就是实现体;从状态持续角度看,就是存续体。比如在北京话中"桌子上放了一瓶水"和"桌子上放着一瓶水"语义基本相同。仔细体会的话,会发现"放了一瓶水"强调的是"放"这个动作的实现;"放着一瓶水"

强调的是状态的延续。可是在有的方言里,在同样的位置上就不存在两个有分工的助词。比如苏州话,其实现体标记是"仔"①,但没有跟北京话"着"相对应的助词②。"桌子上放着一瓶水"和"桌子上放了一瓶水"对应的苏州话都是"台子浪放仔一瓶水"。这样看来,苏州话动态助词系统里就缺少北京话那样实现体标记"了"和存续体标记"着"的对立。苏州话中的存续体是用另外的方式表现的。

动态范畴跟动词的关系密切,不同的"体"标记跟不同的动词结合的能力也是不同的。根据动词的不同情状类型,我们尝试把动词分成以下几类③:

1."是"类:是、姓、等于

2."晓得"类:晓得、相信、抱歉

3."听"类:等、听、看(看守)

4."醒"类:醒、活、有、住

5."干净"类:干净、亮、湿

6."踢"类:踢、砍、碰、咳嗽、吃

7."死"类:死、到、见

8."站"类:站、坐、躺、挂、吊

9."拎"类:拿、拎、提、担

"是"类动词主要是指关系属性动词,它们大致相当于郭锐(1993)所说的无限动词;"晓得"类动词主要是一些心理感觉动词,它们大致相当于郭锐(1993)所说的前限动词;"听"类动词可以表示某种动作行为,

---

① 一般认为苏州话完成体标记"仔"和北京话存续体标记"着"是一个来源,都来自中古的"附着"义动词"著"(梅祖麟 1980)。

② 不过苏州话有另外的标记形式表示存续体的意义,下文会详细介绍。

③ 我们在分类的时候参考了马庆株(1992)、戴耀晶(1997)、郭锐(1993)。不过我们分类的主要目的还在于方言比较,所以最后的结果跟他们都不尽相同。在下文的描写中除非特别必要,我们不区分动词和形容词,我们所说的动词往往也包括形容词。

但在续段上呈现匀质的状态;"醒"类动词表示某种静止的状态;"干净"类主要是形容词;"踢"类是典型的动作动词,它们在续段上呈现异质的状态;"死"类动词开始点和终结点重合,大致相当于郭锐(1993)的点结构动词;"站"类动词既能表示某种动作,还可以表示某种动作完成后呈现的某种状态;"拎"类动词也表示某种动作,也可以表示某种动作完成后呈现的状态,它跟"站"类动词不同之处我们通过下面的例子进行说明:

(1) a.那幅画在墙上挂着呢。
　　b.提包我拎着呢。
(2) a.那幅画我挂到那里了。
　　b.提包我拎到那里了。

例(1)当中的两个句子都是表示动作完成之后"画"和"提包"分别处于"挂"和"拎"的状态;例(2a)"这幅画"是处于"挂"的状态,而例(2b)"提包"并不一定处于"拎"的状态。

我们给动词分类主要是为了方言比较的需要,因为在不同的方言中不同类动词的表现是不同的。当然,我们所分的类是十分粗疏的,但对于本文来说也大体足够了。

2.2　三种动态范畴在吴语中的表现

2.2.1　苏州话三种动态范畴的表现形式

2.2.1.0 我们对苏州话的描写主要参考了刘丹青(1996b)、李小凡(1998)、石汝杰(2002),也包括一些自己田野调查所得。

苏州话表示动作进行是用前加于动词的来源于表方所的介词结构;表示持续体和存续体都是将同样的介词结构放到动词的后面。苏州话可以出现在这两个位置的介词结构有"勒海/勒浪/勒里/勒笃"[①]等。这几个词都有"在这/那里"的意思,比如可以说"老李勿勒浪"(老李不在这儿)。要说分别的话,"勒里"一般表示近指,"勒笃"一般表示远指。"勒里"和"勒笃"现在已经很少有人使用。"勒浪""勒海"不分远近指[②],"勒海"现在最常用。下文举例子的时候一般用"勒海",只是在引用他人文献的时候,为完整准确起见,照录原文。"勒海"一类的词有时还保留表示方位的意思,严格说起来它们还不是真正的体标记,为描写的简便,下文我们姑且以"体标记"称呼它。

2.2.1.1 苏州话的进行体

表示动作进行时,新派"勒海/勒浪"也可以省略只说一个"勒",有的人还可以只说一个"浪"。下面先来看几个例子:

(1) 我勒海看电视,覅搭我讲闲话_{我正看电视呢,不要跟我说话。}

(2) 外头勒海落雨,耐要带把伞_{外面正下雨呢,你要带把伞。}

(3) 俚勒海动气哉,耐覅理俚_{他正生气呢,你不要搭理他。}

(4) 我勒海关门,推勿动_{我正关门呢,推不动。}

(5) 刚刚俚勒操场浪,低仔头勒海奔呀_{刚才他在操场上低着头跑呢。}

(6) 明朝我到弯搭个辰光,俚肯定勒海汏衣裳_{明天我到那里的时候,他肯定在洗衣服。}

从例(2)我们也可以看出,"勒海"在句中已经基本不表示方位义了,因为在句子开头已经出现了表示方位的"外头","勒海"在这里起到的就是体标记的作用。苏州话的进行体既可以描述说话时动作在进行

---

① "勒"是"在"语音弱化和促化的结果,在早期吴语作品中多写作其非促化形式"来";"海"的本字有人认为是"许"(比如钱乃荣1997);"浪"实际上"上"读音弱化的结果;"里"源自方位名词"里";"笃"的本字不明,有人认为是表示"地之区处"的"埒",还有人认为来自表示群集的"[ta]"或"[la]",来自人称代词的复数形态(钱乃荣1997)。梅祖麟(2004)认为"笃"来源于"属"。"勒里"之类的结构实际是由介词结构"勒……里"抽去其中的名词性词语而形成的。

② 年纪大一些的苏州人"勒海"排斥明显的近指,"勒浪"则远近皆可;年纪轻一些的则认为"勒浪"、"勒海"没有什么差别。

的实态(例 1—4),也可以用在过去、将来等时间里(例 5—6)。

值得一提的是,苏州话的进行体还可以和语气词"哉"连用。比如:

(7)月舫笑道:"……倷看张大少格诗,也勒浪动笔写哉。"(《九尾龟》25 回)

(8)阿二已跨进房门,即说道:"……就勒下底等仔歇,故歇亏得来格哉,小菜勒浪烧哉,酒末我带仔上来,请大少笃阿要先用罢?"(《九尾龟》26 回)

(9)"'秋云呢?'那些做手道:'来浪来哉,来浪来哉。'"(《商界现形记》2 回)

例(7)—(9)三个句子中"勒(来)浪"都和表已然的语气词"哉"连用,这种用法是比较特殊的。"哉"一般表示新情况的出现,和进行体连用,表示正在发生的这件事是属于新情况。比如例(7)中的"张大少"本来没有"写",在月舫说话的时候,"张大少"正在"写",这一行为是属于新情况。

苏州话的进行体还可以表示事件正在准备着不久将发生,这类句子在北京话中只能用"快……了"、"将"、"要"等表示,这也表明苏州话和北京话进行体意义并不完全相同。来看几个例子[①]:

(10)马上来浪来哉,倪出俚格堂唱坎坎转来。(《商界现形记》7 回)

(11)玉甫是自家来浪要生病!漱芳生仔病末,玉甫竟衣不解带个服侍漱芳。(《海上花列传》42 回)

(12)格个断命客人来浪要困快哉,倪勿去管俚。(《九尾龟》37 回)

除此以外,苏州话进行体还可以表示一段时间持续进行或实现,比

---

① 例(10)—(13)转引自钱乃荣(2003)。

如:

(13) 一径邱邱好好,赛过常来浪生病。(《海上花列传》36回)

苏州话中能够表示进行体的动词主要是"踢"类动词。

2.2.1.2 苏州话的持续体

苏州话的持续体主要用加在动词后面的来源于表方所的介词结构表示,主要有"勒海/勒浪/勒里/勒笃"等,现在最常用的是"勒海"。先来看几个持续体的例子:

(14) 耐等勒海,我马上就来_{你等着,我马上来。}

(15) 金鱼侪活勒海_{金鱼全活着呢。}

(16) 包包我搭耐盯牢勒海,耐放心_{包我帮你看着呢,你放心。}

(17) 哀道题目我会勒海_{这道题目我会。}

(18) 耐覅讲哉,我晓得勒海_{你不要说了,我知道了。}

(19) 房子侪空勒海也勿拨伲住_{房间都空着也不给我们住。}

(20) 地浪潮勒海_{地上是湿的。}

这些例子中"勒海"的意义都有所虚化,其中例(17)、(18)中的"勒海"已经完全没有"在这/那里"的意思,只起到强化状态持续的作用。有持续体的动词主要是"晓得"类动词、"听"类动词、"醒"类动词和"干净"类动词。由于这些动词本身就具有状态性,所以有的并不需要出现标记形式"勒海",也可以表示状态的持续。比如:

(17′) 哀道题目我会葛。

(18′) 耐覅讲哉,我晓得葛。

加上"勒海"更强调持续的状态。

苏州话的持续体一般不能表示动态事件的持续,普通话"她吃着呢""他跑着呢""笑着说"就不能直接对译成"俚吃勒海""俚奔勒海""笑勒海说"。

我们注意到，新派苏州话动态的事件也可以有持续体，某些"踢"类动词也可以出现在持续体中。比如①：

(21) 俚汰衣裳勒海 _{他洗衣裳呢。}

(22) 外头落雨勒海 _{外面下雨呢。}

李小凡(1998:165)认为这两个句子表示的是动作进行过程中某一时刻的"定格"，这种"定格"画面相当于一种静止状态，所以也可以构成持续体。不过在老派苏州话和邻近的常熟话中，这种说法不被接受②。在新派苏州话中还可以见到进行体标记和持续体标记同时出现的例子：

(23) 我勒海听勒海，耐讲末哉 _{我听着呢，你讲吧。}

2.2.1.3 苏州话的存续体

苏州话的存续体标记跟持续体一样，都是动词后的来源于表方所的介词结构，最常用的是"勒海"。苏州话存续体可以表示的意义有下列几种情况：

①表示动作完成后形成的状态在延续。比如：

(24) 搭俚到里向去，好好里坐来浪 _{跟我们到里面去，好好地坐着。}（《九尾龟》66回）

(25) 我大包小包拎勒海，吃力得来要死 _{我大包小包拎着，累死了。}

②表示动作的结果保持着。比如：

(26) 英文学勒海，以后总归有用场葛 _{英文学在那里，以后总归有用处的。}

(27) 俚写仔张纸头勒海 _{他写了张纸条在那里。}

③表示动作完成后产生的结果对其他事物或后继动作将产生影

---

① 例(21)、(22)转引自李小凡(1998)。
② 就这两个句子我们专门询问了苏州大学的汪平先生。汪先生说他不接受这样的说法。我们还在常熟进行了调查，接受调查的共12人，既有老派又有新派，但都不接受这样的说法。

响,常跟语气词"哉"连用。比如:

(28) 先拿肉切勒海,等一歇炒菜_{先把肉切在那里,等一下炒菜}。

(29) 台子摆勒海哉,耐快点去吃_{桌子摆在那里了,你快去吃}。

苏州话有存续体的动词主要是"站"类动词和"拎"类动词。这两类动词用在进行体中时取的是其动态义;用在存续体中时取的是其静态义。比如:

(30) a.俚勒海挂图,辩张图蛮大个,勿好挂_{他正挂画呢,这张画挺大的,不容易挂}。

b.辩张图挂勒海,蛮好看葛_{这幅画挂着,挺好看的}。

因为苏州话的存续体可以表示动作的结果保持着,也可以表示事前已经准备好了或做好了某事,所以有些"踢"类动词,甚至有些"死"类动词也可以有存续体[①],比如:

(31) 俚死脱勒海哉_{他死在那里了}。

(32) 房子侪坍脱勒海哉_{房子全塌了}。

(33) 硬柴劈勒浪哉_{木头砍在那里了}。

对照我们前面所分的9类动词,可以发现,从总体来看,苏州话能够在进行体、持续体和存续体中出现的动词基本是互补分布的。最容易出现在进行体中的动词是"踢"类动词,它们就是一般我们所说的动态动词。除此以外,"站"类动词和"拎"类动词在表示它们动态的一面的时候,也可以有进行体。不过由于"站"类动词和"拎"类动词所表示的动态动作一般持续时间都很短,所以在实际会话中它们出现在进行体中的频率很低。相反,"站"类动词和"拎"类动词因为还可以表示动作完成后的某种静止状态,所以经常出现在存续体中。"听"类动词比

---

① 苏州话既可以说"俚死脱哉",也可以说"俚死脱勒海哉",意思有一点差别。"死脱勒海哉"更强调已"死"的状态;"死脱哉"只是一般陈述一件事实。其差异类似英语"He is dead"和"He died"的区别。这点承蒙刘丹青先生告知,谨致谢意。

较特殊,它表示某种动作行为,有动态的一面,又由于其表示的动作在续段上呈现匀质的状态,又有静态的一面,所以它既可以出现在进行体中,又可以出现在持续体中,表示的意思差别也不大。除了"听"类动词,经常出现在持续体中的还有"晓得"类动词、"醒"类动词和"干净"类动词。"是"类动词则既没有进行体,也没有存续体和持续体。

2.2.1.4 苏州话"勒海"类持续体、存续体标记与普通话持续体、存续体标记"着"的差异

比较一下普通话话持续体和存续体标记"着"和苏州话持续体和存续体标记"勒海"等,就会发现它们有以下不同:

①"着"总是紧挨着动词,"勒海"则不一定。当动词带宾语时,普通话的语序是"V着+O";苏州话的语序一般是"V+O+勒海"。比如:

(34) 子富忽然想起,道:"有来里哉,坎坎拿得来个拜匣,倒是要紧物事。"(《海上花列传》8回)

(35) 小云道:"慢点走末哉。耐有保险来哚,怕啥嗄?"(《海上花列传》11回)

例(34)"有"后不带宾语,"来里"紧跟动词;例(35)"有"后带宾语,"来哚"就只能出现在宾语后。因为苏州话的"勒海"一类的词经常出现在句尾,跟语气词出现的位置相同,所以很容易演变成语气词。比如①:

(36) 像耐金大少一样格客人也多煞来浪。(《九尾龟》36回)

(37) 像李漱芳个人,俚晓得仔,蛮高兴看来浪。(《海上花列传》36回)

不过在表示存续体的时候,有些动词后可以加"勒海"类标记再跟宾语。这种现象并不新,《海上花列传》中就有:

---

① 例(36)、(37)转引自钱乃荣(2003:383)。

（38）耐放来哚"水饺子"勿吃,倒要吃"馒头"！（第1回）

张爱玲的《海上花开》这句就对译成"你放着'水饺子'不吃,倒要吃'馒头'"。当然,例(38)的"来哚"也可以理解成关系从句标记,整句话意思相当于"你放在那里的'水饺子'不吃,倒要吃'馒头'"①。不过,下面句子中的"勒海"就不好理解成关系从句标记了：

（39）我囥勒海两只橘子_{我藏着两只橘子}。

（40）俚还剩勒海半碗泡饭_{他还剩在那里半碗泡饭}。

能出现在"V+勒海/勒浪+O"中的V一般是跟位置直接有关系的动词,数量不多,主要就是"放、囥、剩、停、挂"等。据我们所知,这种现象在常熟、张家港乡下也有②。但是,苏州市区有些人不接受这样的说法,认为"V+勒海/勒浪"后面不能带宾语③。

②跟普通话不一样的是,苏州话中的有些"晓得"类动词后面也可以跟上持续体标记,比如例(17)、(18)。更值得注意的是,苏州话中的一些"死"类动词和"踢"类动词也可以有存续体,比如例(31)中的"死"和例(32)中的"坍"都是点结构动词,在北京话中不能加"着",只能加实现体标记"了",而在苏州话中则可以加存续体标记"勒海"。再比如例(33)中的"劈"和例(28)中的"切"是动作动词,它们后面加"勒海"后表示动作完成后产生的结果对其他事物或后继动作将产生影响(石汝杰2002：19)。这类动词在北京话中加"着"后只能表示动作行为的持续。

③普通话的持续体和存续体标记"着"可以和表示已然的语气词"了₂"连用,苏州话的"勒海"类标记也可以和表已然的语气词"哉"连用。不过,苏州话的"勒海"类标记还可以跟实现体标记连用,这是北京

---

① 刘丹青(2005)就是把"来哚"理解成关系从句标记的。不过现在有的苏州人不接受例(38)这样的句子。
② 比如常熟梅里方言可以用"门外头停浪一部车子"表示"门外停着一辆车"的意思。
③ 上海话中跟苏州话"勒海"对应的"辣海"就可以出现在动宾之间,比如"墙壁浪挂辣海一幅画"。

话不具备的。比如：

(41) 台子浪坐仔一个人勒海 _{桌子上坐了一个人}。

(42) 我泡仔壶好茶勒海，耐快去吃吧 _{我泡了壶好茶，你快去喝吧}。

这种现象在存现句中表现得尤为明显。

④苏州话的存续体和持续体"勒海"类标记可以出现在动补结构之后；普通话的"着"只能出现在动词之后。比如：

(43) "倪先生说急慢俫格，本则要备酒请倷老爷，皆为身体勿好，坐勿动勒浪，格落叫我拿一点点薄敬，送拨老爷自家吃杯酒罢。"（《九尾龟》29 回）

(44) 阿金道："买虽呒买处，格两样药味，我记得清清爽爽勒里。"（《九尾龟》30 回）

例(43)"勒浪"出现在可能补语否定式后面；例(44)"勒里"出现在状态补语后面。这些用法都是"着"所不具备的。

2.2.1.5 除了来源于表示方位的介词结构可以表示存续体之外，苏州话还有两个半虚化的标记形式："好"和"牢"。比如：

(45) 两家头手拉好手走路。

(46) 俚手里拿好只茶杯。

(47) 结果叫人家指牢仔骂。

(48) 看见俚拿块石头捧牢仔走，一批小人跟牢仔笑。

(49) 俚一日到夜拿儿子带牢仔勒身边。

"好"和"牢"都是从做结果补语虚化而来的，都是紧跟动词的。"好"和"牢"都还受它们原来词汇意义的影响，跟动词的搭配很受限制。而且，"好"和"牢"也经常跟实现体标记"仔"连用。

2.2.2 常州话三种动态范畴的表现形式

在三种动态范畴的表现形式上，常州话跟苏州话有很多相同之处。

对相同的地方我们描写就简单一些,重点说明它们不一样的地方。

2.2.2.1 常州话的进行体

常州话进行体表现形式跟苏州话差别不大,也是用前加动词的虚化处所成分表示。经常在动词前出现表示进行体的有"勒荡"、"勒娘"和"勒头"。"勒荡"和"勒娘"相当于普通话的"在这里",其中"勒荡"用得更多一些[①];"勒头"相当于普通话的"在那里"。先来看几个例子:

(50) 我勒荡吃饭得,佗勒头洗手得。

(51) 昨头佗来格辰光,我正当勒娘看电视。

(52) 我明朝到佗家格辰光,佗肯定勒头洗衣裳。

常州话表示动作进行的"勒头"还可以简缩成"头"或形成合音形式"漏"[lei]。比如:

(53) 佗头笃老空_{闲聊}得。

(54) 佗漏看电视得。

常州话进行体跟苏州话不同之处有三点:①苏州话的"勒海"是中性的,远指近指皆可,而常州话"勒荡""勒娘"和"勒头"还是区分远近指的,不能乱用;②常州话表示进行体的句子末尾通常要出现语气词"得"[tə?],苏州话进行体句尾也可以加上语气词"[to?]",更多时候可以省去不说;③苏州话进行体句尾可以出现表示已然的语气词"哉",常州话句末不能出现表已然的"咧"、"格咧"、"佬咧"。

2.2.2.2 常州话的持续体

常州话的持续体有两种表现手段,一种跟苏州话一样,用后加动词的虚化处所成分表示;还有一种是苏州话中没有的,用虚词"佬"表示。先来看第一种手段的例子:

(55) 鱼还活勒头得_{鱼还活在那里呢}。

---

① 我们的发音人认为"勒娘"是宜兴口音。

2.2 三种动态范畴在吴语中的表现

(56) 我等勒荡得,你快一点噻_{我等在这里呢,你快一点。}

总体来说,常州话用后加动词的虚化处所成分表示持续体远没有苏州话那么常见。常州话更常见的是用"佬"来表示持续①。"佬"本字不明,在常州话中用法非常复杂,详细的描写可以参看史有为(1982)。我们在这里想特别强调"佬"的持续标记的用法。比如:

(57) 鱼还活佬_{鱼还活着呢。}

(58) 我晓则佗佬,你放心_{我知道他,你放心。}

(59) 佗欢喜小狗佬_{他喜欢小狗。}

(60) 我一直醒佬_{我一直醒着。}

上面例(58)—(60)中的"佬"都不能换成"勒荡"一类的词。从例(59)中我们也可以看出,当动词带宾语时,"佬"是位于宾语后面的。据史有为(1982)的介绍,常州话并不是所有动词都能够跟"佬"结合,能够跟"佬"结合的动词主要有性质形容词、心理动词、领有动词、助动词,这跟苏州话能后加"勒海"表示持续的动词种类几乎是重合的,例(57)—(60)中的"佬"在苏州话里都可以换成"勒海"。

根据史有为(1982)常州话的"佬"还可以跟表示可能或者状态的动补结构、动结式、"形/动+透"结构、动+"过"组合。比如:"走则快佬/吃则落佬/洗则干净佬/吃醉佬/长胖佬/甜透佬/会透佬/吃过佬"。很明显,这也是表示一种状态的持续。除了"动+过"之后的"佬"不大能换成苏州话的"勒海"外,其他的几种情况基本上都可以把"佬"换成"勒海"。

---

① 我们调查的是常州郊区湟里镇的话。从语法方面来说,跟常州城里的话差别不大。细微的差别还是有,比如常州城区的人可以接受"我家近勒高得"的说法,意思是"我家近"。"勒高"相当于湟里的"勒荡","在这里"的意思,可湟里人不接受"近勒荡"的说法。这似乎说明城区持续体用后加虚化处所成分来表示比湟里自由,更接近苏州。不过根据我们的调查,常州城区的人也认为例(58)—(60)中的"佬"不能换成"勒高"一类的词。从这点来看,苏州话跟常州话的持续体表现形式还是有区别的。

处在常州和苏州之间的无锡呈现的是一种过渡地区的面貌,持续体主要用虚化的处所成分表示,又保留了远近指的区别。比如:

(61) 佗欢喜勒娘,你有啥办法_{他喜欢,你有啥办法}?

(62) 你伊介勿去,佗觉知勒娘得_{你这次不去,他知道}。

(63) 我肚皮饱勒里得_{我肚皮饱着呢}。

需要说明的是,无锡话兼表持续意义的"勒娘"表示的方位可远可近,"勒里"则是近指的,相当于"在这里"①,例(61)和(62)中的"勒娘"不能换成"勒里",因为主语是第三人称。

2.2.2.3 常州话的存续体

常州话存续体的表现方式跟苏州话很类似,差别不大。比如:

(64) 佗欢喜躺勒荡看书_{他喜欢躺着看书}。

(65) 先拿肉切勒头,等一歇炒菜_{先把肉切在那里,等一下再炒}。

(66) 英文学勒头,总归有用葛_{英文学在那里,总归有用的}。

(67) 就摆勒娘好咧,勿碍紧葛_{就摆在这里好了,不要紧的}。

常州话跟苏州话存续体主要差别在于,由于常州话"勒荡"、"勒娘"、"勒头"表示方位的意思还比较实在,所以,在苏州话里用"勒海""勒浪"不会有歧义的句子,在常州话里用"勒荡"、"勒娘"、"勒头"有时就会有歧义。比如苏州话"包我拎勒海哉"没有歧义,意思跟北京话"包我拎着呢"大致相当;而常州话"包我拎勒荡格咧"则有歧义,可以理解成"包我拎着呢",也可以理解成"包我拎到这里了"。出现这种歧义的主要是"拎"类动词。

跟苏州话一样,常州话也经常用动词后加"好"表示存续体,不同的

---

① 无锡话的例句引自曹晓燕(2003),不过她认为无锡话"勒娘"是表示远指的,这跟我们的调查结果不一样。据我们调查,"勒娘"只是出现在动词前表示进行意义的时候,有远指的意味,比如"我勒娘看书得"和"我勒里看书得",主语都是"我",但第一个句子表示"我刚才在读书",第二个句子表示"我现在正在读书"。

是常州话"好"后面一般要有实现体标记"则"共现,比如"包我拎好则得"表示的是"包我拎着"的意思,再比如"倚好则比坐好则惬意"表示的是"站着比坐着舒服"的意思。苏州话还有一个常见的半虚化的"牢",常州话没有。

常州话的"佬"有时也可以用在存续体中,比如:

(68) 坐好佬比立好佬惬意。

(69) 门都关好佬。

(70) 包包我拎好佬。

"佬"用在存续体中一般要跟"好"连用,比如例(68)—(70)。

2.2.3　湾沚话三种动态范畴的表现形式

2.2.3.0　从语音的特点来看,安徽境内的土著宣州话具有吴语的基本特征,即古全浊声母今音自成一类,与古全清、次清声母的今读对立,保持"帮滂並、端透定"三分。在进行体、持续体和存续体的表现形式方面,宣州吴语跟苏南吴语既有相同之处,也有一些差异。宣州片吴语我们主要调查了芜湖湾沚镇的情况。

2.2.3.1　湾沚话进行体表现形式

湾沚话的进行体标记也是在动词前加来源于表方位的介词结构。比如:

(71) 你在 kʊʔ⁵ 块那里干么事?我在 kəʔ⁵ 里这里看电视。

湾沚话更常见的是用省略形式,即只保留"在"。比如:

(72) 外头在落雨,拿把伞带 kə 吧。

(73) 你格在看电视哎?我不在看电视,我在写字。

根据我们的调查,湾沚话进行体句尾也不能出现表已然的语气词"嘞"。湾沚话进行体标记不存在把"在"和"块/里"之间的指示代词"挖"掉的形式。

2.2.3.2 湾沚话的持续体和存续体

湾沚话持续体和存续体标共用一个标记 kə⁰（kə⁰本字不明，读轻声，下面例子中不标调）。比如：

(74) 金鱼还活 kə 的。

(75) 我一直醒 kə 的。

(76) 你讲,我在 kəʔ⁵ 里这里听 kə 的。

(77) 走 kə 走 kə 落雨嘞走着走着下雨了。

(78) 坐 kə 比站 kə 舒服。

(79) 包我一直背 kə 的。

例(74)—(77)中的 kə 表示持续体；例(78)、(79)中的 kə 表示存续体。在湾沚话中，kə 可以与"踢"类动词组合表示动态持续，但只能表达背景信息，不能表达前景信息，如例(77)所示。值得注意的是，kə 在湾沚话中还可以充当实现体标记。比如：

(80) 金鱼活 kə 嘞金鱼活了。

(81) 我今天喝 kə 一杯好茶我今天喝了一杯好茶。

湾沚老派也会用后加于动词的虚化的方所介词结构表示持续和存续。但据发音人介绍（2010 年 12 月调查的时候 67 岁）已经很少这么用了。比如：

(82) 他的脾气你也晓得 kəʔ⁵ 里，小气得很。

(83) 地下透湿 tə kəʔ⁵ 里。

(84) 金鱼活 tə kʊʔ⁵ 里。

(85) 屋都空 tə kʊʔ⁵ 里的也不把给我们蹲。

(86) 坐 tə kʊʔ⁵ 里挺舒服。

(87) 包我一直背 tə kəʔ⁵ 里。

例(82)—(85)是持续体；例(86)、(87)是存续体。值得注意的是，处于动词后面的介词不用"在",而用"tə"①,"tə"也可以省略。用 kə 和用方所介词结构表示持续和存续在意义上可能会有一些差异。比如例(79)和例(87)虽然都可以对译成普通话"包我一直背着",但例(87)侧重强调"背包的人"在原地没动,例(79)"背包的人"则可能是在来回走动。湾沚话还经常出现两种标记叠床架屋的用法:

(88) 屋都空 tə kʊʔ⁵ 里空 kə 的都不把_给我们蹲_{屋都空着都不给我们住}。

当句子中动词带宾语时,持续体和存续体标记是在动词的后面,这时介词用"在"不用"tə"。比如:

(89) 泡 kə 杯好茶在 kʊʔ⁵ 里,再不喝就凉 kə 嘞。

像例(88)这样的说法在安徽境内的江淮官话区也经常可以听到。这句话中"空 kə"和"空 tə kʊʔ⁵ 里"位置不能调换,不能说成"*屋都空 kə 空 tə kʊʔ⁵ 里都不把我们蹲"。给我们的感觉是,湾沚用实现体标记"kə"兼表持续体和存续体是受以安庆方言为代表的江淮方言的影响,因为并不是老派用介词结构的地方,都能换成"kə"。比如例(82)中的"kəʔ⁵ 里"就不能换成"kə",因为安庆话"晓得_{知道}"后面不能出现"着"。

从表面上看,湾沚话的 kə 很像苏州话的实现体标记"仔"。但我们认为它们的性质并不相同。梅祖麟(1988)认为苏州话(上海话)的"仔"既可以做实现体标记,又可以做持续体标记(即我们说的存续体),因为"仔"可以出现在下面这样的句子中:"沙发上坐仔两个外国人",这里的"仔"可以对译成普通话的"着"。实际上,"仔"在苏州话中还只是实现体标记,并不能表示存续,更不能表示持续。证据是:①当"V 仔"后不接数量短语时,"V 仔"前不能出现表示持续的副词"一径_{一直}",却可以出现表示完成的副词"已经";②"仔"不能跟"活、醒"这类动词组合表示

---

① "tə"的本字可能是"到",也可能是"著",由于材料缺乏,目前还很难断定。

持续;③根据母语者的语感,动静动词(比如:坐、挂、立)与"仔"组合后是表示动作的完成,而不是状态的持续①。但是湾沚话的 kə 不仅是实现体标记,而且还是存续体和持续体标记。证据是:①"V+kə"前既可以出现表示完成的"已经",也可以出现表示持续的副词"一直";②kə 除了可以跟动静动词组合表示存续外,还可以跟"活、走"这类动词组合表示持续。

2.2.4 吴语三地方言三种动态范畴表现形式比较

①三地的进行体、持续体和存续体都可以用来源于表方位的介词结构做标记。不过相对而言,苏州话现在常用的"勒海"和"勒浪"表示方位的意义最虚,不区分远近指;常州话和湾沚话的"勒荡/勒娘/勒头"、"在 kəʔ⁵/kuʔ⁵ 里"还区分远近指。所以,苏州话的"勒海""勒浪"更接近体标记②。正因为苏州话"勒海""勒浪"意义最虚,所以它们的搭配面最宽,在做持续体和存续体标记的时候除了"是"类动词之外,其他类型的动词都有可能和"勒海""勒浪"搭配,而且一些动补结构也可以跟它们搭配。

②苏州话进行体句尾可以出现表已然的语气词,常州话和湾沚话不行。

③湾沚话做持续体和存续体标记的介词结构在紧跟动词的时候,介词用"tə",而做进行体标记时用"在"。苏州话和常州话不管在动词后还是动词前都是用"勒在"。

④湾沚话 kə 可以表示动态持续,但只能表示背景信息。苏州新派在动词带宾语的情况下可以有动态持续体的形式。常州话持续体只能

---

① 后面两点在汪平(1984)和刘丹青(1995)中都提及了。
② 当然,新派苏州话和湾沚话还可以只用"勒/在"放在动词前表示进行体,已经不表示任何的方位意义了。

表示静态持续。

2.3 三种动态范畴在徽语中的表现

2.3.1 绩溪话三种动态范畴的表现形式

徽语内部差异大,在我们调查的三个点中,绩溪和歙县比较接近,差别不大,祁门跟绩溪、歙县有较大差异。

2.3.1.1 绩溪话的进行体

跟吴语的情况一样,绩溪话的进行体标记是在动词前加来源于表方位的介词结构。比如:

(90) 渠是那 xa^{55} 在那里看电视 他在那里看电视。

(91) 老张是 me^{21} xa^{0} 在那里做么仂呢 老张在那里做什么呢?

(92) 我是尔 nɑ^{0} 在这里洗衣裳 我在这里洗衣裳。

绩溪话表示进行体的方所结构"是尔 nɑ^{0}/是那 xa^{55}/是 me^{21} xa^{0}"还保留了指示距离远近的功能。"尔 nɑ^{0}"相当于普通话的"这里","那 xa^{55}"和"me^{21} xa^{0}"都表示远指,其中"me^{21} xa^{0}"指示的距离相对更远。不过,除非特别强调某件事发生在很远的地方,"是 me^{21} xa^{0}"一般不用。介词"是$_{在}$"在实际话语中常常省去不说。跟苏州话不同的是,绩溪话进行体句末不能出现表示已然的语气词。

2.3.1.1 绩溪话的持续体和存续体的表现形式

绩溪话持续体和存续体有两种表现形式。一种表现形式跟苏州话相似,在动词后加虚化的方所介词结构,还有一种是在动词后加助词"着"。先来看第一种情况:

加在动词后表示持续和存续的来源于表示方位的介词结构,介词可以用"是",有时也可以用"到",新派还常用"在"。介词也可以省略不用。比如：

(93) 屋都空(到/是)那 xa^{55} 也不 x ē^{223} 给俺人 我们歇 屋都空着也不给我们住。

(94) 灯亮(到/是)那 xa^{55}。

(95) 人还不是活(到/是)那 xa^{55}，好好仂啊 人还不是活着,好好的啊。

(96) 你仂好处我记(到/是)尔 nɑ^{0} 你的好处我记着。

(97) 渠仂门开(到/是)那 xa^{55} 仂 他的门开着的。

(98) 先把肉切(到/是)那 xa^{55}，等一下炒 先把肉切在那里,等一下炒。

(99) 门口有个人死(到/是)那 xa^{55} 哩 门口有个人死在那里了。

例(93)—(96)是持续体；(97)—(99)是存续体。

绩溪话存续体标记标记也可以和实现体标记"哩"连用。比如：

(100) 泡哩了壶好茶是那搭，再不喝就凉哩。

从例(100)我们也可以看出来，当动词带宾语时，存续体标记出现在宾语的后面。从上面的例子我们还可以看出，苏州话存续体所能表示的几种意义，绩溪话同样能够表示。

绩溪话的持续体表现跟苏州话有一些不同。绩溪话"是/到尔 nɑ^{0}/那 xa^{55}/me^{21} xɑ^{0}"搭配面没有苏州话的"勒海"宽，指示处所的意味也比"勒海"更强。比如苏州话有些形容词，比如"潮、涨、饱、干净"等，后面也可以加"勒海"表示持续；绩溪话除了个别形容词，比如"空、亮"，多数形容词后都不能加方所介词结构表示持续。还有，苏州话"晓得"类动词后也可以加"勒海"表示持续，绩溪话这类动词后也不能加方所介词结构表示持续（常州话也不行）。

绩溪话表示存续还可以用助词"着"。根据我们的调查，绩溪话"着"的用法跟普通话很接近，是紧挨着动词的。我们来看几个例子：

(101) 我担着包，渠担着书。/包我担着仂的。

(102) 沙发我坐着哩。

(103) 桌上摆着一本书。

(104) 渠今朝着着一身新衣裳。

"着"表示存续最常出现在存在句中。如果动词后没有宾语,一般不能用"着"表示存续,除非是"拎"类动词,如例(101)所示。有些动静动词在后面没有宾语的时候也可以跟"着"组合表示存续,但侧重表示某样东西被占据了,不能挪作他用。比如例(102),全句表达的意思是"沙发被我占据了,不能给别人坐了"。另外,例(98)、(99)中表示存续的方所介词结构不能换成"着",说明"着"不能表示我们在 2.2.1.3 中所总结的第二、三两条存续体意义。新派"着"还能表示持续体,比如:

(105) 金鱼活着伩。

(106) 我一直醒着伩。

不管新派还是老派,绩溪话的"着"都不能跟"踢"类动态动词结合,在绩溪话中"我看着电视"是不合法的,要说成"我是尔 na⁰ 看电视";而且普通话的"笑着讲""走着去""哭着要奶吃"等说法在绩溪话中都是不存在的。

2.3.2 歙县话三种动态范畴的表现形式

歙县话进行体、持续体和存续体这三种动态范畴的表现跟绩溪话非常接近。我们不再重复描写。只想指出一点不同,歙县话表示这三种动态范畴的虚化介词结构,中间的指示代词"尔/那"经常被"挖"去[1],此时的"在呐"没有指示距离远近的作用。比如:

(107) 尔在呐干么?我在呐吃饭。

(108) 外头在呐落雨,要带把伞。

(109) 坐在呐舒服。

(110) 把肉切在呐,等一下再炒。

---

[1] 平田昌司(1998)认为歙县话表示进行体可以只用"在",我们的合作人认为不行。

(111) 泡了壶好茶在呐,再不喝就凉嘞。

(112) 屋都空在呐也不 xa_给我_人我们歇。

(113) 金鱼活在呐。

跟绩溪话一样,歙县话也可以用"着"表示持续体和存续体,但使用频率比绩溪话更低,很多绩溪话(老派)能接受的说法,歙县话(老派)却不接受。比如:

(114) 绩溪话:桌上放哩/着两本书。

歙县话:*桌上放着两本书。/桌上放了两本书。

(115) 绩溪话:今朝着_穿哩/着一件新衣裳。

歙县话:*今朝着着一件新衣裳。/今朝着了一件新衣裳。

根据我们的调查,歙县话最容易跟"着"组合的是不带宾语的"拎"类动词,比如:

(116) 包我担着仂。

这句话老派经常说成"包我担在呐"或者"包我担在手上"。新派使用"着"的频率明显高于老派。

2.3.3 祁门话三种动态范畴的表现形式

祁门位于徽州地区的西部。祁门话进行体表现形式跟绩溪和歙县基本相同,只是它更常单用一个"在"表示进行体,把后面的指示代词和方位词都省掉。绩溪话和歙县话都不允许这样(尤其是绩溪)。祁门话的持续体和存续体跟绩溪话和歙县话有一些不同。

我们先来看几个祁门话进行体的例子:

(117) 外头正在落雨,要带伞。

(118) 尔是不是在看电视?

(119) 尔讲,我在听。

2.3 三种动态范畴在徽语中的表现

跟绩溪话和歙县话不同的是,祁门话最常用的持续体和存续体标记是"着","着"同时还是祁门话实现体标记,还可以当介词用,意思相当于"在"。比如:

(120) 屋空着没人住也不分 fa_给我住。

(121) 金鱼还活着个。

(122) 渠一直醒着个。

(123) 渠坐着,我倚_站着。

(124) 渠家门锁着。

跟普通话的"着"不同的是,祁门话的"着"跟"踢"类动词组合表示动作行为的持续,只能表达背景信息,不能表达前景信息,比如"哭着要糖吃/笑着说/走着走着落雨着"等。而有些"听"类动词在祁门话中可以跟"着"结合,比如"你讲,我听着"和"你讲,我在听"都可以接受。普通话的"着"还经常出现在形容词后面,形成"形容词+着+呢"的形式,表示肯定一种情况,往往带有夸张的意味,比如"远着呢、小着呢、多着呢",祁门话的"着"没有这样的用法,祁门话一般用"还远呢、还小呢、还多呢"来表示类似的意思。

祁门话并不完全排斥用放在动词后的"着_在+指示代词+方位词"①来表示持续和存续的意义,不过出现的频率很低,而且指示方位的意味还很浓。比如:

(125) 坐着 nō tan _{在那里}比倚着 nō tan 好子儿_{坐在那里比站在那里舒服}。

(126) 屋空着 nō tan。

在这两个句子中"着 nō tan"可以表示存续和持续,但同时表示方位的意思也很明显。

---

① 祁门话介词"着"只在动词后出现,动词前用介词"在"。

跟绩溪话一样,不分新老派,祁门话在表示 2.2.1.3 中所总结的第二、三两条存续体意义的时候不能用"着",只能用"着伊/nō nan_在这/那里"表示。比如:

(127) 先 fa 把肉切着伊 tan_在这里,等一下儿炒菜。

(128) 屋都塌着 nō tan 咧。

在祁门话中"在伊/nan"还可以跟"着"共存,比如:

(129) 门口翻着一车西瓜在 nō tan。

(130) 门上贴着个封条在伊 tan。

在(129)和(130)中出现在句尾的"在伊/nō nan"仍有指示方位的功能,但明显弱化了,因为句首已经出现了表示方所的成分。

2.3.4 徽语三地方言三种动态范畴表现形式比较

①徽语三地进行体都是用前加动词的虚化方所介词结构表示。持续体和存续体都有两种形式:动词后加助词"着"和动词后加虚化的方所介词结构。祁门的"着"同时还是实现体标记。祁门的"着"能做持续体标记,绩溪、歙县老派还不接受"着"做持续体标记的用法。

②在方所介词结构做进行体标记的时候,祁门话通常只保留介词"在";绩溪话和歙县话通常不能只保留介词,绩溪话有时介词倒可以省略不说,歙县话则可以把当中的指示代词省去不说。

③三地持续体标记,不管是"着"还是虚化处所介词结构,一般不能出现在"踢"类动态动词后,一般不能表示动态事件的持续;但在表达背景信息的时候,比如在连谓结构的前项,祁门的"着"可以出现在"踢"类动词后表示动态持续。

④据平田昌司、伍巍(1996),休宁话持续和存续标记除了"着"和虚化处所介词结构外,还有一个来源于"把、给"义动词、介词的 $[te^0]$。这在我们调查的三地方言中都没有发现。

2.4 三种动态范畴在江淮方言中的表现

江淮方言的最大特点是有入声和无全浊声母两条。前一条区别于其他所有官话方言(包括它的北邻中原官话和西邻西南官话);后一条区别于它的南邻吴语。这两条也是划定江淮方言范围的标准。江淮方言被分为三大片:洪巢片、泰如片(也叫通泰片)、黄孝片。洪巢片分布在安徽、江苏境内,安徽省江淮方言区的全部和江苏省江淮方言区的大部分都属于这一片;泰如片分布在江苏长江以北地区的东南部和江中洲岛;黄孝片分布在湖北东部的黄冈、孝感两个地区的多数县市。其中洪巢片是江淮方言的主体,分布范围是泰如片、黄孝片之和的两倍多,对江淮地区的方言和文化影响较大的城市也主要分布在这一片,如南京、扬州、淮阴、合肥、芜湖、安庆。因此,洪巢片可视为江淮方言的主体,而泰如片和黄孝片则分别是位于东端和西端的边缘①。我们考察的对象主要是江苏、安徽两省境内的洪巢片和泰如片江淮方言的情况。

2.4.1 泰如片三种动态范畴的表现形式

2.4.1.1 泰如片的进行体

泰如片大部分地区进行体表示方法跟苏州话很相似,是用前加于动词的"在下"表示。"在下"同时又有"在这里/那里"的意思。例如:

(131) 外头在下落雨,带个伞。(泰兴)

(132) 外头在下下雨,你朝外头跑什伲?(兴化)

(133) 外头在下下雨呢,要带伞。(泰州)

(134) 外头在下下雨,要带伞呢。(东台)

---

① 关于江淮方言的介绍引自侯精一主编(2002)《现代汉语方言概论》。

(135) 外头赖下落雨,带把伞。(南通)

南通话的"赖下"应该就是"在下"。"赖"音[la],是"在"语音弱化的结果,跟苏州话"在"弱化并促化为"勒"是一个道理。"在下"在上述五个点的方言中几乎不表示方位的意思,因为句子的开头都有一个表示方位的"外头","在下"已经是进行体的标记。在我们调查中也发现,东台新派也可以只用"在",老派一般还是要用"在下"。

2.4.1.2 泰如片的持续体

泰如片多数地方的持续体有两种表现方式:一种跟苏州话类似,在动词后加"在下";还有一种,是在动词后加助词"着"①。值得注意的是,南通话只有第一种表示持续体的方式,没有第二种方式。

我们先来看看动词后加"在下"表示持续体的例子(以泰州话和南通话为例):

泰州话:

(136) 屋里头都空啊(在)下也不 ma 给我徕我们住。

(137) 门前有两棵树在下。

---

① "着"以前写作"著"。根据罗自群(2005:154),"著"在《广韵》中有四种不同读音:宕摄药韵知母入声、宕摄药韵澄母入声、遇摄语韵端母上声、遇摄御韵知母去声。罗自群(2005:154)从各地方言读音的角度考虑,认为通常写作"住"的持续体标记来源于遇摄御韵知母去声表示"明也处也……"的"著"。我们认为,随着"著"意义的分化,其读音在各地肯定呈现复杂的面貌。再者,方言中某些词的意义和用法跟韵书的反切不合也是正常现象,而且表示"明也处也……"的"著"如何演化为体标记也很难说清楚,所以我们认为作为体标记的"著"都来源于"附着"义的"著"。有人认为在泰州话中读作[·tsʻu],在扬州话中读作[·tsu]的助词本字可能是"住",而不是"著"。不过,我们还是认为这里的[·tsu]是"著"而不是"住",理由是,单看泰州话和扬州话,这个体助词是"住"没有问题,但从整个江淮方言来看,这个助词在很多方言不可能是"住",只能是"著",比如涟水(南禄镇)读[·tsə?],南京读[·tʂɿ],甚至距泰州市仅三十分钟车程的高岗镇,这个助词也读[·tsʻə?]。黄继林先生告诉笔者,原先他们(和王世华先生)编《扬州方言词典》时,初稿把"著"写作"住",但主编李荣先生专门写信让他们还是把这个字写作"著"。另据徐州师大苏晓青老师告知,东海话体助词在口语中可读为[·tʂu],也可读为[·tʂə],语气强调时也可以读成[tsuə],苏老师据此认为东海话体助词是"著",而不是"住"。感谢苏晓青老师给我们提供的材料。另外,东台话"着"有两个读音[·tsʻu]和[·tsʻa?],我们认为这是两个不同层次造成的。

(138) 金鱼还活啊(在)下。

南通话：

(139) 房子都空叨赖下也不 xa_给我徕_{我们}住。

(140) 我家有只猫儿赖下。

(141) 她还活叨赖下。

(142) 他的脾气你也晓得叨赖下。

(143) 她脸红叨没魂儿赖下。

(144) 他还赖楼上跳叨赖下。

(145) 我看电视赖下。

泰如片（南通除外）有一种语言现象非常有意思，动词后常有一个后附成分，其读音随着前面一个音节韵尾的不同而有变化：在阴声韵后读"a"；在阳声韵后读"ŋa"；在入声韵后读"ka"。我们统一用"啊"来记录。动词后附的"啊"在泰如片方言中作用非常广泛，既可以充当实现体标记，又可以用在动词和补语之间，表示动作发生的时间、数量、趋向、场所以及结果等，还可以用于形容词和补语之间作结构助词，在有的地方还有相当于北京话介词"在""到"的功能，甚至可以用于句末，作语气助词①。处于"啊"后的"在下"往往"在"省去不说，比如上面例(136)和例(138)中的"在"以省略为常。南通话的"叨"②的作用跟泰如片其他方言点的动词后附成分作用相仿，也有做实现体标记、补语标记、语气助词等功能。

除南通话之外的江淮方言泰如片方言动词后加"在下"表示持续体跟苏州话动词后加"勒海"表持续实际是一回事，句法表现也很相似，

---

① 泰如片常见的后附成分"啊"到底是什么东西演变来的，我们一时还搞不清。关于这个后附成分，李人鉴(1957)有详细的描写。

② "叨"实际读音是[tγ]，鲍明炜、王均主编的《南通方言研究》把它写成"叨"，我们也把它写成"叨"。

"踢"类动态动词后不能加"在/赖下"。动词带宾语时,"在/赖下"要放在宾语的后面。南通话的"赖下"与泰如片其他方言的"在下"比有两点不同:①南通话"晓得"类动词后也可以加"赖下",这是跟苏州话一致的;东台话、泰州话、兴化话"晓得"类动词后面都不能加"在下",这是跟常州话、湾沚话、绩溪话、歙县话一致;②南通话"赖下"可以与"踢"类动词组合表示动态持续,如例(144)和(145)所示,"在下"不行。

下面再来看看泰如片表持续体的另外一种方式:动词后加助词"着"。先来看几个例子:

(146) 外头下着雨呢/我看着电视呢/他吃着饭呢/他一直笑着啊说(泰州)

(147) 他手上做着活计呢/我正吃着饭呢/我正写着字呢/我正用着呢/哭着啊讲(兴化)

(148) 外头落着啊雨呢/吃着啊饭说着啊话(东台)

泰如片动词后加"着"可以表示动态的持续,这跟进行体所表示的意义有时很相似。比如"外头在下下雨呢"跟"外头下着雨呢"意思差不多,泰州话还经常说"外头在下下着雨呢"。不过仔细体会的话,它们还是有一些差别:用"在下+V"只是一般地陈述现在正在发生的事件;用"V+着"则侧重表示动作行为正在进行之中,还隐含着此时无法再做其他事情,不要打扰的意思。而且,"V+着"可以出现在非施事性成分为话题的句子中,"在下+V"出现在这样的句子中就有一些勉强。比如,在别人借用钢笔的时候,说话者可以回答"钢笔我正写着字呢",不能回答"钢笔我在下写字呢"。根据我们的调查,三地老派基本不接受"着"与"醒"类动词组合表示静态持续。

2.4.1.3 泰如片的存续体

泰如片存续体的表现形式跟持续体很相似,也有两种表现方式:在动词后加"赖下"(南通话)或者"在下"(其他泰如片方言)①或者在动词后加"着"。南通话没有加助词的形式。先来看第一种方式(以泰州话和南通话为例):

泰州话:

(149) 坐啊(在)下吃比站啊(在)下吃舒服。

(150) 他欢喜睡啊(在)下看书 他喜欢躺着看书。

(151) 先把肉切啊(在)下,等一下炒菜。

南通话:

(152) 坐叨(赖)下比站叨(赖)下惬意。

(153) 门开叨(赖)下。

(154) 先把肉切(叨)赖下,等一会儿炒菜。

当动词带宾语时,"在/赖下"出现在宾语的后面②,比如:

(155) 路上翻叨车西瓜赖下。(南通)

除南通话外,泰如片存续体还有一种表示方法:在动词后加助词"着"。我们仍以泰州话为例进行说明。比如:

(156) 毛衣我穿着啊呢。

(157) 沙发我正坐着啊呢。

(158) 提包我拎着啊呢。

根据我们的调查,泰州和兴化用"着"来表示存续体和用"在下"表示存续体是有一些区别的。从使用频率看,"着"用得不如"在下"普遍;从表达上看,"V+着"更侧重于强调某种事物(既可以是人,也可以是物)正处于某种状态,而且一时不会改变;"V啊+在下"只是一般性地

---

① "在"以省略不说为常。"赖"也可省去不说。

② 据李人鉴(1957)介绍,泰兴方言动词后附成分再加"下"后面有时也可以直接带宾语,比如"关啊门下吃/点啊灯下看书"。李人鉴认为这种现象在泰兴话里大概是后起的。我们调查的几个泰如片的点里都没有这样的现象。

陈述某种事物所处的状态。比如有人借椅子,回答的人可以说"我坐着呢",不大能说"我坐啊在下";再比如"坐啊(在)下吃比站啊(在)下吃舒服"也不能说成"坐着吃比站着吃舒服"。而且,在表存续意义的时候,泰州话、兴化话的"着"跟普通话的"着"也是有区别的。"V+着"表示存续体一般出现在表示某种有定事物所处状态的句子中,这个有定事物在句子中做话题,所以"V+着"后面一般不能出现无定宾语。类似普通话"我穿着一件红毛衣呢"在泰州话、兴化话里就不说;东台的发音人认为能接受,但感觉很文,不是地道的东台话。

2.4.2 江苏境内洪巢片三种动态范畴的表现形式

江淮方言洪巢片分布范围较广,在三种动态范畴的表现上也有一些差异。大体来说,江苏境内的洪巢片内部一致性较强,但与安徽境内的合肥、枞阳、六安有比较大的差异。所以我们把两省的情况分开来谈。

2.4.2.1 江苏境内洪巢片进行体的表现形式

江苏境内洪巢片进行体是在动词前加"在这/那块"一类的成分。相当于"在"的成分在各地有不同的表现形式:使用"在"的有阜宁、滨海、句容;使用"tɛ"的有:东海牛山镇、赣榆县城、泗洪县城;使用"蹲"的有:灌南新安镇、涟水南禄镇、盐都步凤镇、灌云宁海乡、淮安市淮阴区;使用"搁"的有:沭阳贤观镇。"tɛ"在东海话中念上声,在泗洪话中念去声,在邻近的赣榆话中还能读作阳平,本字可能是"在",为了表述方便,我们统一写作"待"字。"待"功能相当于普通话的"在",还可以做存在义动词用。洪巢片多数点近指代词用"这",远指代词用"那"。例外的是句容话近指用"kəʔ"远指用"uoʔ"。出现在指示代词后面的方位词在洪巢片多数点都是"块"①;其他的还有"la"(句容),"xər"(东海);"toŋ"

---

① "块"在各地读音也各有不同。比如阜宁、涟水读"kʰuə";滨海读"kɛ"或"kʰɛ"皆可;沭阳读"kuə"。

2.4 三种动态范畴在江淮方言中的表现

(灌云、灌南)等。下面我们来看几个例子:

(159) 涟水话:外头有人蹲(那)块打球呢。

(160) 阜宁话:外头有人在(那)块打球呢。

(161) 沭阳话:外边有人搁(那)块打球咧。

(162) 滨海话:外头有人在(那)块打球来。

(163) 句容话:外头有人在 kə?/打球 tie。

(164) 灌南话:外头有人蹲那 toŋ 打球咧。

(165) 东海话:外边有人待(那)xə 打球呢。

(166) 盐都话:外头有人蹲(那)块打球呢。

从例(159)—(166)可以看出,在上面列举出的各方言点中"在这/那块"一类的成分基本不表示方位的意思,因为在句中还有其他成分表示方位,"在这/那块"一类的成分成为半虚化的进行体标记。从上面的例子我们还能发现一个有趣的现象,除了句容、灌南以外,其他各点的指示代词都可以省去不说。当指示代词省去的时候,剩下的"在块"之类的成分方位的意思就更虚了。加"这"或者"那"还有远近指的区别,"在块"就连远近指的区别都没有了。而且我们在涟水话中还发现,在日常的交谈中,有人甚至可以把介词也省去不说,如:

(167) ——他蹲块做什呢?

——块看电视呢。

据合作人介绍,这种情形多发生在答语中,而且前面一般不再出现主语。

有意思的是,上述方言点中凡是介词来源于存在义动词"在"或者"待"的,新派都可以接受只保留"在"或"待"的形式;而介词来源于动作义动词"蹲"或者置放义动词"搁"的,不论新老派都不接受只保留"蹲"或"搁"的形式。来看几个例子:

(168) 滨海话:外头在下雨来,你要带个伞。

(169) 句容话：外头在下水 tie，要带伞。

(170) 涟水话：*外头蹲下雨呢，要带伞。

(171) 沭阳话：*外边搁下雨咧，要带伞噢。

(172) 灌南话：*外头有人蹲打球咧。

(173) 盐都话：*外头有人蹲打球呢。

阜宁话是一个例外，他们介词虽然用的是"在"，但好像不大接受"在看电视"之类的说法，认为太文了，不是正宗的阜宁话。

从上述现象我们也可以看出，动作义动词"蹲"和置放义动词"搁"在方言中虚化的程度没有存在义动词"在（待）"深，他们都还保留了比较强的动作义，所以不适合做专门的体标记。

洪巢片也有个别点，主要是通都大邑，比如南京，进行体主要用"在＋动词"表示，他们普遍感到说"外头在那块下雨"比较别扭，不如说成"外头在下雨"顺口。扬州话没有专门的进行体，一般用动态持续的手段表示进行。

2.4.2.2 江苏境内洪巢片持续体的表现形式

江苏境内洪巢片多数地方持续体表现形式有两种：在动词后加助词，或者在动词后加虚化的处所介词结构表示。各地所加的助词有不同，涟水话、南京话是用"着"，南京话也有人用"到"；扬州既可以用"着"也可以用"到"，两者是自由变体，口语中说"到"多一些；阜宁话、盐都话说"着"。下面我们先来看扬州话的情况：

扬州话助词"到/着"既能表示某种状态的持续，也能表示动态的持续。例如：

(174) 这条鱼还活到呢。

(175) 我一直醒到，可什么声音也没有听到。

(176) 房间空到也不把我住。

(177) 我还用到呢。

(178) 外头下到雨呢。

(179) 他们跳到舞呢。

上面例子中的"到"都可以换成"着",意思不变。例(174)—(176)表示的是状态的持续;例(177)—(179)表示的是动态的持续。表示状态持续的"到/着"都可以换成虚化处所介词结构表示,介词结构是"到这/那块","到这/那块"还可以省略"到这/那",只剩一个"块",不过在说的时候动词和"块"之间有短暂的间隔。例(174)—(176)还可以说成:

(174') 这条鱼还活到那块呢。

(175') 我一直醒到那块呢,可什么声音也没有听到。

(176') 房间空块也不把我住。

例(178)、(179)的"到/着"不能换成"块"。用虚化的处所介词结构表示持续体和用助词表示持续体还有一个区别:助词是紧靠动词的,虚化的处所介词结构不一定。当动词带宾语时,助词在宾语前,介词结构则在宾语后。比如:

(179) 我有十块钱在这块呢。

"有"后面带了宾语,"在块"就只能放在宾语的后面。

据黄继林先生和张其昀先生介绍,扬州话没有专门的进行体标记,其他方言中用进行体表示的意义扬州话通常用动态持续体来表示[①]。

与扬州方言不同的是,南京话的助词"着/到"和涟水话、灌南话、阜宁话的助词"着"不能表示动态持续,不能说"打着球/笑着说/跳着舞"。

2.4.2.3 江苏境内洪巢片存续体的表现形式

江苏境内洪巢片江淮方言存续体也有两种表现形式:动词后加助词和动词后加虚化的处所介词结构。这两种方式在我们调查的方言中都存在。从形式上来说,江苏境内洪巢片的存续体跟持续体是一样的。

[①] 根据我们的调查,扬州有的发音人认为可以用"在 V"表示进行。但黄继林先生和张其昀先生都认为这是受普通话影响的结果。

我们在这里主要来说明用这两种方式表示的存续体有什么不同。以扬州话为例。首先,我们在 2.2.1.3 中总结的存续体的第二、三两种意义只能用虚化的介词结构来表示,不能用助词表示。比如:"肉切块,等下子再炒"中的"块"就不能换成"着/到";其次,在表示某种事物正处于某种不能更移的状态时,倾向于用助词"着/到",比如当别人借椅子时,答话的人可以说"我还坐着呢",不能说"我还坐块呢";最后,助词是紧跟动词的,而介词结构则不一定,这点我们在上文中已经多次提及,这里就不再重复了。

跟泰如片方言相比,扬州话助词使用的频率更高。下面我们用一些例子来做一下对比:

(180) 泰州:*坐着吃舒服。
　　　扬州:坐着/到吃舒服。
(181) 泰州:*她今天穿着一件新衣裳。
　　　扬州:她今天穿着/到一件新衣裳。

不过根据我们的调查,涟水、阜宁还是更倾向用介词结构表示存续意义。比如:

(182) 阜宁:他站(在那)块,我坐(在这)块。
(183) 涟水:包我一直背块。

2.4.3　江苏境内泰如片、洪巢片江淮方言三种动态范畴表现形式比较

①进行体都用在动词前加虚化处所介词结构的方法表现,泰如片普遍用的是"在下",洪巢片多数地点用的是"在(这/那)块"。扬州话没有专门的进行体标记,只有动态持续体。

②表示持续多数地点都有两种方法表示,加助词和在动词后加虚化的处所介词结构。泰如片更多地用加介词结构的方式,南通话没有

加助词这种方式。洪巢片中扬州、南京这样的大城市多用加助词的方法表示持续体;阜宁、涟水这样的相对偏僻的地方更多采用加虚化处所成分的方法表示持续体。南京话、涟水话、阜宁话、灌南话的助词"着"或者"到"不能表示动态的持续;扬州话的"着/到"则可以表示动态持续。

③表示存续体的形式多数地方也有两种,加助词和加虚化的介词结构。南通话没有专门表示存续体的助词。南京和扬州主要靠助词"着/到"表示存续意义,其他方言主要靠虚化的处所介词结构表示存续体。

2.4.4 安徽境内洪巢片三种动态范畴的表现形式

从历史上来看,安徽省江淮方言有古楚语的底层。从现在共时的表现来看,安徽境内的江淮方言跟江苏境内的江淮方言有着明显的差异。我们在安徽调查了洪巢片的合肥、枞阳、六安共三个点的情况。这三个点各有特点,所以我们分开来谈。

2.4.4.1 合肥话三种动态范畴的表现形式

A.合肥话的进行体

合肥话的进行体跟我们前面提到的那些方言进行体的表现都不一样,合肥话进行体句尾一般要出现语气词"在"。比如:

(184)我看电视在。

(185)我跑步在,他洗衣裳在。

(186)小明房里看电视在。

合肥话里也有把"在"放在动词前的说法,不过那样说的话,当地人感觉不是正宗的合肥话。合肥话的这个特点跟西南官话的武汉话是一样的。根据汪国胜(1999),武汉话表示进行也是用的"V+(O)+在"的格式,比如:

(187)妈妈打电话在。

(188)小华在房里看书在。

(189) 快六点钟了,还不做饭?——做在。

(190) 我拐子哥哥睡觉在。

进行体的这种表示方法,在巢湖、芜湖等地都有,而在江苏我们没有发现这样的用法。

B.合肥话的持续体和存续体

合肥话的持续体、存续体主要用助词"之"来表示。合肥话"之"的用法跟普通话"着"很相近①。我们先来看几个例子:

(191) 他吃之饭在。

(192) 外面下之雨在。

(193) 他笑之对我说的。

(194) 我一直醒之在。

(195) 鱼还活之在。

(196) 坐之吃比站之吃好。

(197) 他穿之一件红毛衣。

(198) 门关之在。

例(191)—(195)是持续体,其中前三个是动态的持续②,后两个是静态的持续;例(196)—(198)是存续体。根据我们的调查,当动词为"踢"类动态动词时,动态持续的意思跟进行体的意思很相近,比如例(191)的意思跟"他吃饭在"基本一样,加了"之"更突出了动作行为的持续性。当"站"类动静动词后面加"之"时,一般只表示存续意义,不表示动态的持续,比如"他穿之衣裳在"一般只表示"他"现在的状态是"穿着衣裳"

---

① 按照梅祖麟(1988),"之"其实就是"着",在有些不分 ts/tṣ 的方言,比如枞阳,读如"仔"。根据李金陵(1997),"之"在合肥话老派中还是实现体标记。我们在 2004 年、2008 年和 2010 年三次去合肥调查,先后找了五位发音人。调查时他们的年龄分别是 52 岁、23 岁、54 岁、30 岁和 62 岁,他们都用"了"做实现体标记。据 50 岁以上的老人回忆,他们依稀感觉已故去的老一辈用"之"做实现体标记。

② 需要说明的是,我们调查的五位发音人中有三位不接受(191)和(192)这两个例子,他们认为"之"应该去掉。调查时这三位发音人分别为 62 岁,54 岁和 30 岁。

的,不是"光着身子"的,不表示"他"正在做穿衣服的动作①。

还有一点需要指出的是,在表示静态持续和存续意义时,动词不带宾语的情况下,合肥人通常会省略"之",比如"他活之在",可以说成"他活在";"他坐之在"可以说成"他坐在",不过说话人感到动词和"在"之间还是有个"之",不过说得很轻罢了。据我们的观察,动词和"在"之间没有明显的语音停顿。"在"还可以出现在下面表示存续的句子中②:

(199) 鞋放床肚在 鞋放在床底下。

(200) 衣裳晾阳台在 衣裳晾在阳台上。

这些句子动词后都有一个表示方所的词语,普通话是把"在"放在方所成分前面,合肥话"在"出现在句尾。

合肥话也有在动词后加虚化的"搁 ti这/那块"表示持续体和存续体的现象,不过出现的频率很低。比如:

(201) 鱼还活搁那块呢。

(202) 泡了壶好茶搁那块子,再不喝就凉得嘞。

(203) 先把把肉切搁那块等着。

(204) 坐搁 ti这块比站搁 ti块舒服。

说话人感觉"搁 ti/那块"在这些句子中表示方位的意思还较实。而且,"搁 ti/那块"也不能表示动态的持续。

2.4.4.2 六安话三种动态范畴的表现形式

从地理位置上看,六安在合肥的西部,市区距合肥大约一个半小时的车程。距离虽然不远,但在三种动态范畴的表现上,还是有明显的区别。我们在六安调查了两个点:独山镇和苏埠镇。另外,刘祥柏(1997)的博士论文《六安丁集话体貌助词研究》也反映了一些丁集话三种动态范

---

① 合肥人对这个句子的理解也不一致,五位发音人中,23 岁和 30 岁的发音人认为这句话两种意思都能表示,是有歧义的。

② 这两个例子见李金陵《合肥话音档》。

畴的情况。通过比较,我们发现六安话在三种动态范畴的表现上内部还是有一些差异的①。我们的描写以苏埠镇为主,下文凡是提到六安话时指的就是苏埠话。其他两个镇跟苏埠不同的地方,我们也会提及。

A. 六安话的进行体

根据我们的调查,六安话进行体表现形式跟合肥话有一些区别。六安话进行体是在动词前加"在"表示。新派认为在动词带宾语时,"在"也可以放在句尾,就如同合肥话那样。老派则坚决排斥表进行的句子"在"放在句尾的说法②。我们举几个老派的例子:

(205) 你在搞什格?——我在看电视。

(206) 你格在洗衣裳?——不在,我在吃饭。

(207) 他在跑步,我在写作业。

新派认为"我在看电视"可以说成"我看电视在",但是"我在跑步"就不能说成"我跑步在",因为"跑步"后面没有宾语。跟苏埠话不同的是,丁集话和独山话"跑步在"是可以接受的,但"他跑在"就不行,只能说"他在跑"。按照刘祥柏(1997)的解释,这是因为许多动词带上宾语时往往变成了一个事态,而不仅仅是个动作,事态就有静态的性质,而"跑步"相对于"跑"来说,事态性更强一些,所以丁集和独山可以说"跑步在"。

B. 六安话的持续体

六安话的持续体主要用助词"着"来表示,跟合肥话不同的是,六安话当句子中只有一个谓项时,"着"不能跟动态动词结合;"着"跟动态动词结合时只能出现在连谓结构的前项,表示伴随状态时才能使用③。下面来看几个例子:

---

① 据我们的苏埠的发音人介绍,苏埠人觉得丁集话比较"侉",跟他们的话不一样。

② 我们在苏埠找了父子俩做我们的调查人。调查时他们父子俩是同时在场的,所以很多说法他们可以当场对质。

③ 独山的调查人年龄较轻,她认为"她穿着衣裳在"是有歧义的,既可以表示动态的事件;也可以表示一种状态。不过她同时也认为这句话更倾向于理解成后一种意思。

(208) 金鱼活着在。

(209) 房子都空着也不给我们住。

(210) 他喊着说:"我想你。"

(211) 小三哭着要奶吃。

六安话表示静止状态的持续还经常用"V+那+V+着"的形式表示[①],"那"是六安话的远指代词,不过在这种格式里已经虚化了。比如:

(212) 房子都空(在)那空着也不给我们住。

根据刘祥柏(1997),丁集话表示静态的持续还有一种方法:在动词后直接加"在",形成"V 在"或者"在 V 在"格式,比如"亮在、高兴在、睡在、在活在"等。"V"后都可以加上"着",意思不变。不过根据我们的调查,苏埠话和独山话中"V"后的"着"不能省[②]。

C. 六安话的存续体

六安话存续体主要用助词"着"和"倒"来表示。"着"和"倒"是有分工的。我们通过两个例子来说明这两个助词用法上的区别:

(213) a. 你坐倒,别站着。

　　　b. 我一直坐着在。

(214) a. 把门锁倒勒。

　　　b. 门锁着在。

上面两组例子中,用"倒"都表示原来并不处于某种状态,然后通过某种动作进入某种状态;用"着"侧重表示某个动作造成的状态的延续。所以,"V 着"可以跟副词"一直"共现;"V 倒"不行。例(213a)只有当听话人不是处于"坐"的状态时才能用;例(82a)也只有在"门"原来不是处

[①] 六安话的指示代词有四个:近指代词"这";跟"这"相对的有三个:"[lʏr⁵²]"、"[li⁵²]"和"那"[la³²]。"[lʏr⁵²]"、"[li⁵²]"用法相同,是远指代词,"那"所指示的方位比"[lʏr⁵²]"、"[li⁵²]"更远一些。

[②] 独山的合作人认为"V"后的"着"可以说得很快,一带而过,但还是必须有。

于"锁"的状态时才能用。

六安话也经常用"V+那+V+着"表示某种存续意义,比如"趴那趴着、坐那坐着"等。跟纯粹的静态持续一样。根据刘祥柏(1997),丁集话也可以用"(在)V 在"来表示存续意义,比如:"房屋门在关在/门在锁在/他一看耐窗户在开在,他就浑掉勒"。跟持续体一样,这样的用法在苏埠和独山没有。

2.4.4.3 枞阳话三种动态范畴的表现形式

枞阳现归安庆市管辖,历史上曾经是桐城的一部分,1949 年桐城县析置为桐城、枞阳二县。枞阳话三种动态范畴的表示法跟合肥和六安又有一些不同。

A. 枞阳话的进行体

枞阳话进行体主要是由加在动词前的虚化的"在 nei/那界"[①]表示,有时也可以只保留"在界"或者"在"。比如:

(215) 她在界看电视。

(216) 外头在那界落雨,要带伞呐。

(217) 她还在跑呢。

枞阳话表示进行体的句子,句尾还可以再加上"在那界"[②],比如:

(218) 我在 nei 界看电视在那界。

(219) 她还在跑在那界。

(220) 她在 nei 界开门在那界。

(221) 天高头有一只鸟雀在那界飞在那界。

有意思的是,动词前的"在 nei/那界"还保留了远近指的区别,句尾出现的只能是"在那界",即便动词前出现的是"在 nei 界"。由此可见,动词后"在那界"虚化的程度比动词前的"在 nei/那界"更高,作用类似

---

① "在 nei 界"意思是"在这里";"在那界"意思是"在那里"。
② 我们在枞阳调查时也有发音人不接受这种说法。

一个语气词。句尾的"在那界"还可以省略成"在"①,比如:

(222) 他在看电视在。

(223) 我在跑步在。

(224) 他还在搞在。

B. 枞阳话的持续体

枞阳话持续体标记为"仔[tsɿ⁰]"②,"仔"在枞阳话中同时又是实现体标记。在枞阳话中,"仔"一般只能跟表示状态的静态动词结合,一般不能跟动态动词组合。比如:

(225) 她还活仔的。

(226) 她一直醒仔的③。

(227) 她在床高头困仔 她在床上睡着。

(228) 屋都空仔都不把我们住。

只有当动态动词处于连谓结构的前项时,动态动词才能加"仔",表示伴随状态,比如"笑仔说/哭仔要奶吃/睁仔眼说瞎话/走仔来"等。句中只有一个谓项时,动态动词后面绝对不能出现"仔"。枞阳话中没有类似合肥话"唱之歌,跳之舞"之类的说法。

枞阳话也可以用虚化的处所介词结构表示持续体,比如:

(229) 屋都空在那界都不把我住。

枞阳话单独用虚化的处所介词结构表示持续意义并不常见,倒是介词结构和助词"仔"同时出现的叠床架屋的情况比较多:

(230) 屋都空仔在那界都不把我们住。

---

① 枞阳话还有一个语气词"哉",读音跟句尾的"在"一样,"他在看电视哉"意思是"他怎么会正在看电视呢"。"哉"也常用在祈使句中。

② "仔"的本字应该就是"著",跟合肥的"之"、六安的"着"是一个来源。

③ 例(226)有部分发音人不接受,他们更常用否定的形式表达"醒着"的意思,比如"一晚都冇有没困着"。

不过,在枞阳话中"会、晓得、懂"这几个静态动词后既不能加介词结构也不能加"仔"表示持续;"活、醒"只能加"仔",不能加介词结构。

C. 枞阳话的存续体

枞阳话的存续体主要也是通过助词"仔"来表示,"仔"在枞阳话中还是实现体标记。

我们来看几个例子:

(231) 坐仔比站仔舒服。

(232) 门一直开仔_{门开着的}。

(233) 包我在拎仔_{包我拎着呢}。

从例(232)可以看出,枞阳话的"仔"跟苏州话的"仔"虽然读音一样,但语法功能并不相同。枞阳话的"仔"与苏州话的"仔"一样,可以充当实现体标记,比如"卖仔旧的买新的";但与苏州话"仔"不同的是,枞阳话的"仔"已经发展成为一个真正的持续体和存续体标记,它可以与表示持续的副词"一直"配合使用就是证据。枞阳话也经常用加在动词后的"在 nei/那界"表示存续意义,比如:

(234) 坐在那界比站在那界舒服。

(235) 他门一直开在那界。

在枞阳话中,例(235)还可以说成"他门一直在那界开在那界",动词前后都出现了"在那界"。在例(235)中是受事"门"做动词"开"的主语,整个句子是做存续体的解读。如果我们把句子换成"他在那界开门在那界",施事做了主语,则句子做进行体的解读。不过动词后一旦加了"仔",则不管是施事做主语,还是受事做主语,句子只能表示存续的意义,比如:

(236) 他在那界开仔门在那界_{他的门是开着的}。

(237) 他门在那界开仔哎_{他的门是开着的}。

有时表示存续意义的时候,"V 仔(O)"后面还可以出现"在那界",比如例(236),再比如:"他一直站仔在那界/门一直开仔在那界"。例(234)也可以说成"坐仔(在)那界比站仔(在)那界舒服",这种说法甚至更符合枞阳人的表达习惯。

2.4.5 安徽境内洪巢片三种动态范畴表现形式比较

①合肥话表示进行体的方法跟六安话和枞阳话有很大不同。合肥话是用句尾的"在"做进行体标记;六安话是用前加于动词的"在"表示进行;枞阳话主要是用前加动词的"在 nei/那界"表示进行,有时也可以只保留"在"。新派合肥话也允许"在"出现在动词前面表示进行;枞阳话也允许"在(那界)"出现在句尾,形成动词前后有两个"在"的结构。六安苏埠老派坚决排斥把"在"放在句尾表示进行。

②三地都主要是用助词"着"(枞阳读成"仔"音;合肥话读成"之"音)表示持续体。不同的是,枞阳话的"仔"和老派合肥话的"之"还同时是实现体标记。除了出现在连谓结构的前项表示伴随状态,枞阳和六安的"着"一般不能出现在动态动词后。

③三地存续体也主要由"着"(仔/之)来表示,而且也都可以用虚化的处所介词结构表示存续意义。三地也都有两种方法共同出现在一个句子中的叠床架屋的形式,合肥和六安常采用"V+PP+V+着/之"的形式,枞阳常采取"V+仔+PP"的形式。这说明枞阳话两种形式融合得更紧密。

2.5 吴语、徽语和江淮方言三种动态范畴表现形式比较

2.5.1 三种动态范畴比较

从上面的描写我们大致了解了吴语、徽语和江淮方言在表示进行

体、持续体和存续体这三种动态范畴方面的特点。这三种方言的进行体表现共性最大,在我们重点调查的方言点中,多数点都是用前加动词的虚化处所介词结构表示,只有合肥和扬州跟其他点有明显不同,合肥是用句尾的"在"来表示的;扬州则没有专门的进行标记,是用表示动态持续的方法表示进行意义的。

综观这三种方言持续体的表现方式,大致有两种,一种是在动词后加助词;一种是在动词后加虚化处所介词结构。在我们调查的三种吴语中,苏州话一般用加虚化介词结构的方法表示持续意义;常州话可以用"佬"表示持续意义,也可以用加虚化介词结构的方法表示持续意义;湾沚话可以用实现体标记来兼表持续意义,这是苏州话和常州话的实现体标记所不具备的功能。吴语三地方言不管哪种标记一般都不表示动态的持续。在我们调查的三种徽语方言中,绩溪和歙县的情形很相似,祁门有自身的特点。绩溪和歙县都有两种常用的方法(加助词"着"和用虚化的处所介词结构)表示持续意义,但是都不能表示动态的持续。祁门常用实现体标记兼表持续,也可以用虚化的介词结构表示持续,不过介词结构使用频率很低。江淮方言地域最广,内部分歧也比较大。多数地点都有用助词表示持续体的用法,不过有些地点不能用助词表示动态的持续,比如六安和枞阳(用在连谓结构前项还可以)。相比较安徽境内的江淮方言来说,江苏境内的江淮方言更多地采用在动词后加虚化处所介词结构的方法表示持续意义,不过用这种方法不能表示动态的持续。

汉语中实现体跟存续体关系密切,往往动作完成就变成了状态,在湾沚、合肥和枞阳三地我们都发现了实现体标记兼表存续体甚至持续体的现象,它们也都可以用虚化的介词结构表示存续意义。虽然梅祖麟(1988)认为上海话、苏州话的实现体标记"仔"也可以兼表持续体(实际是我们所说的"存续体"),但我们同意汪平(1984)和刘丹青(1995)的意见,苏州话的"仔"只是实现体标记,还不是持续体标记。徽语的绩溪和歙县,实现体标记是"了",持续体标记和存续体标记却是兼用的,都是"着"①,它们更常用虚化的介词结构表示存续意义。祁门话的情况跟枞阳话比较接近,常用实现体标记兼表存续意义,也用虚化的方所介词结构表示存续意义,不过使用频率没有枞阳话高。江淮方言泰如片也可以用实现体标记兼表存续意义(就是后附成分"啊",南通话的"叨")的用法,也可以用放在动词后的"在/赖下"来表示,还有在动词后加助词的手段,但使用时受到一些限制。江苏境内洪巢片多用在动词后加介词结构的形式功能表示存续体,也有在动词后加助词的方法,其使用上跟加介词结构的方法有重合也有分工。南京、扬州这样的大城市用加助词的手段多一些;灌南、涟水、阜宁这样的偏僻一些的地方用加介词结构的方法多一些。安徽境内洪巢片多用助词"着"表示存续意义(六安话还有个"倒"也表示存续意义,跟"着"有分工),也可以用加介词结构的方法表示存续意义,还经常出现叠床架屋的情形。叠床架屋的情形有两种形式:"V+PP+V+着"和"V+着+PP"。合肥话和六安话基本用第一种形式,枞阳话基本用第二种形式。

2.5.2 体标记与动词结合能力比较

我们在本章开头就说过了,不同的"体"标记跟不同的动词结合的能力是不同的。我们发现,在吴语、徽语和江淮方言中广泛地分布着两种持续/存续体标记类型:虚化的处所介词结构和紧跟动词的"体"助词。下面通过表格先来看看虚化的介词结构跟动词的组合能力(见表四)。在表格中我们用"PP(preposition phrase)"来表示虚化的介词结构,包括"勒海、在下、在这/那块、是尔/那搭"这类的结构。新老派有差

---

① 绩溪和歙县的老派还不接收用"着"表示持续体的用法。

别的以老派为准。

表四

动词类型		苏州	常州	湾沚	南通	泰州	兴化	东台	阜宁	扬州	涟水	灌南	合肥	六安	枞阳	绩溪	歙县	祁门
PP+V	"是"类	−	−	−	−	−	−	−	−	−	−	−	−	−	−	−	−	−
	"晓得"类	−	−	−	−	−	−	−	−	−	−	−	−	−	−	−	−	−
	"听"类	+	+	+	+	+	+	+	+	+	+	−	+	+	+	+	+	+
	"醒"类	+	+	+	+	+	+	+	+	+	+	+	+	+	+	+	+	+
	"干净"类	+	+	+	+	+	+	+	+	+	+	+	+	+	+	+	+	+
	"踢"类	+	+	+	+	+	+	+	+	+	+	+	+	+	+	+	+	+
	"死"类	+	+	+	+	+	+	+	+	+	+	+	+	+	+	+	+	+
	"站"类	+	+	+	+	+	+	+	+	+	+	+	+	+	+	+	+	+
	"拎"类	+	+	+	+	+	+	+	+	−	+	+	+	+	+	+	+	+
V+PP	"是"类	−	−	−	−	−	−	−	−	−	−	−	−	−	−	−	−	−
	"晓得"类	+	−	±	+	−	−	−	−	−	−	−	−	−	−	−	−	−
	"听"类	+	±	+	+	−	−	−	−	−	−	−	−	−	−	−	−	−
	"醒"类	+	±	+	+	−	−	−	−	−	−	−	−	−	−	−	−	−
	"干净"类①																	
	"踢"类②											+	+③	−④	−			
	"死"类	+	+	+	+													+
	"站"类	+	+	+	+													+
	"拎"类	+	+	+	+													+

关于上面的表格要说明一下,表格里打"+"的意思是有这样的搭配,打"−"的意思是没有这样的搭配,打"±"的意思是这类动词一部分有这样的搭配,一部分没有。还要说的一点是,打"+"说明某类词大多数成员都允许有这样的搭配,但并不代表这种搭配出现的频率高。

有一个问题需要弄清楚,合肥话表示进行的句尾"在"跟其他方言处于"V(O)"后的"在这/那里"中的"在"是不是一回事。我们认为从历史上来看,安徽话句尾的"在"可能是从动词"在"虚化而来的,但是其本来的功能跟"在这/那里"是一致的,不过其功能后来发生了变化。这

---

① 根据我们的调查,除了苏州、南通两地外,绝大多数方言的 PP 都只能跟有限的几个形容词(比如"空、亮")组合表示持续,跟绝大多数形容词都不能组合表示持续。
② 少部分"踢"类动词,比如"切、砍",后面可以加上 PP 表示存续(动作结果保持着),这种现象在 17 地方言中都有。
③ 在 V 后带宾语的情况下。
④ 在 V 前有 PP 的情况下,V 后才可以出现 PP。

些我们在下节还会详细谈①。

按照上表反映的情况,如果我们以苏州话为标准,寻找跟它远近的关系,我们可以发现南通话跟它最密切,所有18项指标跟苏州话都是一致的,同样是吴语的常州话和湾沚话反倒没有南通话跟苏州话关系密切,常州话和湾沚话都只有15项指标和苏州话相同。不过,湾沚话"晓得"类动词后面并不是一定不能加PP,相比常州话的彻底不能加来说要更接近苏州话一些。泰州、兴化、东台、涟水、绩溪、歙县的情况基本一致,都有15项指标跟苏州话一致,跟苏州话的区别主要在于"晓得"类、"听"类和"干净"类动词能否在后面加上PP。阜宁、灌南都有14项指标跟苏州话一致。枞阳、六安和祁门有13项指标与苏州话一致。扬州话和合肥话只有12项指标跟苏州话一致,是所有点中离苏州话最远的。如果我们只以动词跟介词结构结合能力来看各地方言跟苏州话距离远近的话,大致可以得出这样的一个不等式(>左面的跟苏州话更近一些):

南通>常州、湾沚>涟水、泰州、兴化、东台、绩溪、歙县>阜宁、灌南>六安、枞阳、祁门>合肥、扬州。

2.5.3 助词"着"比较

我们看看助词"着"在各地表现的情况(见表五)。根据梅祖麟(1988)的研究,苏州话、枞阳话的实现体标记"仔"实际就是"着",常州话的"则"实际是"仔"的促化音,合肥话的"之"跟它们也同源。我们先

---

① 我们也不能完全排除合肥话的"在"是由"在这/那块"省略来的,因为在枞阳话中,句尾的"在那界"经常可以省略成"在",意思不变。不过合肥话跟枞阳话不同的是,合肥话"V(O)在"表示的是动作进行义,是动态的;枞阳话"V在(那界)"则更多的是表示状态的延续,是静态的。

来看看"V着"在不同的方言里可以表示的体意义①。

表五

	苏州	常州	泰州	兴化	东台	阜宁	扬州	涟水	灌南	合肥	六安	枞阳	绩溪	歙县	祁门	普通话
实现体	+	+	-	-	-	-	-	-	-	+	+	+	-	-	+	-
持续体 动态持续 一个谓项	-	-	+	+	+	+	+	+	+	-	-	-	+	+	-	+
持续体 动态持续 连谓前项	-	-	+	+	+	+	+	±	-	+	+	+	+	+	-	+
持续体 静态持续	-	-	-	-	②	+	+	+	+	+	-	+	+	-③	+	-
存续体	-	-	±	±	±	+	+	+	+	+	-	+	+	+	+	-

"+"表示在这种方言里"V着"可以表示这样的"体"意义;"-"表示在这种方言里"V着"不能表示这样的"体"意义;"±"表示"V着"虽然能表示这样的"体"意义但受到一些限制,或者使用频率不高。

我们再看看跟"着"组合表示存续/持续的动词的特点④:(见表六)

从"着"在各地的表现来看,苏州、常州两地的表现是相同的,不能表示存续和持续。另外用"着"做实现体标记的还有枞阳和祁门,不过枞阳和祁门的"着"都可以跟"站"类和"拎"类动词组合表示存续,跟"听"类、"醒"类动词组合表示持续。而且,在祁门和枞阳话中,"踢"类动词还可以跟"着"组合,做连谓前项表达背景信息。除了合肥和枞阳话之外,"着"一般不能跟形容词组合⑤,比如合肥话的"路还远着在",

---

① 南通话的"叨"我们怀疑就是"着",不过还有待论证。湾沚话的实现体标记"kə"来源到底是什么,我们还不知道。所以以下面两个表中都没有南通和湾沚这两个点。
② 泰州兴化和东台"听"类谓词后可以加"着"表示持续。"听"类谓词既有动态的一面,也有静态的一面。
③ 绩溪、歙县新派认为可以,老派认为不行。
④ 下表需要说明的是,苏州话、常州话中"听、醒、干净、踢、死"类动词并不是不能跟"着(仔)"组合,不过组合之后不能表示持续体或者存续体。
⑤ 其他有的方言(阜宁、扬州、涟水、灌南、六安、祁门)形容词也并不是绝对不能跟"着"组合,比如扬州话"房间空着呢/灯亮着呢"都可以说,但"她还小着呢"就很别扭。

枞阳话的"路还远仔在"在其他方言中就不存在。江苏境内的江淮方言"着"更常跟动态"踢"类动词结合表示动态持续;徽语的绩溪、歙县则相反,"着"只能出现在表示存续体的句子中,老派连"醒着/活着"这样的说法都不大接受,"着"绝不能出现在表示动态持续的句子中。

表六

动词类型		苏州	常州	泰州	兴化	东台	阜宁	扬州	涟水	灌南	合肥	六安	枞阳	绩溪	歙县	祁门	普通话
V+着	"是"类	−	−	−	−	−	−	−	−	−	−	−	−	−	−	−	−
	"晓得"类	−	−	−	−	−	−	−	−	−	−	−	−	−	−	−	−
	"听"类	−	−	+	+	+	+	+	−	−	−	−	−	−	+	+	−
	"醒"类	−	−	+	+	+	+	+	−	−	−	−	+	+	+	+	−
	"干净"类	−	−	−	−	−	−	−	−	−	−	−	−	−	−	−	−
	"踢"类 一个谓项	−	−	+	+	+	+	+	−	−	−	−	−	−	−	−	−
	"踢"类 连谓前项	−	−	+	+	+	+	+	±	−	−	−	−	−	−	−	−
	"死"类	−	−	−	−	−	−	−	−	−	−	−	−	−	−	−	−
	"站"类	−	−	±	±	±	+	+	+	+	+	+	+	+	+	+	+
	"拎"类	−	−	±	±	±	+	+	+	+	+	+	+	+	+	+	+

2.6 从历时角度看吴语、徽语、江淮方言三种动态范畴标记的来源与演变

有些动态范畴的标记,比如江淮方言泰如片的后附成分"啊",南通话的"叨",湾沚话的实现体标记"kə",常州话的"佬"等我们一时也搞不清它们的来源,只能付之阙如。下面我们详细讨论在我们调查的各方言点中最常见的两种动态标记的来源和演变,一个是助词"着",一个是虚化的处所介词结构。

2.6.1 处所介词结构的语法化过程

从类型学的角度看,很多语言的进行体都是从表示"处所"的词语

虚化来的。比如英语的进行体-ing 就是这样:he is on -fishing＞he is a-fishing＞he is fishing(Comrie1976；又见胡明扬 1996)。当我们把关注的焦点放到动作本身时,动作的活动场所(由介词结构体现)就很容易虚化,成为进行体的标记。

我们知道,上古汉语表示动作行为活动场所的介词结构主要放在动词短语的后面；从西汉时候开始,这一类的介词结构开始前移,到《世说新语》时,分布在动词短语前面已开始占据优势；而在体标记形成、稳固、定型的唐宋时期,这一类的介词结构以分布于动词前面为绝对优势,分布于动词后的已成为残存了(张赪 2002；洪波 1999)。这就为这些介词结构虚化为进行体标记提供了可能。到了宋元时期,"在这/那里"表进行的例子已经很多了[①]:

(238) 且说武大挑着担儿,出到紫石街巷口迎着郓哥提着篮儿在那里张望。武大道:"如何?"(《水浒传》25 回)

(239) 那人正来卖鱼,见了李逵在那里横七竖八打人,便把秤与行贩接了,赶上前来大喝道。(《水浒传》38 回)

清代小说《儒林外史》中出现了在动词前加"在"表进行体的例证[②]:

(240) 若是还在应考,贤契留意看看。(《儒林外史》7 回)

同样的道理,处于动词后的表示静态的存在处所也容易虚化成为持续体标记和存续体标记。

柯理思(2003)发现,有些北方方言,如河北冀州话,处所词位于动词后的句式只能表达动态的位移事件。跟冀州话情形相仿的还有山西闻喜话、河北泊头话、山西河津话、山西定襄话、陕西永寿话、河南林县话、山东平邑话以及老北京话。以上方言点包括了晋语、冀鲁官话、中

---

① 例(238)、(239)转引自伊原大策(1986)。
② 例(240)转引自太田辰夫(1987)。

原官话和北京官话。我们推测,这种现象在北方分布的范围应该更广。这种方言现象的存在说明,在北方很多地区表示静态性状态的处所成分只能放在动词前。而在南方话中,这类的成分则倾向于放在动词的后面。我们在江苏、安徽两省以"我在北京住"为例句进行了调查,发现在江苏省的吴语和江淮方言区,人们对这样的语序有明显的排斥感,同样的意思他们要说成"我住在北京";而在徽语区和安徽境内的合肥、枞阳、六安,人们觉得两种语序都可以,其中徽语区的更倾向接受"我住在北京"的说法。这样一来,很多北方话表示静态性状态的处所成分只能出现在动词的前面,它就跟表示动作行为活动场所的成分处于同一位置,失去了虚化成为表示持续体和存续体标记的可能。

吕叔湘(1941/1984)在《释〈景德传灯录〉中"在""著"二助词》中认为,现代西南官话语尾助词"在"和吴语中的"勒海""勒里"等就是唐宋时期语气词"在里"的遗留。对于吕先生的观点,太田辰夫(1987)认为"哩"不可能是"在裏"的省略,因为"在裏"出现得更晚。太田先生认为,作为叙实功能的"呢"的来源是"里""裏"等表示处所的词,把表示处所的词放在句末的用法从古就有(古汉语的"焉"就是这样)。太田先生的观点大致可以表示为:

唐五代(里/裏)→在里(代词→虚化)→在此/在这里

太田先生的意见值得重视。从文献来看,早期的处于动词后的"在里"之类的成分还有比较实在的表示处所的意味,比如:

(241)及重试退黜,喧者甚众,而此僧独贺曰:"富贵在里。"(《唐摭言》卷7)

(242)若与摩,和尚来时,莫向他说纳僧在里。(《祖堂集》卷6)

后来,"在里"方所义虚化,比如:

(243)要之,仁未能尽得道体,道则平铺地散在里,仁固未能尽得。(《朱子语类》卷6)

(244) 既有这物事,方始具是形以生,便有皮包裹在里。(《朱子语类》卷 16)

(245) 保合,便是有个皮壳包裹在里。(《朱子语类》卷 16)

(246) 因叹曰:"天下道理,各见得恁地,剖析开去,多少快活!若只鹘突在里,是自欺而已!"(《朱子语类》卷 130)

例(243)—(245)如果翻译成现代白话,其中的"在里"都可以译为"着"。因为汉语一般不允许出现"动词+介词结构+宾语"的格式,动词带宾语时,宾语要么提前做话题,要么宾语放到介词结构前面,形成"动词+宾语+介词结构"的格式。这从下面两个《朱子语类》中的例子可以很清楚地看出来:

(247) 曰:"兼有在里。且如见尊长而拜,礼也,我却不拜。"(《朱子语类》卷 22)

(248) 若先有一个影像在里,如何照得!(《朱子语类》卷 16)

例(247)动词"有"后没有宾语,"在里"紧跟着动词;例(248)"有"后带宾语,"在里"处于宾语后。由于"在里"经常处于句尾,进一步虚化,它就很容易成为纯粹的语气词。

唐宋时期代词"这里/那里"的出现,使"在这/那里"代替表达处所义的"在里"成为可能。这里要注意的是,"在这/那里"取代的并不是完全虚化成为纯粹语气词的"在里",而是还有实在处所义的"在里"。"在这/那里"逐渐取代了"在里"。后来,"在这/那"表示处所的意义也逐渐虚化,其表示状态持续的意味增强,比如①:

(249) 大抵是且收敛身心在这里,便已有八九分了。(《朱子语类》卷 12)

(250) 小人昨晚入城卖得几贯丝钱在这里。(《京本通俗小

---

① 例(249)—(253)转引自俞光中、植田均(1999)。

说》卷 15)

(251) 花园内有人在那里。(《金瓶梅》58 回)

(252) 却才前面灵官殿上,有个大汉睡着在那里。(《水浒全传》14 回)

(253) 利钱已有在这里了,只要十两本钱去讨。(《水浒全传》38 回)

根据俞光中、植田均(1999)的研究,像这类虚化的表示状态持续的"在这/那里"只在广义的南系作品(大体以黄河为界)中出现,同时代的北系作品则没有这样的现象。这也跟我们前面说的南北方言表示静态处所介词结构的位置有关。

再来看像合肥话这样用句尾的"在"表示进行体的方言。我们全面考察了《祖堂集》中出现的所有句尾的"在",除了肯定是动词的外,都是出现在表示存续或状态持续的句子中,比如:

(254) 师曰:"咄! 这饶舌沙弥,犹挂着唇齿在。"(卷 4)

(255) 对曰:"莫错和尚,自有人把匙筯在。"(卷 4)

(256) 对曰:"诸事已备,只欠点眼在。"(卷 5)

(257) 师曰:"犹持瓦砾在。"(卷 3)

(258) 对曰:"舌头不曾染著在!"(卷 5)

(259) 吾云:"牙根犹带生涩在。"(卷 5)

(260) 云岩云:"这个人未出家在。"(卷 6)

这些句尾的"在"很可能是由表示"存在"的动词"在"虚化而来的,《祖堂集》中有很多"有……在"的句子,"有"是句子的主要动词,"在"虽然还有"存在"义,但去掉也不影响句子意思的表达,我们认为这是动词"在"虚化的起点[①]。比如:

---

① 罗骥(2003:36)也提出了类似的看法。

(261) 师曰："犹有这个纹彩在。"(卷2)

(262) 融曰："师犹有这个在。"(卷3)

(263) 共知总有光明在,看时未免暗昏昏。(卷4)

(264) 师曰："经师自有经师在,论师自有论师在,律师自有律师在。院主怪贫道什摩处?"(卷4)

因为"在"是由"存在"义动词虚化来的,所以它跟表示处所的"在里""在这/那里"有相同的一面,都适宜表达状态的持续,而不适于表示动作行为的进行[①]。不过这种情形到宋代有了变化,"在"开始出现在表示进行的句子中[②]:

(265) 大德正闹在,且去,别时来。(《景德传灯录》8.1)

(266) 须知杀中有活擒纵人天,活中有杀权衡佛祖,直饶说得杀倜傥分明。山僧更问尔:"觅剑在?"(《圆悟》748)

现代有的方言,比湖北宜都话,句尾的"在"还是只能出现在表示状态持续和存续的句子中,不能出现在表示动作进行的句子中(李崇兴1996)。

我们猜想,"在"用法的泛化跟唐宋之际出现的另一个表示持续和存续的助词"着"有关。从现代方言来看,凡是"在"可以表示动态的进行的方言,肯定有一个专用的标记是表示静态的持续和存续的,合肥话是"之",武汉话是"倒"。相反,在那些没有专门的持续和存续助词的方言中,动词后(包括句尾)的"在"或者"在这/那里"就不能表示动作进行,只能表示静态的持续和存续,比如苏州话、常州话、湾沚话就是这样。

---

① 因为到唐代,表示动作行为活动场所的处所结构大多要放到动词的前面。
② 例(265)、(266)转引自罗骥(2003)。

2.6.2 "着"的语法化过程

关于"着"的演变,前人和时贤做了很多研究,比如王力(1958)、梅祖麟(1988)、曹广顺(1995)、袁毓林(2002)、吴福祥(2004)等。我们将根据吴语、徽语和江淮方言中"着"的表现,结合前人的研究和历史文献材料对"着"的演变做一个重新的审视。

在吴语、徽语和江淮方言中"着"有多种功能:可以是实现体标记;可以是持续体标记;可以是存续体标记;还可以是动词和补语之间的标记(比如枞阳话)以及介词(祁门话)。梅祖麟(1988)认为,"附着"义的动词"著"首先虚化为介词,然后意思是"到"的介词"著"演变成实现体(梅文称为"完成体")助词;意思是"在"的介词"著"演变成持续体助词。杨秀芳(1992)也认为持续貌的"着"来源于静止状态的方位介词"著"。杨先生认为,六朝时期有一种"动宾著+处所词"结构,如"埋玉树著土中"(《世说新语》),这种结构到了唐代,省略处所词而成"动宾著",后来北方话进一步将"著"提到动宾之间,从而得到"动著宾"格式;而南方在当时未有变化,仍使用"动宾著"格式①。不过,吴福祥(2004)对杨秀芳的观点提出了批评。吴福祥(2004)认为,从题元结构和语义关系看,魏晋至唐时期"动宾著+处所词"中的处所词很难被省掉,因为"动宾著+处所词"表达的是位移事件,其中的处所词被指派为终点题元,它跟客体的同现是强制性的;另一方面,"动宾著+处所词"格式中的"著"跟其后的处所词在语义表达上不可分离;还有一点很重要的是,从文献上看,唐代的"动+宾+著"中的"著"都是表示祈使的语气词,目前还没有发现唐代文献有"著"用做处所介词或附着动词的"动+宾+著"格式。另外,就我们方言调查的材料来看,确定无疑的由介词结构发展来的持

---

① 杨秀芳的论文我们没有看到,这一部分转引自吴福祥(2004)。

续体和存续体标记都是出现在动词宾语的后面,不会出现在动宾之间。林新年(2004)也全面考察了《祖堂集》中"著"的用法,提出助词"著"并非由介词"著"演变而来,因为介词的语义指向是处所宾语,而助词的语义指向则是前面的宾语,语义指向转变的过程一直没有一个很好的解释。

吴福祥(2004)提出一个不同于以往的看法。他认为"着"的语源可以追溯到表"附着"义的动词。汉以后这种"附着"义动词开始用在主要动词之后,构成"V+着+O"的连动式,"V"一般是有"附着"语义特征的动词。魏晋南北朝以后"V 着 O"用例大量增加,而且"V"可以是没有"附着"语义特征的动词。在这种情况下,"着"的动词性逐渐减弱,意义和功能有了明显变化:首先,"着"的词汇意义由"附着"变成"在"或"到";其次,在语法功能上"着"由连动式中后一谓语动词变为谓语动词的趋向补语。"着"的意义和功能的变化使"V 着 O"被重新分析为动补结构,此时"O"还只能是处所宾语,"着"是指向后面的处所成分的,"V 着"对"O"的共现有强制要求。唐五代时期"V 着 O"一个重要的变化是,当"着"表示"到"义的时候,"V 着"后面的宾语开始出现受事宾语。在这种情况下,"着"在语义关系和结构关系上不再是和后面的宾语而是和前面的动词结合在一起,表示动作已实现或完成,是一种虚化的动相补语。由于"着"在语义和结构关系上跟后面的受事宾语不再有直接联系,所以"V 着"对宾语的共现没有强制的要求。当"着"前面的动词既能表示动作又能表示状态时,"着"逐渐获得"状态持续"的语义。大概从宋代开始,"着"开始用在单纯表示动作而且可以持续的动词后,比如:

(267) 看着娇妆听柳枝,人意觉春归。(张先《武陵春》80 页)
(268) 越睡不着,只是想着莺莺。(董解元《西厢记诸宫调》卷 1)
(269) 如见阵厮杀,擂着鼓,只是向前去,有死无二、莫便回头

始得。(《朱子语类》卷121)

(270) 平日在家里,须读古圣书,这般雪儿才下,多是饮着羔羊,浅浅斟。(《张协状元》)

例(267)和(268)中的动词"看"和"想"都是状态动词;例(269)和(270)中的动词"擂"和"饮"都是动态动词(吴福祥 2004:17—24)。

从现代汉语方言的表现来看,表示静态存在的方所介词结构在北方倾向于放在动词前,与表示动作活动场所的方所介词结构处于同一句法位置,这在某种程度上阻碍了动词前的方所介词结构语法化成为体标记。而在南方方言中,表示静态存在的方所介词结构则倾向于放在动词后,与表示动作活动场所的方所介词结构处于不同的句法位置。这就为南方方言动前的表示动作活动场所的方所介词结构语法化为进行体标记,动词后表示静态存在的方所介词结构语法化为表示存续和持续的体标记提供了可能。这样,因为在南方方言中静态处所成分虚化为持续体和存续体的标记,"着"也就没有语法化为这两种体标记的动力了。

以上所说的实际是假设南北方言没有发生接触时的情况。如果两种不同系统的方言发生了接触,情况就会变得非常复杂。我们举一个例子来看。在普通话中"我在北京住"和"我住在北京"都是合法的;而在柯理思(2003)列出的许多北方方言中"我住在北京"是不合法的;在我们调查的吴语、徽语(绩溪、歙县)、江苏境内的江淮方言,人们更倾向于说"我住在北京",有的点甚至完全排斥"我在北京住"的说法;而在祁门、六安、枞阳情况跟普通话类似,两种说法都可以接受。我们考虑,这跟普通话的混合语性质有关,而江淮方言地处南北方言的交界,也呈现出纷繁复杂的局面。

在我们调查的方言中,比较"纯净"的只有苏州话和南通话,进行体用"PP+V"表示；持续体和存续体用"V+PP"表示①。其他各地方言在持续体和存续体的表现上都有两种方法。相对来说，东部的方言（吴语常州，徽语的绩溪和歙县，江苏境内的江淮方言）用"PP"更多一些；西部方言（徽语的祁门，安徽境内的江淮方言）用助词更多一些。从很多迹象上我们可以看出：在那些有两种方法表示存续和持续的方言中，助词的使用是后起的。比如扬州话既可以用"V+到/着"表示持续和存续，也可以用"V+PP"表示持续和存续，而且用"V+到/着"更常见。不过，据我们在江都县调查的情况来看，当地也是两种方法都可以用，但调查人明显感到"V+PP"更土。我们设想，扬州话原来也是用"V+PP"表示存续和持续的，但因为扬州地处运河沿岸，水陆交通方便，南来北往的客商很多，受易受其他方言影响，而江都相对偏僻一点，所受影响没有扬州城那么大，还保留了相对古老的层次。同时，普通话以及扬州话、南京话这样的区域性强势方言还在不断地影响它其他方言。阜宁、涟水用"着"表示存续、持续越来越多就跟普通话、扬州话、南京话的影响有关。新派六安话也受合肥话影响，开始用句尾"在"表示进行体。

---

① 常州话持续体和存续体还可以用"佬"表示。"佬"的来源不明。我们所说的"纯净"是指这两地方言不用助词表示持续体和存续体。

第三章 苏州话表体貌的"脱"及其在各方言中的对应成分

3.1 苏州话的"脱"

汉语方言的体标记大多是由动词发展而来,比如北京话的实现体标记就是由"完成"义动词"了"演变而来;苏州话实现体标记"仔"多数人相信是来自"附着"义动词"著",跟北京话持续体标记同源;福州话实现体标记"去"则跟动词"去"同源。在很多方言中还存在一些正处于语法化过程中的半虚化的体貌标记。研究这些半虚化的标记,可以为我们窥探已经完成的语法化历程提供一个标本。由于语法化进程在不同方言有不同的表现,通过共时的跨方言的比较研究,可以帮助我们拟测语法化的历时过程。

苏州话实现体标记是"仔"。此外,苏州话还有一个半虚化的,可以表示结果、完成的"脱"。"脱"在苏州话中读[tʰəʔ],跟"脱衣裳"的"脱"同音。不过在邻近的常熟、昆山、吴江等地,"脱衣裳"的"脱"读[tʰøʔ],跟表结果、完成的"脱"[tʰəʔ]不同音。我们认为,表结果、完成的"脱"本字就是"脱衣裳"的"脱",因为它表示的意思更虚,使用频率更高,所以读音会发生弱化的现象,元音央化是常见的语音弱化的表现之一。

我们首先描写苏州话半虚化的"脱"的用法,然后找出其他方言中跟"脱"相对应的成分,比较它们的异同,分析造成差异的原因,最后根据不同指标排出各地"脱"类成分的语法化等级。苏州话的"脱"有时可用实现体标记"仔"替换,像"仔"这种完全虚化的体标记不在我们考察之列,其他方言情况也作如是处理。

前人对苏州话中半虚化的"脱"做过一些研究。主要有以下几种观点:

①袁家骅(2001:98)认为"脱""脱仔"附加在动词后面表示完成,这样组成的谓语不必跟有宾语或补语。例如"逃走脱哉""忘记脱哉""隔脱仔两三日"。

②赵元任(1967/2002)认为吴语的"脱"有两个,一个是结果补语"脱$_1$",相当于官话的"掉";还有一个仅仅表示简单的完成,例如"死脱哉"相当于"死了";"勿见脱哉"相当于"丢了"。

③范晓(1988)认为吴语中有三个不同的"脱":"脱$_1$"是结果动词;"脱$_2$"是结果助词;"脱$_3$"是结构助词。陶寰(1995)不同意把"脱"分析成三个不同的东西,认为它们都是体标记。

④刘丹青(1996b:39—41)探讨了"脱"由实到虚的演化过程,认为"脱"的基本意义是表示消失性结果,由此引申得到损失、失效、偏离正常、减少等一类意义,进一步虚化又产生完成工作、打发时光等更加虚化的范畴义。

⑤石汝杰(2002:11)把"脱"看成"准体助词",指出它在语音上只能跟前面的实词连读。

⑥许宝华、汤珍珠(1988:443)描写了上海话里的"脱"。他们认为"脱"是动词后缀,可分为两种:"脱$_1$"用于动词或动补词组之后,表示动作或状态的完成;"脱$_2$"用在动词后头,后接数量补语,多用于表示将要经历某一动作或状态。

首先要说明,我们对苏州话"脱"的研究是建立在上述诸位先生研究的基础上的,有些例句直接引自上述诸位先生的文章(我们会随文注

明)。我们先全面描写苏州话"脱"的句法语义特点,再根据事实材料给"脱"定性。"脱"能够出现的句法环境主要有以下几种:

①"脱"可以用在单个动词后面,做结果补语,有时候可以用普通话的"掉"对译,比如:

(1) 贼骨头逃脱哉。

(2) 老张死脱哉。

(3) 卖脱菜哉。

(4) 我吃脱饭哉。

(5) 我饭吃脱哉。

(6) 衣裳侪脱脱哉。

(7) 拿龌龊衣裳脱脱。

(8) 耐拿搿个物事掼脱。

"脱"前面的动词可以是不及物的,如例(1)—(2)中的"逃"和"死";也可以是及物的,如例(3)—(8)中的"卖"、"吃"、"脱"、"掼"。及物动词的宾语可以在"V脱"之后,如例(3)、(4);也可以提到"V脱"前做话题,如例(5)、(6);还可以用"拿"(大体相当于普通话的"把")将宾语提到"V脱"前,如例(7)、(8)。"V脱"既可以用在叙述句中,如例(1)—(6);也可以用在祈使句中,如例(7)、(8)。

石汝杰(2002:12)认为,苏州话"V脱"在叙述句中不能结句,没有后续成分时,句末要加"哉"。不过新派下面的句子也能接受:

(9) 昨日逃脱(仔)一个贼骨头。

(10) 我特丢脱(仔)一块手表。

有"V脱"出现的叙述句一般是表示过去的、已经完成的动作行为,当"V脱"后有宾语时,"脱"后还可以再加实现体标记"仔",比如例(3)、(4)还可以说成:

(3') 卖脱仔菜哉。

(4') 我吃脱仔饭哉。

"V脱"和"V仔"在表义上还是有区别的:"V仔"强调的是动作的完成;"V脱"强调的是动作的结果。我们通过下面的一组例子来看一下它们的区别:

(11) a. 我吃仔饭哉。

b. 我吃脱饭哉。

例(11a)表达的是"吃饭"这个事件已经完成了;例(11b)强调的是"饭"被"吃光"了。范晓(1988:217)举的例子更能说明问题:

(12) a. 我吃仔中药再吃西药。

b. 我吃脱中药再吃西药。

例(12b)意思是等中药"吃光"了再吃西药,"脱"表示的是动作的结果。

刘丹青(1996b:40)认为,"脱"的基本意义是表示消失性结果。所谓消失,指动作行为导致行为主体或受事从说话人角度看已经消失。以往有的学者认为,能进入"V脱"的动词一般要求隐含"去除"的含义,比如能说"忘记脱哉",不能说"记得脱哉";能说"逃脱哉",不能说"抓脱哉"。不过,我们只要改变一下语境,一些含有"去除"语义特征的动词也能够跟"脱"结合,比如:"我去晏晚哉,物事东西俚都拨人买脱哉我去晚了,东西都被人买光了。""买"虽然含有"去除"义,但整句话表示的意思对于行为主体"我"来说,仍然是"失去"了购物的机会,所以仍然可以用"脱"。

单音节的动词还可以重叠之后再加"脱",比如:(例句引自范晓1988:216)

(13) 壁角里葛垃圾快点扫扫脱。

(14) 拿蜡烛尾头钳钳脱。(评弹《孟丽君》)

除此以外,常说的还有"拔拔脱、吃吃脱、删删脱、掼掼脱、弄弄脱、搬搬脱"等。动词重叠加"脱"有不满的意味。

"V脱"结构有可能式"V得/不脱",比如"逃得/不脱、退得/不脱、掼得/不脱"。这里的"V"都是自主动词,非自主动词没有可能式。这些结构里的"脱"有的可以用普通话的"掉"对译,比如"逃得/不脱"意思就是"逃得/不掉";有的不行,比如"掼得/不脱"意思不是"摔得/不掉",而是"摔得/不坏"的意思。

②"脱"出现在形容词之后,这时一般就无法用"掉"对译,比如:

(15) 苹果侪烂脱哉。

(16) 一年下来,衣裳侪小脱哉。

(17) 花瓶碎脱哉。

(18) 脚踏车坏脱哉。

"脱"能够出现在形容词之后说明"脱"更虚化了,很难再说"脱"是结果补语。"脱"出现在形容词之后表示偏离正常、减少之类的意义,往往表示的是不如意的意思,所以积极义的形容词一般不能加"脱",比如可以说"坏脱",不能说"好脱";可以说"错脱",不能说"对脱";可以说"小脱",不能说"大脱";可以说"短脱",不能说"长脱"。下面的例子能够很好地说明"脱"的这个特点:

(19) a.花侪干脱哉。

　　　b.衣裳侪干哉。

例(19a)意思是"花都干死了",表示的是不如意的事件,形容词后可以加"脱";例(19b)意思是"衣裳干了",表示的是希望发生的事,"干"后不能加"脱"。

形容词加"脱"没有可能式。不过部分形容词可以重叠后加"脱",比如:

(20) 耐拿辫个垃圾乱乱脱 你把垃圾整整倒了。

(21) 拿辫个物事湿湿脱 把这个东西弄湿。

③动结式后加"脱"。

苏州话中动结式后面还可以加"脱",这是"脱"进一步虚化的结果。此时"脱"不是结果补语,因为汉语中不存在动结式后面再加上结果补语的句法格局。这时的"脱"很像实现体的标记,不过因为在它的后面还可以再加上"仔",所以我们仍然不认为"脱"是一个完全的实现体标记。比如:

(22) 我算错脱(仔)笔账。

(23) 我敲杀脱(仔)一只狗。

(24) 吃光脱(仔)一瓶酒。

(25) 花瓶拨我打碎脱哉。

(26) 事体弄僵脱哉。

跟形容词后加"脱"一样,动结式后加"脱"一般也是表示偏离预期的不如意的意思。

对于"算错脱"的层次分析,有两种不同的意见:一种以刘丹青(1996b)为代表,认为是动结式"算错"加"脱";还有一种以刘祥柏(1997)为代表,认为"错"先跟"脱"结合,"错脱"再作为一个整体做"算"的补语。下面用框式图解法说明:

刘丹青:　　　　　　　　　刘祥柏:

算　错　脱　　　　　　　　算　错　脱

|_|　|_|　　　　　　　　　　|_|　|_|

从这个例子看,这两种分析方法似乎都可以。不过,如果针对苏州话"敲杀脱一只狗"来说的话,刘祥柏的分析法就会遇到一些困难。因为在苏州话中做补语的"杀"相当于普通话的"死",而做谓语的"杀"相当于普通话的"杀",意思是不一样的;也就是说,"敲杀脱"中"杀脱"的意思跟单独做谓语的"杀脱"的意思是不一样的。这样,我们很难认为"杀脱"是整体做"敲"的补语。另外,从吴语其他方言的角度来看,刘丹

青(1996b)的分析法也更好一些。我们发现有些方言跟苏州话"脱"对应的成分只能出现在动词或者形容词后面,不能出现在动结式后面。比如绍兴话"家生工具破还",却不大能说"*家生工具弄破还哉"。(以上例子引自陶寰 1995:19)。如果"脱"是先跟"破"结合,再共同作补语的话就没办法解释上述方言的现象①。

④"V 脱"后加时量、动量成分

上头是按照"脱"前面出现的成分性质来分类的,这一部分着重要谈的是"V 脱"结构后接时量、动量成分所表现出的特点。先来看几个例子:(以下例子均引自范晓 1985:220,个别例子有改动。)

(27) 耐坐脱一歇再走_{你坐一会再走}。

(28) 白相脱一歇再吃饭_{玩一会再吃饭}。

(29) 想脱十分钟再讲_{想十分钟再讲}。

(30) 写脱一个钟头去休息_{写一个钟头再去休息}。

(31) 打脱俚一顿_{打他一顿}。

(32) 讲脱俚两声勿要紧葛_{讲他两句不要紧}。

"V 脱"后加时量词语表示动作所耗费的时量;"V 脱"后加动量词语更加强调动作的量。这里的"脱"意义更加虚化了,去掉"脱"表义方面没有什么变化;加上"脱"更强调量的表达。类似的句子部分苏州人也确实很少用"脱"。值得注意的是,"V 脱"后带时量和动量成分时主要用于表达将来事件的句子中,如果想表达过去的事件,"V 脱"后一定要加完成体标记"仔"。请比较:

(33) a.耐勒浪门外头等脱十分钟再进去,阿好?

---

① 绩溪话似乎支持刘祥柏的分析法。绩溪话可以说"边摔得碎脱",意思跟"边碎脱"一样,翻译成普通话就是"摔碎了","碎脱"好像是总体做补语的。不过据赵日新先生介绍,说绩溪话人的语感仍是"边得碎+脱",而不是"边得+碎脱"。

b. 昨日我勒浪门外头等脱仔十分钟才进去。

例(33a)"V 脱"后没有"仔",表示的是未发生的事件;例(33b)"V 脱"后加了"仔",表示的事件已经过去。还有一个情况值得注意,"受事＋施事＋动词＋脱仔＋时量成分"表示的是动作完成以后到说话时过去的时间,而不是指动作花费的时间,这跟"施事＋动词＋脱＋时量成分"所表示的意义不同。比如:

(34) 辫本书我看脱仔三日天哉。

(35) 辫篇文章我写脱仔两日天哉。

例(34)的意思是"这本书我看完已经三天了";例(35)的意思是"这篇文章我写完到现在已经两天了"[①]。

综上所述,在苏州话里"脱"是一个来源于动词"脱",本身仍含有"去除、脱离"等含义,基本意义是表示消失性结果,跟它结合的形容词一般是具有消极意义的。"脱"在苏州话中虚化的轨迹大致如下:动词"脱"既可作谓语,也可作补语→作补语的"脱"和动词"脱"逐渐脱离成为唯补词,"V 脱"结构有"消失"义→"脱"出现在形容词和动结式之后,进一步虚化,但对形容词和动结式仍有语义选择限制。我们看到,"脱"作为实词的"去除"的含义在"脱"语法化的过程中一直起着很重要的作用,这就是语法化中的所谓语义"滞留"原则(persistence)(Hopper and Traugott2001:91),实词的语义"滞留"在虚词中并限制虚词的语义和语法功能。这种现象也告诉我们,语法化是一个长期渐变的过程。

[①] 据李小凡先生告知,也有部分苏州人认为"受事＋动词＋脱仔＋时量成分"可以表示动作花费的时间。汪平先生则认为类似"辫本书我看脱仔三日天哉"这样的句子不大说,如果说也只能理解为"看完到现在已经三天了"。我们的合作人认为,例(34)、(35)都很通顺,也只能表示"动作完成到说话时经历的时间"。

3.2 其他方言中跟"脱"相对应的成分

3.2.1 其他方言"脱"类词概况

在我们调查的所有吴语、徽语和江淮方言中,都有跟苏州话"脱"相对应的成分。下文我们把这类词称为"脱"类词。我们发现,在江苏境内,"脱"类词分布的北沿恰好也是中原官话和江淮方言的分界。在我们调查的属于中原官话的睢宁和赣榆没有跟"脱"对应的成分。不过这些"脱"类词在不同方言中句法表现是有差异的,语法化的程度也是不同的。下面我们具体来看我们重点调查的 17 个方言中"脱"类词的表现①。

3.2.2 常州话中的"落"

跟苏州相距不远的常州话跟苏州话"脱"相对应的成分是"落"。在我们调查的湟里镇,"落"做主要动词用时读[loʔ²],做"唯补词"用时读轻声的[lɑʔ]②。跟苏州话的"脱"一样,"落"也能出现在动词、形容词和动结式之后。我们来看几个例子:

(36) 我菜都卖落格咧。

(37) 老张昨天死落格咧。

(38) 衣裳都脱落格咧。

(39) 今朝落雨,衣裳都潮落格咧。

(40) 一年勤穿,衣裳都细小落格咧。

(41) 刚买葛电视机就坏落格咧。

---

① 在有些方言中"脱"类词不止一个,我们尽可能把它们都列出来。
② 据我们了解,在常州城区,"落"不管是做主要动词用,还是做"唯补词"用都读[loʔ²]。

(42) 花瓶拨佗掼破落格唡。

(43) 鉴这个东西拨你弄坏落格唡。

(44) 酒都吃光落格唡。

例(36)—(38)中"落"处于动词之后；例(39)—(41)中"落"处于形容词之后；例(42)—(44)中"落"处于动结式之后。跟苏州话一样，能跟"落"组合的动词、形容词和动结式也受到语义上的限制，整个的"VP+落"结构一般具有"去除、脱落"义或者消极的感情色彩[①]，比如"啤酒瓶拨人席拾落格唡"。

自主的"V落"也有可能式，比如肯定式"电影票估计退则落佬"，否定式"电影票估计是退弗落格唡"。常州话也同样有"VV落"，比如"掼掼落、吃吃落、搬搬落"等。

跟苏州话不同的是，常州话"V落"后一般不能带宾语，宾语要么提前做话题，要么不出现。比如在常州话中"我吃落饭唡"是不合法的，这句要说成"饭我吃落格唡"，它的意思和"我吃则饭唡""我吃过饭唡"是有差别的，用"落"强调的是"饭"吃完了，没有剩下，突出的是结果。苏州话的"做错脱一道题目"到常州话就得说成"有一道题目做错落格唡"。

还有一点不同的是，常州话"V落"后也可以出现时量和动量成分，但一般只表示过去事件，意思是完成了总量的一部分。比如：

(45) (总共要讲五个钟头)讲落(则)两个钟头唡。

(46) (总共十趟)跑落(则)七八趟唡。

"则"相当于苏州话的"仔"，是实现体标记。常州话还有一种"V上"结构，经常用来表示过去的事件，比如苏州话"昨日我等脱仔两个钟头才见到俚他"，常州话可以说成"昨日我等上两个钟头才见到佗他"。值得

[①] 不过跟苏州话不同的是，常州话"佗格病还治好落格唡"是可以接受的。

注意的是,常州话"V 上"后面一定要出现数量成分,时量、动量、物量成分都可以,而且句末不能出现相当于苏州话"哉"的"咧",比如:

(47) 我勒鉴头白相上两个钟头_{我在这里玩了两个钟头}。

(48) 我㥜上三个钟头_{我睡了三个钟头}。

(49) 我昨头拨给上一顿生活佗吃吃_{意思是"昨天我打了他一顿"}。

(50) 我鉴个礼拜看上三本书_{我这个星期看了三本书}。

常州话的"V 上"都可以用普通话的"V 了₁"对译,"上"后面不能再出现"则"(常州话的实现体标记)。"上"跟"则"的区别主要在于"V 上"后一定要出现数量成分,"V 则"则不一定;另外,"V 上+时量"通常表示动作行为持续了一段时间,而且已经完成,不再持续下去,用于描述一个已经过去的事件,"V 则+时量"表示动作已经持续了一段时间,还可能继续下去。请看例子:

(51) a.我已经白相则一歇咧。

b.我勒鉴头白相上两个钟头。

例(51a)表示"我"已经"玩"了一会,还可能继续"玩"下去;例(51b)描述一个过去的事件,"我在这里玩了两个小时"。"V 则"句末一般要出现表已然体的"咧";"V 上"句尾一定不能出现"咧"。①

3.2.3 湾沚话中的"得[rəʔ]"

湾沚话跟苏州话"脱"对应的是"rəʔ"。湾沚这个成分声母是舌尖闪音"r",在湾沚话中只有定母字才能读成舌尖闪音,所以这个字应该来源于古定母字,但具体是什么字还不太清楚。当地人习惯把它写成"得",我们也从俗把它写作"得"。跟苏州话一样,湾沚话的"得"也可以出现在动词、形容词和动结式之后,后面也可以跟上数量成分。值得注

---

① 关于"上"的详细描写可以参看郑伟(2010)。

意的是,当表示已经完成(过去)的事件时,实现体标记"kə"不能省略。比如:

(52) 老张死得 kə 嘚。

(53) 我的书没得 kə 嘚。

(54) 瓶子碎得 kə 嘚。

(55) 衣裳缩得 kə 嘚。

(56) 我把一个狗打死得 kə 嘚。

(57) 把一瓶酒喝光得 kə 嘚。

(58) 讲得 kə 三分钟嘚还没讲了。

(59) 坐得 kə 三个钟头嘚他还没来。

(60) 跑得 kə 我十七八趟还没办好。

(61) 把垃圾甩得它。

(62) 把绳子拽断得它。

湾沚话能跟"得"组合后的"V 得""A 得""VR 得"所表示的意思通常也具有"消失、去除、不如意"等语义特征。跟苏州话不同的是,湾沚话"V 得"后加时量、动量成分通常表示过去的事件,如例(58)—(60),而苏州话经常用于表示将来的事件。湾沚话常用"能 V/不能 V"表示可能性,一般不用"V 得/V 不得"的格式①。跟常州话一样,除非后面出现时量或动量成分,湾沚话的"V 得"也倾向于放在句尾,一般不出现在句中。

3.2.4 绩溪、歙县的"塌"

绩溪话的"塌"读音是[tʰɑʔ³²];歙县话的"塌"读音[tʰɔʔ²¹]。两地的"塌"用法基本一样,我们把它们放在一起说(例子用的是绩溪上庄话

---

① 有些湾沚人也用"V 得/不掉"的格式,比如"退得掉/退不掉"。

的材料)。

跟苏州话的"脱"一样,绩溪、歙县的"塌"也可以出现在动词、形容词、动结式的后面,后面可以跟上数量成分。比如:

(63) 犯人走塌哩。

(64) 小李死塌哩。

(65) 小王瘦塌哩。

(66) 鸡子_{鸡蛋}少塌哩。

(67) 我算错塌(哩)一笔账。/我把一笔账算错塌哩。/账我算错塌哩。①

(68) 把绳扯断塌!

(69) 机器退得塌退不塌?/机器退得塌 pa?

(70) 玻璃打碎得塌 pa?

(71) 看塌一下再去。

(72) 过塌一下再来。

(73) 我想到乡下去歇_住塌一段时间。

(74) 打塌_他一顿不要紧。

(75) 我明朝去打塌渠一顿_{我明天去打他一顿}。

(76) 行塌一段路才有车。

(77) 坐塌两个钟头(哩)渠才来。

(78) 等塌渠两个钟头渠还不曾来。

从上面的例子我们也可以看出,绩溪和歙县的"脱"的分布和用法基本跟苏州话的"脱"是一致的。区别在于:

①苏州话"V 脱+时量、动量成分"不能表示过去的事件,如果要表示过去的事件必须在"脱"后加实现体标记"仔";绩溪、歙县的"V 塌+

---

① 绩溪和歙县的多数发音合作人认为"V 塌+O"这样的语序不如"把+O+V 塌"或者"O+V 塌"通顺。

时量、动量成分"既可以表示未然的事件也可以表示已然的事件,如例(71)—(76)表示的是将来的行为,例(77)、(78)表示的是已然的事件。当然表示已然事件还比较少见,估计是新起的现象。新派能接受的句子更多①;

②绩溪、歙县"V 塌"后面的受事性成分一般要前移,"V 塌"后只允许出现非受事性的数量成分。苏州话受事性成分可以出现在宾语位置;

③新派歙县话跟"塌"组合的动词、形容词、动结式的范围似乎更宽,积极义的形容词和某些"如意"的事件也可用"塌",比如:"鸡子多塌哩/衣裳一年没着,人瘦塌哩,衣裳大塌哩,渠唉病到北京唉大医院 t^ho?反倒医好塌哩。"不过,我们在歙县调查的一位合作人(年纪大一些)就否认这种说法。我们在绩溪话中没有发现这种说法;

④绩溪话部分结果补语可以接受"V 仂 R 塌"的说法,如"边掼仂碎塌",其意思等于"边碎塌";其否定式还可以是"边仂碎不塌",意思和"边不碎"一样②;

⑤苏州话的"V 杀脱"中的"杀"既可以表示"死",也可以表示程度,如"俚热杀脱哉"既可以表示"他热死了"(人确实因为"热"而死了),也可以表示"非常热"(但"他"并没有因此而死),绩溪话处于句尾的"V 杀"或者"V 死"中的"杀"和"死"只能表示程度,比如:"只狗 $xɑ^{55}$ 我打死/杀哩,看渠以后还敢来不敢来那只狗被我打得很厉害,看他以后还敢不敢来。"绩溪话"V 死塌"才可以表示真的"死"了,比如:"只狗 $xɑ^{55}$ 我打死塌哩那只狗被我打死了。"③。还有,绩溪话"V 杀"后一般不能加"塌"。

---

① 像下面两句话,新派认为能接受,老派认为不行:"我昨天打脱渠一顿""讲脱渠两句,渠还不服气"。老派要把其中的"脱"换成实现体标记"哩"才行。

② 从绩溪话的这个现象来看,认为"VR 脱"的结构是"V+R 脱"也不是没有道理。

③ 不过,"V 死"后面带受事宾语时,受事宾语一般只能理解为真的"死"了,比如"小李打死哩小张小李打死了小张"。

⑥据赵日新(2001),绩溪岭南话的"塌"在句中可以有两种读法"$t^hɔʔ^{32}$"和"$t^hɔʔ^0$",表达的意思不一样,比如:只手表(快要)跌塌[$t^hɔʔ^{32}$]了_{手表快要掉了}/只手表跌塌了[$t^hɔʔ^{32}$]_{手表跌坏了}/只手表跌塌了[$t^hɔʔ^0$]_{手表丢了}。我们在绩溪岭北发现"塌"有时会读轻声,但意义上跟读本调的"塌"不构成对立。

3.2.5 祁门话的"掉"和"失[ɕiʔ]"

祁门话的"脱"类词有两个:"掉"和"失"。"掉"和"失"的用法有重合,也有不同。"掉"和"失"用法相同的地方是,都可以用在动词之后,表示"去除、脱离"或偏离预期的意思。比如:

(79) 渠伊_这道题错掉/失着。

(80) 学校里死掉/失一个人。

(81) fa_把垃圾摜掉/失。

"掉"和"失"不同的地方在于,首先,"掉"可以出现在动结式之后,"失"不行。比如:

(82) a. 瓶打碎掉着。

　　　b. *瓶打碎失着。

(83) a. fa_把绳子拉断掉。

　　　b. *fa_把绳子拉断失。

(84) a. fa 伊只狗打死掉。

　　　b. *fa 伊只狗打死失。

其次,"掉"可以做可能补语,"失"不行,比如可以说"退得掉"不能说"退得失"。再次,在否定式中,可以说"未曾 V 掉"不能说"未曾 V 失",比如可以说"未曾死掉",不能说"未曾死失"。第三,"掉"可以用在消极义形容词后,"失"不能用在形容词后,比如"衣裳小掉着"可以说,但"衣裳小失着"不说。第四,"V 掉"后一般不能接时量成分;"V 失"后一般不

能接动量成分,比如:

(85) 跑掉/*失十七八回还未曾跑好。

(86) 渠讲失/*掉二三十分钟还未曾讲到正题上去。

"V掉+动量成分"和"V失+时量成分"都只能表示过去事件,不能表示将来事件,而且动态性不强的动词一般不能出现在这两种结构中。

3.2.6 泰州、东台的"掉"

泰州和东台跟苏州话"脱"对应的成分都是"掉",都不能做谓语。"掉"前面可以是动词、形容词,也可以是动结式。"V掉"倾向放到句尾。比如:

(87) 小偷溜掉啊。

(88) 我忘掉啊。

(89) 天黑掉啊①。

(90) 衣裳潮掉啊。

(91) 一条狗挨打啊死掉啊。

(92) 我睡啊死掉啊。

(93) ma 把废纸撂掉。

(94) ma 这只狗子打啊死掉。

"V掉"也有可能式,如"溜得/不掉"。"V掉"后可以跟上时量成分,比如:"花掉两个小时才买到/等掉个等儿—会儿再去/等掉三个小时还要排/我想到乡下去住掉一阵子。"这里"V掉"表示的事件既可以是过去的,也可以是将来的。"V掉"后也可以出现动量成分,既可以表示过去的事件,也可以表示将来的事件,此时"掉"也可不加,比如:"再花掉几回钱就行啊/洗掉几回就变啊浅啊。"

---

① 泰州人说"天黑掉啊"一般指"天突然黑了",有出乎意料的含义。

泰州、东台的"V 掉"倾向于出现在句尾，尤其是动结式"V 啊 R＋掉"后面的受事性成分一定要前移，比如我们上面提到的"一条狗挨打啊死掉啊"，这里的"一条狗"并不是定指成分，是无定的，也得前移，否则说话人会感到别扭。更有意思的是，泰州话里可以说"我打杀啊一条狗"，不仅宾语仍在"VP"后，而且动词和结果补语之间的后附成分也消失了，"杀"后面也不能出现"掉"。据俞扬先生介绍，泰州话动词和结果补语之间一般都要出现后附成分"啊"，但在"V"和"杀"之间没有后附成分，"V"和"掉"之间也没有。

3.2.7 兴化话的"特[tʰəʔ]"、"去[tʰi]"和"掉"

兴化话的情况比较复杂，跟苏州话"脱"对应的成分有三个："掉、tʰəʔ、tʰi"。"tʰəʔ"的读音跟苏州话的"脱"一样，来源可能不一样。在江淮方言泰如片中有一个常用的"掉，丢失"义的动词，读"tʰəʔ"，我们认为兴化话的"tʰəʔ"即来源于此。由于本字不明，我们姑且写作"特"。"掉"是受邻近泰州话的影响借进来的新层次。"tʰi"跟南通话的"去"同音，但兴化本身"去"是读"tɕʰy"，"tʰi"这个音节在兴化话里只有这个字[①]。我们估计它跟南通话的"去"是一个成分，姑且把它写作"去"。这三个词在多数情况下可以互换，意思基本不变。比如：

(95) 我钱包 tʰəʔ_丢特/掉/去啊。

(96) 我忘萨_{忘记}特/掉/去啊。

(97) 我昨朝子喝特/掉/去一瓶酒。

(98) 这本书我看特/掉/去三十页啊。

(99) 把杯子打啊碎特/掉/去。

兴化话"V＋特/掉/去＋时量成分"只能表示过去的事件，这是它

---

① 兴化话其他情况不存在"tʰi"这样的声韵组合，所以我们考虑这个字是早期借自南通话的。兴化话的"踢、体、梯、地"声韵都是[tʰəi]。

跟泰州、东台一个很大的不同。比如：

(100)花特/掉/去两个钟头才买到。

泰州和东台都能说的"等掉个等儿—会儿再去"在兴化话中就不能接受。

"特、掉、去"这三个词在使用中也有一些分工。"特"不能出现在可能补语中，"掉"和"去"都可以，比如"退得/不掉"和"退得/不去"都能说，但"退得/不特"却不能说。另外，"去"出现在动结式后不如"掉"和"脱"自由、常见，比如"蛋糕压啊扁特/掉啊"可以说，但"蛋糕压啊扁去啊"不能说；"我把狗打啊死特/掉啊"可以说，但"我把狗打啊死去啊"不能说。不过"去"也不是绝对不能出现在动结式后，比如可以说"小李学啊坏去/特/掉啊""把杯子打啊碎去/掉/特啊"，其中的制约因素我们还没有找到。还有，"去"出现在祈使句中，有"你这样做试试看，你得承担一切后果"的意思，"掉"和"脱"没有这样的含义，比如"把水倒特/掉"就是一般的命令句，"把水倒去"则含有"你把水倒了试试，出现的后果由你负责"的意思。

据合作人介绍，"掉"显得较文，可能是从邻近的泰州、高邮借进来的；"特"最常用；"去"现在已经不常用了，感觉最土。我们也认为这三个词是属于不同层次的。"去"的层次最古老，有一个旁证：兴化话可以说"忘掉啊"，也可以说"忘特啊"，但不能说"*忘去啊"；但是却可以说"忘萨去啊"，"忘萨"是更古老的方言词，"去"能够跟它组合，也说明"去"的古老。"去"正处于萎缩的过程中，估计首先是从"VR+去"中消退，这种消退是以词汇扩散的方式进行的，所以一部分"VR"后可以加"去"，另一部分不行。这也从另一个方面证明了兴化话"VR去"的结构关系应该是"VR+去"，而不应该是"V+R去"。

3.2.8 南通话的"去"

"去"在南通话白读系统中读"tʰi"，仍然可以单用，比如"我去叨北

京"。"去"有一些比较虚化的用法,类似苏州话的"脱"。比如:

(101) 贼坯溜去叨了。

(102) 我忘记去叨。

(103) 我 tʰɛʔ丢去叨一个皮夹子。

(104) 少去叨两个。

(105) 一只狗挨我打死去叨。

(106) 喝光去叨一瓶酒。

(107) 他学坏去叨。

从上面的例子我们可以看出,南通话的"去"跟苏州话的"脱"有很多共性。"去"跟在动词后面也不是表示完成,而是表示结果。比较:

(108) a. 做去叨作业再去嬉。

b. 做叨作业再去嬉。

加"去"强调"做完作业",不加"去"则不一定表示"做完"。"V 去"一般含有"去除""离开"的意思,引申出表示消极的含义。不过,南通话的"V 去"之后的完成体标记"叨"一般不能省。"V 去叨"之后也可以出现时量成分或动量成分,但只能表示过去的事件,比如:"课总共要上十匣子回,我已经上去叨五匣子回/课总共要上三个钟头,我已经上去叨两个钟头课总共要上三个钟头,我已经上了两个钟头。""V 去"后加时量成分一般表示做某事花费的时间,而且说话人心理上感觉花的时间超出预期,有把时间浪费掉的含义,没有这种含义的一般不加"去",比如:"格这部电影不好看,看去叨两个钟头。"不过,"格本书我看去叨三天叨"可能有两种理解,一种理解是"看书"的行为持续了"三天",还有一种理解是"这本书我看完到现在已经三天了"。我们调查的结果显示,老派的,靠近郊区的(不包括通州的吴语)倾向第二种理解;新派的,城区的倾向第一种理解。我们调查对象中有一对夫妻,为这个句子的理解还起了争执,可见"受事+V-去+时量成分"在南通话中正在经历着某种变化。

南通话"V 去"也可以用在祈使句中,但是它往往跟陈述句同形,要靠语气区分祈使和陈述。比如:

(109) 把垃圾倒去叨。

(110) 把绳子拉断去叨。

(111) 把格只狗打死去叨。

这几个句子都既可以理解为陈述句,表示动作、事件已经完成了;也可以理解为祈使句,动作行为尚未发生。这两种情况"叨"都不能省,一个是实现体标记,一个是语气词。不过,在实际的语境中歧义一般不会发生,因为说话人的语气会有不同。

还有一个情况很有意思,南通话的"V 去"没有可能式,不能说"V 得/不去",只能说"V 得/不掉",比如"退得/不掉""逃得/不掉"。这跟兴化话的情况不同,兴化话"V 特"没有可能式,但"V 去"却有可能式。

3.2.9 灌南、阜宁、涟水、沭阳、合肥、扬州的"得[təʔ]"

灌南、阜宁、涟水、沭阳、合肥、扬州这几个点对应苏州话"脱"的是"təʔ",本字不明,一般写作"得",我们也从俗写作"得"。扬州话还有一个"特[tʰəʔ]",跟"təʔ"是自由变体,下面的论述我们只拿"得"来举例。阜宁话也有一个"特",不过只能用在祈使句中。合肥话除了"得"还有"掉",两者在多数情况下可以自由替换,也有一些差异。

不管哪个点的"得"(特)都能用在含有"去除"语义特征动词、"消极"义形容词、"去除、消极"义的动结式后面,比如:

(112) 灌南:贼逃得咧/我忘记得咧/你头昏得咧/一瓶酒喝光得咧/把垃圾倒得。

涟水:贼跑得咧/衣裳小得咧/一瓶酒喝清得咧/一只狗挨我打死得咧/把狗打死得。

3.2 其他方言中跟"脱"相对应的成分

阜宁:小偷逃得咧/我三本书已经看得咧/桃子烂得咧/我一笔账算错得咧/把绳子拉断特。

扬州:小偷已经走得了/你头昏得了/苹果烂得了/我把一笔账弄错得了/把纸撕得。

沭阳:我忘记得咧/那本书我丢得咧/头昏得咧/那瓶酒给我喝光得咧。/把狗杀得。

合肥:ti这条狗死得了/鸡蛋少得了/一瓶酒喝光得了/我账算错得了/抬把绳子拉断得了。

上述各点的"V得(特)"后面一般不能接表示时量或者动量的成分。

阜宁话"得"一般不出现在祈使句中,祈使句要用送气的"特"或者"得特"连用。上面这些方言中"VR得/特"之后的受事宾语一般要前置,让"VR得/特"出现在句尾,否则发音人感到句子不太通顺。上述几个点除了扬州,"得(特)"都不能出现在可能式中,沭阳可能式用"掉"或者"了"[liɔ],灌南、阜宁、涟水用"ti",比如"退得/不 ti""逃得/不 ti"。

合肥话除了"得"还有"掉",不过陈述句"V得"后面总要跟实现体标记"了","V掉"则不一定。比如:可以说"搞死得了一只狗"但不能说"搞死得一只狗","掉"就没有这样的限制。在祈使句中"V得"后同样要加"了",而"V掉"后则不能加"了",比如:"你把那个东西甩掉/你把那个东西甩得了"。

跟苏州话比较起来,上述 5 个点中除扬州话外,"得"的功能都有不同程度的扩展,主要表现在能跟"得"结合的动词、形容词和动结式的种类更多,已不局限在有"去除、消失"或"消极"语义特征的词语上,但各地扩展的速度是不一样的。灌南、涟水和阜宁是一种情况,"VP得"表示不如意的结果,但是"积极"义的形容词和动结式可以加"得",比如"大得了/高得了/胖得了/变长得了/长高得了"等。"长高得了"意思是

"不希望长这么高,结果长得太高了";"胖得了"意思是"变得太胖了",还是含有贬义的色彩,所以褒义形容词和动结式还是不能加"得",比如不说"*学好得了/*听懂得了/*认真得了"。不过,我们认为,这已经是"得"功能进一步扩展的第一步。

合肥话在此基础上更进一步,许多积极义甚至褒义的形容词后可以加"得/掉",比如"鸡蛋搞多得/掉了、变认真得/掉了、学好得/掉了";整个句子也不一定表示消失性结果,比如"他醒得了"①。

沭阳话则更进一步,不仅"积极"义形容词、动结式,而且褒义形容词和不含"去除、消失"义的动词后面也可以出现"得",并且不含有"不如意"的感情色彩,比如:"学好得了/变认真得了/醒得了/听懂得了/多得了/衣服大得了/桃子红得了/买得很多东西/来得一个人。"甚至名词后都可以出现"得了"表示变化的出现,比如"都大学生得了/都大姑娘得了"等。

从这些例子我们可以看出沭阳话"得"功能已经很像实现体标记。不过我们认为沭阳话的"得"跟真正的实现体标记还有一些不同。比如:当沭阳话"V 得"后带时量成分时,一般含有主观认为时间偏长的意思,比如能说"都讲得半天还没讲得",但不能说"才讲得两三分钟就讲得了";"这本书我看得三天得了"倾向于理解成"书看完已经三天了",不大能理解成"看了三天了";不过沭阳话"这本书我看得三天了"就可以表示"看了三天了"的意思,它跟"这本书我看三天了"意思一样;沭阳话还有一种说法"这本书我都看三天得了",含有"看得时间太长,都三天了"的意思。而且,沭阳话"V 得"后出现动量成分要受到一定的限制,有的动量成分能出现,有的不行,比如可以说"你昨天来学校来得几趟?来得两趟了",但不能说"*她昨天打得我两回",只能说"她昨天打

---

① 老派对于"他醒得了"这样的句子还不太能接受。

3.2.10 六安话的"掉"

在六安话中,跟苏州话"脱"对应的成分是"掉"。"掉"也可以出现在动词、形容词和动结式之后,比如:

(113) 饭吃掉再走。

(114) 搞不好他搞忘失_{忘记}掉勒。

(115) 这箱苹果都烂掉勒。

(116) 天黑掉勒。

(117) 锅烧坏掉勒。

(118) 一瓶酒喝光掉勒。

(119) 把这只狗杀掉。

(120) 把垃圾倒掉。

不过在祈使句中"掉"不能出现在动结式之后,比如,可以说"把这个杯子打碎",但不能说"*把这个杯子打碎掉"。

六安话陈述句中"VP 掉"一般表示消失性结果,或者不如意的事情,能跟"掉"搭配的动词、形容词和动结式多含有"消失、去除、消极"的语义特征①。注意,在六安话"V 掉"后如果带宾语,"掉"后一定不能出现实现体标记"了",比如:

(121) 我打死掉两条狗。

例(121)不能说成"我打死掉了两条狗"。

六安话"V 掉"后面也可以跟上时量成分,但是一般不能跟上动量

---

① 不过,苏埠镇的汪显开先生则接受一些积极义的形容词或者动结式与"掉"的组合,比如"多掉两个/长胖掉了/学好掉了。"这些说法在独山镇也可以接受,但含有"惊奇、出乎意料"的意味,用在这样的句子中就比较自然:"我的病,城里治不好,农村反治好掉了。"独山镇的调查人认为祈使句中"掉"也能出现在动结式之后,比如:"把这只狗打死掉、把绳子拉断掉。"据刘祥柏介绍,丁集话祈使句中"VR"后也不能加"掉"。

成分[①]，表示的一般是动作、行为花费、消耗多少时间的意思。比如：

(122) 坐掉半个小时才走。

(123) 睡掉一天才醒。

(124) 吃掉一个月才有效果。

(125) 走掉半个钟头也没见到一个人影。

"V掉"后加时量成分一般含有说话人"认为花费时间太长"的意味，所以例(122)—(125)的"才"换成"就"，句尾即便加"勒"也不通。

3.2.11 枞阳话的"特[tʰəʔ]、得[təʔ]、掉、去[tʰi]"[②]

枞阳话的情况比较复杂，跟苏州话"脱"对应的有"特、得、掉、去"四个成分，它们的用法既有重合的地方，也有一些差异。"特"和"得"基本可以互换使用，祈使句中有时也可以连用"特得"[③]，平时"特"用得多一些，下面在具体描写的时候，以"特"为主；可能式中只能用"掉"，其他三个都不能用；"去"使用面最窄，一般跟"特"或"得"组合成"去特"或"去得"才能出现，用在祈使句和意愿句中，年轻人用得较少，当地人认为它最古老。下面我们举几个例子来看：

(126) 对不起，我忘特仔了。

(127) 小偷跑特仔了。

(128) 两个月的药都吃特仔也没效果。

(129) 苹果烂特仔了。

(130) 衣裳搞湿特仔了。

(131) 我把一笔账算错特仔了。

[①] 我们这里指的也是苏埠镇的情况，独山的调查人认为"去掉十七八次还没结果"也可以说。苏埠镇的汪显开先生则连"V掉"后接时量成分都不接受。

[②] 枞阳话的"得"读为"təʔ"；"特"读为"tʰəʔ"；"tʰi"本字不明，因为南通话"去"白读为"tʰi"，这里姑且写作"去"。

[③] 阜宁话这两个成分连用是"得特"，正好跟枞阳相反。

(132) 我把一条狗打死特仔了。

"特"可以放在动词、形容词和动结式后面,"特"对前面的词语也有选择限制,一般得是含有"去除、消失、消极"等语义特征的词语,这时"特"都可以换成"掉"。不过在新派枞阳话中,"特"有时也可以放在褒义的成分之后,不过这时就含有"出乎意料"的意味,这时的"特"就不能换成"掉",比如"他的病还医好特仔了"。

枞阳话"V 特"后也可以出现时量成分,但不能出现动量成分。时量成分一般也只能用在表示过去时间的句子中,比如:

(133) 候等特半个小时他还没来。

(134) 一顿饭吃特(仔)三个钟头。

(135) 过特(仔)半个钟头才来。

(136) 讲特(仔)十几分钟还没讲掉。

加"特"表示说话人主观上认为"做某事花费太多的时间",所以"讲仔两分钟就讲掉仔"就不能说成"讲特仔两分钟就讲掉仔"。例(133)—(136)中的"特"都可以换成"掉"。

另外,"V 特"前面一般不出现否定词,例(136)句尾的"掉"就不能换成"特"。在叙述过去发生的事件,而且当宾语部分是数量成分时,句尾还可以加"掉仔",比如:

(137) 一把打碎特十几个花瓶掉仔。

(138) 一顿饭吃特三个钟头掉仔。

(139) 我昨个看特两本书掉仔。

上面几个例句句尾的"掉仔"不能换成"特仔",但句中的"特"可以换成"掉"。

枞阳话的"去"一般不能单独出现,要跟"特"或"得"组合以后才能使用,在祈使句或意愿句中出现的比较多,比如:

(140) 把面包吃去特。

(141) 把 nei 这只狗打死去特。

(142) 我把水一伙舀去特。

这里的"去特"也可以换成"掉"。"去特"也可以出现在陈述句中,比如"nei 么这么几本书我一个星期就把它们一伙看去特仔"。

"掉"和"特、得"也可以组合成"掉特、掉得"的复合形式,比如"nei 么几本书我一个星期就把它们一伙看掉特仔"。

有证据表明在枞阳话中"掉"虚化程度最低。首先,跟"掉"结合的动词、形容词和动结式语义限制最严,比如在下列例子中的"特"可以换成"得",但不能换成"掉":

(143) 把门关严特哉。

(144) 把水烧开特哉。

其次,"掉"可以做可能补语,比如"退得/不掉",其他几个词没有这个功能。最后,"V 掉"可以出现在否定句中,其他几个词一般不行,比如"苹果冇烂掉/人冇死掉/我冇杀掉她",这说明"掉"还是做补语,是否定的焦点。

3.3 各地"脱"类词语法化的等级

考察一个成分语法化的过程可以借助历史文献材料。因为文献中可能记载了某一成分更早期的用法,通过对文献材料的爬梳和整理,我们可以看出某个成分演变的过程。不过,文献材料也有它的局限,它所记载的材料不一定能够反映当时的口语实际,而且文献材料能够反映方言情况的很少。这样,我们还需要寻找其他办法解决问题。

现存吴语最早的文献是南宋时期的南戏作品《张协状元》,早期的吴语材料还有明代的《山歌》等民间文艺材料以及清末民初的吴语小说。徽语和江淮方言的材料都是零星的,像《西游记》《儒林外史》等小

说中反映了一些江淮方言的语言特点。我们在反映吴语特点的文献中发现了"脱"类词的不少用例①:

(145) 有妇诉官云,往井汲水,被人从后淫污。官问云:"那时汝何不立起?"答曰:"若立起,恐忒了出来耳。"(《笑府》9卷)

(146) 小船上橹人摇子大船上橹,正要推扳忒子脐。(《山歌》3卷)

(147) 茄子谜云:"小时皮包头,大来皮忒头。越大越忒头,紫金光郎头。"(《挂枝儿》8卷)

(148) 那客人脱了银子,正在茅厕边抓寻不着,却是金孝自走来承认了,引他回去还他。(《古今小说》2卷)

(149) 趁着雨还不大,便去往店家发脱了货,收齐了账,极早回去,好会咱的二哥。(《飞龙全传》13回)

(150) 因为经上说,我将要减脱有智慧人个智慧,废脱乖巧人个乖巧。(《圣日功课丙辰秋季》5课)

(151) 弹忒子蟢蜘,吹忒子个灰尘,上子盔头盔介一盔。(《山歌》9卷)

(152) 胡老爷为子你,前程才送忒哉。(《翡翠园》11出)

(153) 咳,可惜慢子一脚,到不俚走忒哉。(《文星榜》4出)

(154) 若像奴格辰光实梗,小忒格十几岁年纪,自然也觉着心思灵点,还可以勉强学学格来,到仔故歇,要变六十岁学打拳格哉。(《九尾龟》54回)

从这些文献用例上,我们可以看出,"脱"类词写法不一,有的写作"忒",有的写作"脱"。"脱/忒"可以作谓语,比如例(145)—(148),可以表示"掉、落、失落"之类的意思;还可以作补语,比如例(149)—(154)。我们

---

① 例(145)—(154)引自石汝杰、宫田一郎主编《明清吴语词典》。

翻看了能反映晚清苏州话的《海上花列传》和《九尾龟》,发现"脱/忒"在动词后出现的有153例,比如:

(155) 阿金道:"俚拿我皮袄去当脱仔了,还要打我。"(《海上花列传》3回)

(156) 俚真真用脱仔倒罢哉,耐看俚阿有啥用场嘎?(《海上花列传》3回)

(157) 从前我搭耐说个闲话,阿是耐忘记脱哉?(《海上花列传》4回)

(158) 耐为仔格点点小事体,倒卖脱仔自家格牌子。倪搭耐想起来啥犯着嘎?(《九尾龟》45回)

(159) 王黛玉冷笑道:"宋大少,勿是倪来里说望门闲话。倪堂子里向名气要紧,耐宋大少阿好去照应仔别人罢,倪格局帐洋钱末,请耐开销脱仔,勿要晏歇点弄得大家难为情。"(《九尾龟》62回)

在形容词后出现的只有2例:

(160) 我说是罗老爷个拜盒,难末刚刚晓得仔,呆脱哉,一声闲话响勿出。(《海上花列传》59回)

(161) 啊呀!先生格喉咙脆得来格,一声"二少",叫得倪骨头才酥脱格哉!(《九尾龟》35回)

在《海上花列传》和《九尾龟》中我们没有发现"脱"在动结式后出现的例子,也没有发现"V脱"后带时量、动量成分的例子。

从早期苏州话的文献材料中我们可以看出"脱"从动词到做"唯补词"的过程。在《海上花列传》和《九尾龟》中"脱"还很少跟形容词组合,不跟动结式组合,跟"脱"组合的动词也很有限,集中在"忘记、除、当、卖、用"等有限的几个。这说明"脱"在当时虚化的程度还很低。

仅从文献材料我们似乎很难清楚地了解"脱"类词的语法化过程,

因为留给我们的方言文献实在是少得可怜。探索没有文献材料的方言某个成分演变的历程可以有两种办法：一，观察某个方言成分共时语义差异，寻求其发展的脉络。跟语法化"单向性"(unidirectionality)相关有一个所谓"歧变过程"(divergence)，指的是一个实词出现在不同的结构式中就可能取不同的虚化途径，或者在一个结构式中虚化了，在其他结构式中还没有虚化，形成一个形式"虚实并用"的情形(沈家煊2001)。由于有"歧变过程"的存在，我们就有可能在某个方言共时平面上发现一个成分历时演变的线索。但是，对于一个演变已经完成的成分来说，在某个方言共时系统中可能无法看出其发展的情形。这样，我们可以借助方言比较的方法，重建其演变的过程。在方言语音演变研究方面，这种方法早就得到了充分的运用，因为在同一方言共时平面很难保存一个字音各个历史层次的读法，我们必须通过比较的方法，才有可能重建语音演变的过程。同样道理，对于一个演变已经完成的语法成分来说，通过比较同一性质的成分在其他方言中的表现也可以重构其发展的历程。

一般来说，伴随着语法化的过程会出现语义漂白(semantic bleach)、语音磨损(phonological attrition)、搭配泛化和语用淡化等现象。这些也是判断一个成分语法化程度的重要指标。根据Christian Lehmann(2002:111)的研究，语法化的各项指标并不是同步发展的，每个指标只是在一定程度上跟其他指标相关联，每个指标都有一定的独立性。从我们所掌握的方言材料来看，事实确实如此。

跟"脱"类词语法化程度相关联的指标我们考虑以下四个：①跟"脱"类词搭配的词语的范围；②能否出现在可能补语位置；③"受事＋动词＋'脱'类词＋时量成分"所表示的语义；④语音磨损的程度。

由于受到"脱"类词本身语义特征的影响，跟"脱"类词搭配的动词一般也具有"去除、脱离"义；跟"脱"类词搭配的形容词和动结式一般表示消极的含义。这就是语法化的"滞留原则"(persistence)在起作用。随着"脱"类词语法化程度的加深,能与之搭配的词语范围越来越广。比如在苏州话中"来脱一个人"是不说的,而在沭阳话中"来得一个人"则是可以接受的。这说明沭阳话的"得"语法化程度比苏州话的"脱"要高。

"脱"类词能做可能补语说明它还有实在的词汇意义,语法化程度自然偏低。反之,当"脱"类词语法化程度比较高,失去了实在的词汇意义,它往往也不能做可能补语。比如苏州话的"脱"可以出现在"打得/勿脱、退得/勿脱"的结构中,说明它在此结构中语法化的程度不高;涟水话"*逃得/不得、*退得/不得"都是不说的,说明涟水话"得"的语法化程度要更高一些。

"脱"类词一般表示结果,当它朝着体标记语法化的时候,表示结果的意味逐渐变弱。如果"受事+动词+'脱'类词+时量成分"表示动作行为延续的时间段,则说明"脱"更像实现体标记,类似普通话的"了$_1$";如果表示动作结束后经历的时间,则说明"脱"的意义还比较实在,做结果补语。

语法化程度的加深往往带来语音磨损。在很多方言中,"脱"类词已经不大容易看出来源,因为在这些方言中"脱"类词"语音磨损"得比较严重,跟它们的本源相距较远,当地母语者也很难知道其来源。比如兴化话的"特",其来源到底是什么,母语者也说不清,其语法化的程度比泰州话的"掉"更高。

下面我们就根据这些指标看看我们调查的方言"脱"类词语法化的等级。

根据与"脱"类词搭配的词语的范围大小,我们得出的各地"脱"类词语法化的等级为:

祁门的"失"<苏州的"脱",绩溪和歙县的"塌",南通的"去",祁门

3.3 各地"脱"类词语法化的等级

的"掉"、泰州、枞阳的"掉"、兴化的"掉"、"特"、"去"＜阜宁、涟水、扬州、灌南的"得"＜枞阳的"特/得"、常州的"落"＜沭阳的"得"。

上面的等级序列需要解释一下。处于序列最前面的是搭配范围最小的，祁门话的"失"不能跟动结式搭配，不能跟形容词搭配。处于第二序列的"脱"类词搭配的动词一般含有"去除、脱离、消失"的语义特征，形容词必须是消极义的，诸如"小、瘦、短、细"等，相反的"大、胖、长、粗"则不能与之搭配。处于第三序列的阜宁、涟水、扬州和灌南的"得"可以跟积极义形容词搭配，但不能跟褒义形容词搭配。处于第四序列的枞阳话的"特/得"和常州话的"落"可以跟褒义形容词搭配，含有"出乎意料"的意味。处于第六序列的沭阳话的"得"搭配相对最自由，还可以跟"来"这类的动词搭配。

根据能否出现在可能补语的位置，我们得出的各地"脱"类词语法化的等级为：

苏州话的"脱"，常州话的"落"，绩溪、歙县的"塌"，祁门、泰州、兴化、东台、六安、枞阳的"掉"，扬州的"得"＜灌南、涟水、阜宁、沭阳、合肥、枞阳的"得"，祁门的"失"，兴化的"去"、"特"，南通的"去"。

需要说明一点的是，我们上面的这个等级序列实际是把问题简单化处理了。比如在苏州话中，"脱"与动词"退"组合有可能式"退得/勿脱"；而与动词"醉"组合则没有可能式"醉得/勿脱"。不过，上面等级序列"＜"右面的"脱"类词不管在什么情况下都不能出现在可能式中，我们是根据这点认为它们比"＜"左面的"脱"类词语法化程度更高的。

下面我们再来看看"受事＋V＋'脱'类词＋时量成分"格式在各地所表示的不同意义[①]:（见表七）

[①] 有几个方言的发音者不接受这种格式，我们在表中就没有列出来。

表七

地点	例句	动作完成后经历的时间	动作持续的时间
苏州话	埃本书我看脱仔三日天哉	+	−
常州话	鉴本书我看落则三天咧	+	−
绩溪话	尔本书我看塌三日哩	+	+
祁门话	伊本书我看掉/失三日着	+	+
南通话	葛本书我看去叨三天了	+	+
兴化话	这本书我看掉啊三天了	+	+
阜宁话	这本书我看得三天咧	+	+
涟水话	这本书我看得三天咧	+	+
沭阳话	这本书我看得三天咧	+	+
扬州话	这本书我看得三天了	+	+
六安话	这本书我看掉三天嘞	−	+
合肥话	ti 这本书我看得了三天了	+	+
枞阳话	那本书我看得/特/掉三天了	−	+

对这个例句，苏州、常州、湾沚、泰州、涟水、扬州只能理解成"动作完成后经历的时间"；枞阳话和六安话只能理解成"动作持续的时间"；剩下的点两种理解均可。比较下来，枞阳话和六安话"脱"类词在这个指标上语法化程度最高；苏州、常州、湾沚、泰州、涟水、扬州在这个指标上语法化程度最低。

根据母语者能否辨识"脱"类词来源，我们得出各地"脱"类词语法化的等级为①：

苏州的"脱"，常州的"落"，泰州、兴化、枞阳的"掉"、南通的"去"、绩溪和歙县的"塌"＜湾沚、灌南、沭阳、阜宁、涟水、扬州、合肥、枞阳、兴化的"得/特"，兴化、枞阳的"去"，祁门的"失"。

"＜"右边的几个点"脱"类词语音磨损比较严重，当地母语者很难辨别其来源，其语法化程度也更高。

---

① 我们在调查时以普通人的判断为准，不以专家的判断为准。苏州话"脱"与动词"脱"声韵皆同；邻近的吴江话动词"脱"读作[tʰəʔ]，与虚化的"脱[tʰəʔ]"不同音，因此也有人怀疑"脱"的本字地位。我们这里是根据苏州话的情况做出的判断。另外，绩溪话的"脱[tʰɑʔ³²]"与动词"塌"声韵皆同，有的徽语研究者却把这个字定为"脱"。

综合所有指标来看,吴语苏州话、常州话,徽语绩溪话、歙县话"脱"类词语法化程度最低;江淮方言的沭阳话语法化程度最高,最接近实现体标记。这可能跟沭阳话缺少实现体标记有关。在沭阳话中没有跟普通话"了$_1$"相对应的成分,"得"因而就可以填补这里的空缺①。比如普通话"家里昨天来了一个客人",在沭阳话中可以说成"家里昨天来一个客人",也可以说成"家里来得一个客人"。不过,在普通话强大的压力之下,"得"可能不会最终演变成为实现体标记,因为现在年轻人已经越来越多接受普通话的"了"了。

3.4 全国其他方言区的"脱"类词

根据我们掌握的材料,全国很多方言都有"脱"类词②。属于赣语的安徽宿松方言有一个"脱[tʰoº]",可以跟在动词后表示动作完毕或者动作的结果(唐爱华 2005:215)。根据我们的调查,宿松话(孚玉镇)"脱"的用法跟苏州话的"脱"很接近,也只能用于消失性结果。比如:

(162) a. 尔_你今朝卖脱几多_{多少}本书?

　　　b. *尔今朝买脱几多本书?

　　　c. 尔今朝买着几多本书?

与苏州话"脱"不同的是,宿松话的"脱"一般不能用于动补结构之后。比如:

(163) a. 尔这个题做错着了。

　　　b. 尔这个题错脱着。

　　　c. *尔这个题做错脱着。

---

① 阜宁和涟水也没有实现体标记,不过它们"得"语法化程度都没有沭阳高。
② 下面的有关论述主要参考了刘丹青(1996a)的《东南方言的体貌标记》。

这说明,跟苏州话"脱"比起来,宿松话的"脱"语法化程度更低一些。

根据刘丹青(1996a),赣语安义方言中有一个动词后加成分"呱",与苏州话"脱"作用相近。安义话中的"呱"念轻声[kua⁰],没有谓词用法,用在谓词后带有"脱"一样的消失、损坏、偏离、不如意的意思,如"跌呱嘚一支笔"、"电视机坏呱嘚"、"衣裳大呱嘚(太大了)"。这个"呱"属于唯补词,主要用在实现体句子中,但总是带着实现体助词"嘚"。"呱"本身并不一定表示实现。这个"呱"可以有可能式,如"个多饭,我吃不呱"。可见"呱"的补语性质很明显。

赣语泰和话的"呱[kua⁵⁵]"有单字调,但泰和话的纯体助词也有单字调,并不显示虚实。意义上,泰和话"呱"与安义话"呱"类似,也有可能式,也属于唯补词。但泰和话的"呱"不加纯实现体助词"矣[i⁴²]"时也兼表实现现体,如"嘚哇呱半工还呒能哇清楚(他说了半天还没能说清楚)",因而在有些句子中已能与"矣"互换。这个"呱"已带有较明显的体标记作用。不仅如此,泰和话中还有一个"呱"和"矣"的合音形式[kue⁴²]。这个成分已没有可能式,成为一个融合性的体标记,其中的"呱"语素同样从形式到功能都不再有补语性质。但[kue⁴²]在意义和搭配上仍受到"呱"同样的限制,还不是彻底虚化的体标记。

与苏州话"脱"类似的还有客家话的"撇"。它在动词后也有"消失"一类的结果义,同时兼表实现,而不能变换为谓语,有可能式,是个唯补词。但在另一些句子中,"撇"已没有消失义,只表示实现,这时"撇"没有可能式,已成为实现体标记。不过"撇"对动词的适用面有一定的限制,也不是彻底虚化的体助词。

温州话的"爻[ɦuŋ]",广州、香港粤语中的"晒[sai³⁵]",湘语长沙话的"咖"跟苏州话的"脱"也相类似,不再细述。

福州话表示实现的重要手段之一是动词"去"。这个"去"已毫无空间意义,当地人甚至不感觉到它跟动词"去"的关系,而用"咯"记录(这里仍写作"去",以区别于闽南话用"咯"记的[lo])。"去"兼表实现和变化(新情况),可自由地加在动词、形容词后,甚至加在动结式后,如"书翻破去"。这个"去"没有可能式,已完全没有补语性,处于跟普通话及东南方言中"过"相似的虚化程度。但动词加"去"的后面不能出现宾语补语,"去"可以用在数量补语后,"去"后还能再加已然体语气词"了",如"这片电影我看三回去了"。因此,"去"的性质介于体助词与体语气词之间。

从上面的简单描写我们也可以看出,"脱"类词在我国东南方言中广泛地存在着①。语法化的过程大都遵循着从动词到唯补词再到实现体标记这样一条路线。

其实在北方方言也存在"脱"类词。以北京话为例,马希文(1982)提到在北京话里应该区分两个"了":"了$_1$"读"le","了$_2$"读"liao",读轻声时是"lou"。"了$_2$"既可以用作主要动词,也可以用作补语。"了$_2$"用作补语时对前面的动词有选择限制,动词一般要有"消失"的语义特征。比如在祈使句中"把小偷放了$_2$、把狗宰了$_2$、把树砍了$_2$";在陈述句中"吃了$_2$饭了$_1$、卖了$_2$地了$_1$、烧了$_2$文件了$_1$"。当"了$_2$"出现在"了$_1$"前面时"了$_2$"要被省略掉,比如"我已经把鸡杀(了$_2$)了$_1$、垃圾刚才扔(了$_2$)了$_1$"。上面这些例子中的"了$_2$"的表现很像苏州话的"脱"。不过,"了$_2$"虚化的程度不如苏州话的"脱","了$_2$"在北京话中仍然处于唯补词的阶段,不能出现在动结式之后②。"了$_2$"实际就是轻读的"liao(上声)"。"liao(上声)"有"完;光"的意思,比如"吃得/不 liao(上声)"。

从上面的概述中我们可以看出,在全国很多方言中都有"脱"类词。"脱"类词语法化的方向是表示实现体的标记,不过不同的地方"脱"类

---

① 值得注意的是,我们在徽语婺源话(江西境内)中就没有发现"脱"类词。
② 马希文(1982)是把"了/lou/"分析为补语的,所举例句也没有用在动补结构之后的情况。不过,据我们调查,现在北京城区人可以接受把"了/lou/"放在动补之后的用法,比如祈使句"把绳子弄断了/lou/"。这可能是北京话新起的现象。

词语法化的程度是不同的。在北方,"脱"类词一般都是以边音"l"为声母,跟已经虚化的体标记"了$_1$"往往发生合音或者省略的现象,语法化程度不高,还处于唯补词的阶段。南方很多方言"脱"类词语音磨损比较严重,有的已经难以判定其来源,语法化的程度普遍要高于北方方言,有的点的表现已经很像实现体标记。苏皖两省的吴语、徽语和江淮方言(除了常州的"落"和祁门的"失")"脱"类词有一个共同点,声母都是舌尖中音"t/t^h",这是偶然的巧合,还是有更深的渊源关系,有待进一步探讨。

第四章 量词独用现象考察

4.1 什么是量词独用现象

汉语中的量词一般要与数词或指别词结合成数量词或指量词之后才能充当句法成分,单独的量词一般不能独立充当句法成分。我们所说的量词独用指的是在汉语方言中量词单独充当句法成分的现象。普通话中也有量词独用现象:当数量词组成的偏正结构处于宾语的位置上时,如果数词是"一",可以略去不说,此时量词轻读,重音在后头的名词上。例如:"说·句话","写·个信","买了·本儿书"(朱德熙1982:52)。在我们调查的所有方言中都有类似普通话的量词独用现象,所以下文只描写除此以外的其他量词独用现象,在做统计的时候也不把这种类型的量词独用统计在内。在我们调查的方言中,独用的量词还可以出现在其他的句法位置,省略的成分也不独是数词"一"。

4.2 吴语的量词独用现象

在我们考察的吴语三个点中,都有类似北京话省略数词"一"的情形,苏州话的量词独用还可以有定指的功能。有定指功能的量词我们在湾沚话中没有发现。下面我们主要介绍苏州话中的情况,并拿邻近的常州及其他吴语的情况来做比较。

苏州话的情况主要依据石汝杰、刘丹青(1985、2002、2005)中的相关内容进行描写。

石汝杰、刘丹青(1985)介绍了苏州话中的一种特殊现象：苏州话里的量词，能单独地直接修饰名词或名词性词组，而且这种量名词组是定指的。比如：

(1) 张纸头啥场化_{什么地方}来葛？
(2) 只脚痛得来_{这只脚很痛}。
(3) 趟东山耐阿去嘎_{这次东山你去不去}？
(4) 耐看看种场面看_{你看看这种场面}！
(5) 阿黄就是刚刚走开只小狗。

上面例句中量词前面虽然没有指别词，但都有确定的指示意义。有这种用法的量词多是名量词(例1、2)，也可以是动量词(例3)。定指的量名词组多出现在主语位置，也可以出现在宾语位置，但这时前面的动词必须是重叠式的(例4)，或者量名词组前还有修饰语(例5)。下面的句子是有歧义的：

(6) 拿张报纸翻来翻去看。

这里的"拿"既可以是介词，相当于北京话的"把"；也可以是实义动词。介词后的"张报纸"是定指的；实义动词后的"张报纸"是无定的。

苏州话量词定指用法的各项功能如下面表八：

表八

位置与功能	例句
单独做主语(有限制)	块让俚吃脱仔吧这块让他吃了吧
单独做宾语(有限制)	支葛笔尖坏脱哉
做句首状语(限于动量词)	记这下弄出事体来哉
修饰句首主语	把剪刀寻勿着哉
修饰做定语的名词	只鸡葛肉
修饰介词"拿"后的名词	拿条毯子卖脱
修饰VV或V—V式动词的宾语	听听支歌看
用在定语和名词之间	开脱(葛)部公共汽车
用在定语后代替省去的名词	开脱(葛)部
修饰带定语的名词	只生生青葛番茄
修饰"葛"字结构	只生生青葛
修饰做同位语的名词	小王个人

苏州话"两/几＋量词"也有定指用法,比如:

(7) 两盏灯叫俚笃来修,一直勿来修_{这几盏灯叫他们来修,一直也不来}。

(8) 几个人过来_{那几个人过来}。

苏州话的量词"个"还发展出了专用定冠词的用法。"个"可以放在专有名词前面,比如:

(9) 个老张么,捺亨还勚来_{这个老张,怎么还没来}。

(10) 个长沙,现在变仔样子哉_{这长沙,现在变了样子了}。

(11) 五一节辰光,个岳麓山游客实在多_{五一节的时候,这岳麓山游客实在多}。

"个"还可以加在做话题的类指性成分的前面,比如:

(12) a. 个蛇是蛮怕人葛_{蛇是挺让人害怕的}。

b. 条蛇咬仔俚一口_{这条蛇咬了他一口}。

(13) a. 个电脑我也勿大懂_{电脑我也不大懂}。

b. 部电脑拨俚弄坏脱哉_{这台电脑被他弄坏了}。

比较两组 a、b 两个句子就可以发现,用"个"名词有类指的意义,否则只有定指的意义。在苏州话中,一旦"个"前出现指示词,就只能表示定指的意义。

跟量词定指用法相关的一个现象是:苏州话结构助词也来源于量词"个",一般的苏州话文献中写成"葛",比如"我葛书/跑脱葛条狗/和和气气葛说/认真葛做"等。有时候其他量词也能充当结构助词的作用,比如"我本书/俚他买本书/俚买点书_{他买的那些书}/红颜色件衣裳"等,不过它们只能用在定语和中心语之间,不能用在状语和中心语之间;而且,它们在做定中标记的时候,跟"葛"在语义和使用范围上都有一些差异。从语义上来说,"俚买本书"意思是"他买的那本书","书"只有一本;"俚买葛书"意思是"他买的书","书"可能不止一本。从使用范围来看,单个动词、形容词做定语只能用"葛"做定中标记,不能用其他量词,不说

"厚本书",只说"厚葛书"。苏州话不论"葛"还是其他量词做定中标记,后面的中心语都可以省略,比如"俚买葛好看/俚买本好看"。

据石汝杰、刘丹青(1985),苏州话量词的定指用法有其独特的语音形式:①单音节量词用作定指时,不管其本调是什么,一律变读为次高平调;②双音节以上的量词或"两"、"几"跟量词的组合用作定指时,不管其第一字的本调是什么,其变调格式都一样,即跟头字为阴平的多字组变调格式大致相仿。而且,不管是多音节量词还是单音节量词,在用作定指的时候,除了声调的高低发生变化外,还有明显的肌肉紧张,发音时间也相对短促。这种特点跟一般连读组的第二字或第二字以后的部分在发音上相似。这些现象酷似以"㩒"(苏州话中的指示词)为字头的连读字组被斩去了"㩒"的后半部分。试比较(为打印方便,标调法改为数字标调法,"—"前的为本调;"—"后的为变调):

(14) 㩒部汽车 gəʔ$^{23-22}$ bu$^{31-44}$ tɕʰi$^{523-55}$ tsʰo$^{44-21}$
部汽车 bu$^{31-44}$ tɕʰi$^{523-55}$ tsʰo$^{44-21}$
㩒种样子 gəʔ$^{23-22}$ tsoŋ$^{53-44}$ jiã$^{31-22}$ tsɿ$^{53-44}$
种样子 tsoŋ$^{53-44}$ jiã$^{31-22}$ tsɿ$^{53-44}$
㩒面盆水 gəʔ$^{23-22}$ mi$^{31-55}$ bən$^{23-33}$ sɿ^{53}
面盆水 mi$^{31-55}$ bən$^{23-33}$ sɿ^{53}

石汝杰、刘丹青(1985)认为这一现象说明,苏州话量词定指用法应当是起源于"㩒+量词+名词"的结构,是这一结构省略了"㩒"的结果。

汪平(1996:56)指出,其实在苏州话中,有定指功能的量词还有一种变调的情形:前轻声,不管量词本调是什么,一律读得短而轻,可记为 3。比如:

(15) 条鱼忒贵 diæ$^{223-3}$ ŋ^{223} tʰəʔtɕy$^{5\ 523}$
(16) 张纸头破脱哉 tsã$^{44-3}$ tsɿ døɣ$^{52\ 3}$ pʰv tʰəʔ tsE$^{52\ 30}$

这种变调只在很自然、说得比较快的时候才会出现。说得稍慢一点,或者要求调查者再说一遍时,往往就消失了,不深入调查是很难发现的。

根据潘悟云、陶寰(1999:33),上海话定指的量词也有两种变调,一种量词的声调跟指量短语中量词的声调相同,重音在量词上;一种量词声调中性化,重音在名词上。前一种变调的量名结构可以跟相应的远指量词短语对举;后一种变调不行。我们认为,上海话、苏州话独用量词声调的中性化跟独用量词语法化程度的加深有关。随着量词语法化程度的加深,独用量词的功能越来越接近英语里的定冠词,距离指示意义也变得不明显,声调也趋向中性化。

根据我们的调查,常州话量词独用受到比较大的限制,只有在两种情况下才能出现。第一,在受到带结构助词"个"①的其他成分修饰或限定之后,"量名"结构可以出现,具有定指功能。比如:

(17) 厚佬个本书好看。

(18) 卖拨佗个支笔好用。

(19) 吃骨头个只狗是阿花。

第二,"量名"结构可以与其前的名词或人称代词构成同位结构,比如:"阿三只猪 骂人话,相当于普通话"阿三这只猪"。"根据曹晓燕(2003:50),无锡话量词独用情况与常州话十分相似。

在吴语其他方言中,类似苏州话、上海话这样有定指功能的独用量词,据我们所知,还有义乌话(陈兴伟1992)、温州话、嵊县长乐话、永康话(黄伯荣1996:136)。温州话量词作定指用法时读为入声;长乐话则读为阴上。义乌话中还有"一+量词+名词"的省略式:

(20) 句话便成功了 一句话就成功了。

(21) 个侬本书 一人一本书。

(22) 百块钞票合呢用场 一百块钱有什么用场?

---

① 常州话结构助词"个"的功能近似于普通话的结构助词"的"。

义乌话里"餐饭""个侬"等形式既可能是"指示代词+量词"省略式,也可能是"一+量词"省略式。另外,义乌话不带指示词而前置于名词的量词出现在宾语位置上的机会比苏州话要大,所受限制要小:

(23) 便是个侬_{就是这个人}。

(24) 阿住间屋_{我住这间房}。

(25) 还正来过块店_{刚刚来过这家店}。

陈兴伟因此认为"指示词+量词"省略指示词并不取决于名词的主语地位,起决定作用的是在语境中彼此明了的此情此景,也就是不可替代的"(这)一"。

4.3 徽语的量词独用现象

徽语我们调查了绩溪、歙县和祁门三个点。在这三个点中绩溪和歙县量词独用现象比较丰富,情形也比较相近,我们重点介绍绩溪话的情况。祁门话量词独用现象比较少见。

根据我们的调查,相比较于苏州话量词独用现象,绩溪话既有和苏州话相同的一面,也有自己的特色。跟苏州话相同的是:

①修饰句首主语,比如:

(26) 本书担拿 xā^{223}_给我。

(27) 只手好 nē^{223}_{非常}痛。

(28) nē^{223}人在尔 nɑ 做么伩_{那些人在这里做什么呢}?

例(28)例中的 nē^{223} 是绩溪话中与普通话"些"对应的成分。
句首主语可以还受其他成分修饰,比如:

(29) 部新伩_的小汽车开塌哩。

(30) 支贵伩台灯坏塌哩。

句首主语也可以是"仂"字结构,比如:

（31）本厚仂担 xā²²³ 给我。

（32）部新仂开塌哩。

在句首的"数词＋量词＋名词"也可能有定指的意思,比如:

（33）两斤辣椒我都帮尔买买去啊 这两斤辣椒我都给你买走吧。

这时候的"两"一般表示虚数。

②修饰做定语的名词,比如:

（34）只鸡仂肉好吃。

（35）本书仂封面好看。

③修饰处置标记"帮"后的名词或"仂"字短语,比如:

（36）帮台黑白仂搬塌。

（37）帮件衣裳卖塌。

④修饰"VV"或"V一V"式动词的宾语,比如:

（38）听听盘磁带看。

（39）试一试双红仂看。

⑤用在定语和名词之间,结构助词"仂"一般不出现,比如:

（40）好 nē²²³ 香块橡皮是我仂 很香的那块橡皮是我的。

（41）红丹丹张纸是尔仂 红红的那张纸是你的。

（42）吃骨头只狗是阿花 吃骨头的那只狗是阿花。

（43）我本书比尔本书好看。

值得注意的是,当定语由单独的性质形容词充当时,量词不能用在性质形容词和中心语之间,比如"香块橡皮"就不成立。只有在性质形容词前加上程度副词,如例（40）,或者状态形容词充当定语时,量词才可以用在定语和中心语之间,起到结构助词的作用,如例（41）。在一定的语境下,被修饰的名词也可以省略,比如:

（44）雪白支（笔）是我支。

(45) 白 ɕia$^{324-35}$ ɕia^{324} 张(纸)是我张。

(46) 小张写本(书)好看。

这时量词就起到转指标记的作用。

⑥修饰做同位语的名词,比如

(47) 小汪个人不错。

(48)《红岩》本书不错。

⑦"个"和"只"的定冠词用法,比如:

(49) 个死小李,还不来!

(50) 个安徽啊,发展太慢了。

(51) 尔个时代,个领导啊,就是爱摆架子。

(52) 只老妪家,独瞎用钱这女人啊,就会瞎花钱。

跟苏州话一样,绩溪话的"个"可以加在专有名词和类指名词前,起到类似定冠词的作用;而且量词"只"也有这样的功能,并且在绩溪话中"只"用得更多[①]。

与苏州话相比,绩溪话的量词独用现象也有很多自己的特色。

①绩溪话独用的量词和名词组合成"量名"结构出现在动词前位置上可以有不定指的解读。比如:

(53) 老张,个人只手插到尔袋里去哩。

(54) nē^{223} 书是桌上。

例(53)中的"个人"做定语,出现在动词前的位置。"个人"既可以解读为定指,也可以解读为不定指。例(54)中的 nē^{223} 是相当于普通话"些"的不定量词,"nē^{223} 书"在主语位置,也可以有定指和不定指两种解读。苏州话动词前的"量名"结构只有定指的解读,没有不定指的解读。

②绩溪话独用的量词可以修饰非重叠形式动词后的宾语,有定指

---

① 感谢赵日新先生给我指出这一点。

功能,比如:

(55) 看个样子,身体也 miə⁵⁵ 好 nē²²³ 非常好看这个样子,身体也不是很好。

(56) 打鱼那个老人家呢就赶紧划只船过去。

例(55)中的"个样子"做动词"看"的宾语,从上下文来看,这里的"个样子"是定指的。在没有上下文的情况下,例(56)中的"只船"既可以理解成不定指的,也可以理解成定指的。这点跟苏州话不一样。在苏州话中,独用量词修饰非重叠形式动词后的宾语,一般只有不定指的解读①;除非量词做"是"的宾语,而且量词前有定语修饰时,量词才可能有定指功能,比如"尔本是我本书这本是我的那本书"。

③绩溪话量词不能单独做主语和定语。比如绩溪话中不能说"*本好看、*件担过来、*本仍封面好看"。根据石汝杰、刘丹青(1985),类似的说法在苏州话中是可以接受的②。

④绩溪话的"量名"结构还可以充当谓语,比如:

(57) 脚上条蛇脚上有条蛇。

(58) 桌上本书桌上有本书。

充当谓语的"量名"结构只能获得不定指的解读,表示存在。苏州话的"量名"结构不能充当谓语。

⑤绩溪话动量词前的"一"经常可以省略,但省略之后没有定指用法,这也是跟苏州话不同的,比如"尔再讲遍你再讲一遍/渠来了之后,我又坐了记他来了之后,我又坐了一会/打下不痛打一下不痛"③。

⑥绩溪话还有一种现象是苏州话没有的,即所谓的"形量"结构,比如:

---

① 这点跟普通话是一致的。
② 根据我们的调查,苏州也有部分发音人不接受这样的说法。
③ 见赵日新(1998:12)。

(59) 大张好,细张不好 大点的纸好,小的纸不好。

(60) 我 kaʔ³² 辣椒粉,要 kaʔ³² 粗块点,不要细块仈 我磨辣椒粉,要磨得大一点,不要小块的。

(61) 老(蛮)阔只沟跨不过去 很宽的沟跨不过去。

当量词前的形容词是光杆形式时,形容词只能是"大、细、粗"这三个,所以"大张、粗块"可以接受,但"重块、轻张"就不能接受。不过,如果形容词受程度副词"老(蛮)"修饰,则此时的形容词不只限于"大、细、粗",如例(61)所示,其他的例子如"老(蛮)高根树/老(蛮)重块石头"。根据赵日新(2003:68),绩溪岭南话中也有"形量"结构。形量结构中的量词并不是定指的,前面也不像省略了"一"。

祁门话量词独用的现象很罕见,存在"形量"结构,不过没有绩溪话那么普遍,形容词局限在"大",比如:

(62) 写通知纸要大张个。

徽语中有一个现象值得注意,在绩溪和歙县这两个有量词定指现象的方言里,标明定中关系的结构助词用"仈[nɤ]"(绩溪)和"唉[ɛ]"(歙县)。根据赵日新(1999)的说法,"仈"是"的"的弱化;"唉"是"个"的弱化。而量词缺乏定指功能的祁门,标明定中关系的结构助词是"个"。

4.4 江淮方言的量词独用现象

江淮方言范围比较广,情形也更复杂,从我们调查的情况来看,大致可以分成三种类型:涟水话型、兴化话型、扬州话型。涟水话型的方言量词独用最丰富,既有相当于"一+量"的量词独用,也有定指型的量词独用,独用的量词出现的句法位置也相对比较自由;兴化话型的方言有省略"一"造成的量词独用,也有定指型的量词独用,但定指型的量词独用受到较多的限制;扬州话型的方言量词独用现象比较缺乏。

4.4.1 涟水话型方言量词独用现象

在我们调查的江淮方言各点中,属于涟水话型的方言有涟水(南禄)、阜宁(沟墩)、东台(富安)、盐都(步凤)和南通。南通话的量词独用正处于迅速消失的过程中。下面我们以涟水(南禄)话为代表详细讨论,其他点跟涟水(南禄)话相同的方面就不再重复描写,只提它们跟南禄话不同的方面。

4.4.1.1 南禄话量词独用有两种类型:①量词前可以添上数词"一"而意思不变;②量词前不能添上"一"或者添上"一"意思发生变化。

第一种类型比较简单,下面我们举几个例子进行说明①:

(63) 句话没说就走得咧。

(64) 句话就中咧。

(65) 个人也没来。

(66) 个人本书 一个人一本书。

(67) 块钱个 一块钱一个。

(68) 个人歪个床 一个人睡一张床。

(69) 我昨昨天看场电影。

(70) 我昨买三本书,本《红楼梦》,本《西游记》,本《三国演义》。

---

① 南禄话有两个语法特点需先说明一下。第一,北京话实现体标记"了$_1$"经常出现在动词和宾语间,南禄话在这个位置缺乏跟北京话"了$_1$"相对应的成分。比如,北京话"我昨天看了一本书",南禄话只说"我昨昨天看本书"。而且,"看"和"本"之间没有语音停顿,不像是有所省略。第二,南禄话中结构助词经常省略。比如,北京话"我的书/我的桌子"在宾语位置出现时,"的"一般不能省,"我拿了我书"和"我搬走了我桌子"都不合语法,而这样的句子在南禄话中都合语法,且这样的结构都以省略"的"为常。另外,南禄话状语和中心语之间的"地",中心语跟补语之间的"得"也以省略为常。南禄话结构助词省略之后,修饰语和中心语之间会有一个轻微的停顿,定中结构"演(的)戏"跟动宾短语"演戏"听感上有不同。我们认为南禄话并不是省略了"了$_1$",而是根本就没有发展出实现体标记;结构助词"的/地/得"是被省略的,我们在例句中用"ˆ"表示被省略的"的/地/得"。

(71) 我去趟北京 我去了趟北京/我去趟北京。

(72) 趟北京也没去过。

从上面的例子我们可以看出,南禄话相当于"一+量"的独用量词可以做定语,跟名词组合成"量名"结构做主语,如例(63)—(65),例(66)—(68)句首的"量名"结构也做主语;"量名"结构还可以做宾语,如例(69)—(70),例(68)中的"个床"也是做宾语。值得注意的是,普通话处于宾语位置上的"一+量词+名词"也可以省略成"量名",但当数词"一"是语义焦点的时候,"一"不能省略,所以例(68)在普通话中只能说成"一个人睡一张床",句首的"一"和动词后的"一"都不能省略。不过,在涟水南禄话中,即便"一"是语义焦点,它也可以省略。普通话中宾语位置的"一"只有紧跟动词(动词后允许有体助词)或者动补短语时才有可能省略,像例(70)那样"一"和动词被其他成分隔开时是不能省略的。涟水南禄话中不仅名量词前的"一"可以省略,动量词前的"一"也可以省略,如例(71)和(72)中的"趟"。在一定的语境中,量词后面的中心语可以省略,比如例(63)可以说成"句也没说就走得咧";例(64)可以说成"句就中咧";例(65)可以说成"个也没来";例(66)可以说成"个本"。余者类推。

涟水南禄话独用的量词还可以跟名词组合成"量名"结构做谓语,甚至独用的量词也用这个功能,如例(67)、(68)所示。

不能添上"一"或添上"一"意思发生变化的量词独用情况比较复杂。从指称的性质来看,它们多数具有定指的功能,量词前可以加上指示词"这/那",但也有一些是表示无定存在义(existential reading)的。下面我们分别来看。

①修饰句首主语。比如:

(73) 棵树不丑。

(74) 条鱼没煮好。

4.4 江淮方言的量词独用现象

(75) 本书好看。

(76) 瓶酒不丑。

(77) 班学生成绩好。

(78) 样想法象_{特别}好。

(79) 种态度就不对。

(80) 亩秧_{水稻}不丑。

(81) 些东西也不值钱。

(82) 趟北京玩＾不丑。

(83) 脚球传＾好。

(84) 两个灯叫陈四来修修。

(85) 几个人准_都过来。

(86) 他炒＾几个小菜不丑。

(87) 三本书准_都买。

直接修饰主语的量词可以是专用量词,比如例(73)—(75)的"棵、条、本";可以是借用临时量词,比如例(76)、(77)的"瓶、班";可以是经常修饰抽象名词的量词,比如例(78)、(79)的"样、种";还可以是度量衡单位和不定量词,比如例(80)的"亩"和例(81)的"些";动量词也可以放在句首修饰名词,比如例(82)的专用量词"趟"和例(83)的借用量词"脚"。数词跟量词组合后也可以是定指的,比如例(84)—(87)。

更有意思的是,南禄话有类似苏州话"哀这个两个人过来"的说法"这个两个人过来",其省略形式有多种:"个两个人过来/个两人过来/两个人过来/两人过来/这两人过来/这两个人过来",数词后的量词也可以省略。不过,如果数词后的量词不是"个"的话就不能省略,比如南禄话没有"*个两书好看/*两书好看/*这两书好看"的说法。值得注意的是,在涟水话中,表示定指的"个"要由[kɤɯ⁵⁵]变读为[kə⁷³⁴]。

值得注意的是,有些处于句首的"量名"结构可以表示无定的存在义,比如例(74)是有歧义的,既可以表示"这条鱼没煮好"也可以表示"有条鱼没煮好"。例(75)、(76)也存在类似的情况。

②做句首状语。比如:

(88) 趟弄出事来咧。

(89) 回没看见。

(90) 下没打到。

(91) 巴掌打^愣厉害。

(92) 鞭拴抽打^毒怪厉害。

能直接做句首状语的是动量词,比如例(88)—(90)的专用动量词"趟"、"回"和"下",例(91)、(92)的临时动量词"巴掌"和"鞭"。

③用在定语和名词中间。比如:

(93) 跑得^只狗斗是阿花。

(94) 撂得^双鞋斗红的。

(95) 买来^台电视斗坏的。

(96) 买来^些肉准都烂得咧。

在涟水(南禄)话中,在一定语境下,量词后面的中心语还可以省掉,上面的四个例子可以分别说成:

(93') 跑得^只斗阿花。

(94') 撂得^双斗红的。

(95') 买来^台斗坏的。

(96') 买来^些准都烂得咧。

值得注意的是,在南禄话中,这样的说法虽然可以接受,但总觉得不太自然。

④修饰做定语的名词。比如:

(97) 只鸡^肉好吃。

(98) 本书^内容不丑。

4.4 江淮方言的量词独用现象

(99) 条裤⌒颜色好看。

(100) 双鞋⌒质量象好的。

(101) 瓶酒⌒味道象好的。

⑤修饰带定语的名词。比如：

(102) 件红衣裳好看。

(103) 挂新⌒小包车_{小轿车}开跑得唎。

(104) 些旧桌摊_{应该}换唎。

(105) 瓶贵⌒酒好喝。

⑥单独做主语。比如：

(106) ——哪只脚疼？——只疼。

(107) （售货员）件你穿望望看。

(108) （用手指着某本书）本好看。

在一定语境下，量词可以单独做主语，这时它们都是定指的。不仅专用物量词可以这样用，借用物量词也可以这样用，比如：

(109) （手指一杯饮料）杯好喝。

动量词也有这样的用法：

(110) 趟好玩，梅_{明天}代_再去。

不定量词这样用也可以：

(111) 些准_都要唎。

(112) 些就你不对唎。

⑦单独做定语。比如：

(113) 条⌒鳞没治干净_{这条的鳞没刮干净}。

(114) 本⌒面子好看_{这本的封面好看}。

(115) 支⌒笔尖断得唎。

(116) 瓶⌒质量好。

(117) 挂⌒颜色好看_{这辆的颜色好看}。

⑧修饰"把"后的名词。比如：

(118) 把双鞋卖得咧。

(119) 把台电视搬走。

(120) 把杯酒喝得咧。

(121) 把些人撵走。

(122) 把条狗牵来。

我们知道,普通话一般要求表示处置的"把"后是有定成分,南禄话也是如此,所以上面所举例子中的"量名"结构都是有定的。

⑨修饰做宾语的名词。比如：

(123) 听听段小唱_{小曲儿}望望看。

(124) 试试双红的看看瞧。

(125) 尝尝些小菜看看瞧。

(126) 去喊小李来修下个窗户。

(127) 望望看副德行,还中_行,可以?

(128) 你坐挂车子。

(129) 我住间房子。

(130) 我喝碗茶。

(131) 我看本书。

例(123)—(127)中的"量名"结构都只能是有定的,因为无定成分不大能够出现在"VV"或者"V下"的后面。例(128)—(131)单个动词后面带"量名"结构,"量名"结构既可能相当于"一＋量＋名",是无定的,也可能是有定的。不过在实际话语中,人们可以通过语音形式把这两种意思区别开。当相当于"一＋量＋名"时,动词和量词间没有语音停顿；当量词是定指的时候,动词和量词间有短暂的间隔。

⑩修饰做同位语的名词。比如：

(132)《三国》本书不丑。

(133) 他们些人准都不对。
　　　　　　・　‿
(134) 熊猫样牲饲动物象特别稀奇的。
　　　　　・　　　　‿

动量词一般没有这种用法,"跑上海趟不丑"调查人认为相当别扭,说成"趟上海跑不丑"则比较自然。

⑪量词"个"的类定冠词用法。比如:

(135) 个徐州发展多快啊!
　　　・
(136) 个死小李,还不来!
　　　・
(137) 个女人,就瞎花钱。
　　　・

在南禄话中,"个"是最常用的量词,它发展出了更虚化的、类似英语中定冠词"the"的用法。其他的量词没有这种用法。前两个例子,"个"用在专有名词前。例(137)会有歧义,"个女人"既有可能是定指的,指的是具体的某个女人,也有可能是通指性的,是指"女人"这个群体。

我们在涟水话中也发现了"量名"结构充当谓语的例子,比如"桌上本书/头上只虫"。"量名"结构在句中表示无定存在义。我们只在涟水话、绩溪话和歙县话中才发现"量名"结构的这种用法。

因为涟水(南禄)话的量词独用有两种情况,一种是无定的,一种是有定的,这就造成在有些语境下,两种情况可以同构,比如"条鱼没煮好/本书好看",就既可以指"有一条鱼没煮好/有一本书好看",也可以指"这条鱼没煮好/这本书好看"①。

阜宁的情形跟涟水基本相同。东台(富安)没有"taʔ这个两个人"的说法,也就没有"个两个人"之类的省略形式。涟水、阜宁跟东台还有一个情况不一样,涟水、阜宁句首的"量名"结构除了可以表示定指意义之外,还可以表示无定的存在意义(existential reading);东台句首"量名"结构则不能表示无定存在义,只能表示"一＋量",强调数目"一"。

---

① 当量词为"个"时不会产生歧义,因为表示定指的"个"(包括类定冠词用法的"个")会变读为[kəʔ³⁴],而表示不定指的"个"则读为[kɤɯ⁵⁵]。

4.4.1.2 南通话量词独用现象没有涟水话那么普遍。除了在宾语位置以外,南通话不存在类似涟水话那种相当于"一十量"的情况。动词前的量词独用都是定指的用法,但前面必须有其他成分修饰或者限定,否则量词不能独用,比如:

(138) 红的件衣裳拿过来。
(139) 丢去叨(的)本书找到叨。
(140) 买来(的)台电视是坏的。
(141) 我(的)本书没得叨。
(142) 去北京(的)趟好,去上海(的)趟不好。

当前面的定语不是光杆的动词或者形容词时,句中结构助词"的"可以省略,所以例(139)—(142)中的"的"都可以省,但例(138)中的"的"不能省。在一定的语境下,量词后面的中心语也可以省略。定指量词用在定语和中心语中间在南通话中还很普遍,年轻人也认可这样的说法。

南通话定指的量词也修饰做同位语的名词,比如:

(143) 《红岩》本书不错。
(144) 他徕他们些人不错。

南通话的"个"可以用在专有名词,但不大能放在类指性名词前,比如:

(145) 个南通发展得很快啊。

如果说"个女人就是爱乱花钱",调查者一般觉得这是指某个具体的女人,而不会认为是类指。发音人认为南通人一般还是用光杆名词表示类指。从总的情况来说,南通话存在量词独用的现象,但已经处于迅速衰落的阶段。

4.4.2　兴化话型方言量词独用现象

兴化话型方言的特点是有省略"一"的量词独用现象,但定指型量词出现的句法位置受限较严,量词"个"也不能放在类指性成分的前面。

4.4 江淮方言的量词独用现象

兴化话型方言主要包括兴化话和泰州话①。我们主要描写兴化话的情况,泰州话只说跟兴化话有差异的方面。

跟涟水话一样,兴化话量词独用现象也可以分成两类:相当于"一＋量",是无定的;独用量词有定指用法。兴化话相当于"一＋量"的量词独用现象比涟水话要少,只有"个"和"块(一块钱)"通过变调可以表示"一＋量"的意思。"个"和"块"本调是 53,当表示"一个/块"时声调要变为 34,和阳平调一样。另外,兴化话不存在涟水话中例 4.4.1.1 例(71)那种远离动词的宾语位置上的相当于"一＋量"的量词独用形式。兴化话有定指功能的量词通常只能用在主语或"是"的宾语位置,而且是在前面有定语修饰的情形下,比如:

(146) 溜掉的条是大鱼。

(147) 新的挂开走啊。

(148) 就是才跑脱的条。

(149) 昨朝子没得啊的支钢笔找到啊。

(150) 我个钱也没得嘎。

(151) 乡里间房子大。

兴化话用定指量词后面的中心语经常不出现,表示物主的名词性成分后面的"的"一般要省去,所以在例(150)、(151)中的"个"和"间"就起到结构助词的作用。

兴化(包括南通、泰州)动量词都不能单用,没有定指的用法。兴化话量词"个"可以放在专有名词前,比如:

(152) 个死小李,现在还不来。

不过一般都是在说话人生气的时候才有这种用法。

泰州话的情况跟兴化话比较相似,有相当于"一＋量"的量词独用

---

① 根据张亚军(2008),属于江淮方言泰如片的海安话也有类似的现象。

形式,不过不同的是,量词不局限于"个"和"块",而且不管本调是什么,一律变为213,跟泰州话单字上声调一样,比如:"个^{213}人本^{213}""个^{213}人个^{213}""来啊个^{213}人""带啊块^{213}钱""花啊角^{213}钱""花啊分^{213}钱""面包我吃啊不多,只吃啊个^{213}"。注意,宾语位置的"一+量"能说成"量^{213}"的量词很少,局限在"个、块(钱)、分(钱)"这几个。这种说法正在消亡的过程中,不仅只有年纪比较大的人还说,而且,即便是这几个量词,在有些情况下,"一"也要说出来,比如"个^{213}人睡一个床"中的"一个床"就不大能说成"个^{213}床"。但是,赵瑜《海陵竹枝词》有记载:"偶来酒肆欠坛(读上声)酒,更向书房借部(读上声)书,长将一字代两字,世上省文俱不如。"可见19世纪前半叶处于宾语位置的"量名"结构中量词读成上声还是很普遍的①。注意,"一个"中的"个"不读213调,可见"个^{213}"并不是"一个"的合音。还有一点需要注意的是,兴化和泰州动量词都没有独用而相当于"一+量"的情况,这是跟涟水型方言不同的。跟涟水型方言不同的还有,兴化和泰州句首的"量名"结构不能表示定指意义,也不能表示无定的存在意义,变调后的量词(兴化变为阳平;泰州变为上声)强调数目"一"。比如"个人在外头"在涟水、阜宁方言里可以表示"有个人在外头/那个人在外头/一个人在外头",兴化、泰州话只能表示"一个人在外头"。

泰州话定指型的量词独用很少见,有的话也只能出现在主语位置,而且前面必须有修饰或限定性的成分,比如:

(153) 跑的条是大鱼。

(154) 厚的本拿把我。

---

① 《海陵竹枝词》的资料参看了《鲁国尧语言学论文集》第203页,江苏教育出版社2003年。还有一点需要注意的是,泰州话的"量^{213}"强调数量"一"。泰州话也有"来啊个(轻声)人"的说法,意思相当于普通话的"来了个人"。另外,泰州话也没有类似于涟水(南禄)话"个人在外头"这种既可以做无定理解,也能做有定理解的说法。

跟兴化话一样,这种情况下量词后的中心词通常省略。泰州话也有"把"字后量词单用的现象,这时的量词也有定指功能,比如:

(155) 把台电视搬走。

(156) 把本书拿把我。

在泰州话、兴化话中,定指型量词独用不变调。

4.4.3 扬州话型方言量词独用现象

扬州话型方言范围最广,基本排斥量词独用,只在个别时候有量词独用现象,包括我们调查的江苏境内的睢宁(中原官话)、灌南、江都,安徽境内的合肥、枞阳、六安。不过睢宁、灌南、扬州、枞阳说话人在发泄不满情绪的时候,量词"个"也能独用,比如:

睢宁:个死小张,到这晚还不来!/你望你个书,破成什么样子了?

灌南:个死小揪子,你个眼瞎得咧!

扬州:你个讨债鬼不学好!/个讨债鬼,到现在还不来!

枞阳:个屌小李人太坏!/个屌安徽就是不行。

当量词"个"用在这种情况下时,"个"的读音也会发生变化,比如睢宁话,量词"个"一般读去声[kə⁴²],而在独用时发音变得短而高,有明显的喉塞尾,变为[kəʔ⁵]。其他几个点也有类似的变化,都变得短而高。

另外,我们在睢宁话中也发现量词前有定语时,而且定语是代词或从句时,"个"以外的量词偶尔也可以独用,比如:

(157) 我本书也找不到了。

(158) 我昨天将_{刚刚}买^挂车子今天斗_就没有了,你说这小偷还管禁_{厉害}?

从发音人的语感上来说,这样用的时候一般也是在抱怨某事,最多的是用在丢东西和物品损坏的时候,其他场合用得不多。这时独用的量词也不一定是定指的,比如例(157)的句子经常用在这样的语境下:宿舍失窃了,别人纷纷说自己丢了什么什么,"我"就可以接着别人的话说"我本书也找不到了"。这时"我"并没有假定听话人知道是哪本书,整个句子的意思是"我有一本书也找不到了"[①]。前面我们提到的兴化话也有这样的情况。

从整个江淮方言的情况来看,江苏比安徽量词独用现象更丰富,安徽几乎没有量词独用的现象。从江苏几个点的情况来看,乡下比城关量词独用现象丰富,中部的涟水、阜宁、东台量词独用现象最丰富。泰州和兴化相当于"一+量"的量词独用现象比较常见,定指型量词独用受到一些限制,只能出现在主语位置和"把"字后面,而且前面还要有定语修饰;南通话没有相当于"一+量"的量词独用,但有定指型的量词独用,不过也处于迅速的衰落过程中;睢宁、灌南、扬州既没有相当于"一+量"造成的量词独用,也没有定指型的量词独用,但在特殊的语境中(一般是在抱怨的时候),量词"个"可以独用[②]。

4.5 吴语、徽语、江淮方言量词独用现象比较

从调查中我们发现,吴语、徽语、江淮方言都存在量词独用现象,不过不同的方言具体表现有所不同,同一大方言区,不同方言点的情况也有不同,十分复杂。下面我们找出一些相关参数,进行比较[③]。

[①] 有关睢宁话"个"用法的详细描写可以参看王健(2007)。

[②] 量词独用现象,尤其是量词定指用法的分布是散点式的。比如我们在涟水不仅调查了南禄乡,还调查了城关涟城镇、唐集镇,均未发现类似南禄那样的量词独用现象。在阜宁和东台我们也遇到类似的情况。

[③] 与普通话一致的量词独用现象不在我们统计之列。我们在判断某种现象"有/无"或者独用量词"能/否"具备某种功能的时候,对于那些只在某种特殊语境下才能出现的情况,我们将其列入"无"或者"否"。

① 有无相当于"一＋量"的量词独用现象

有：涟水、阜宁、泰州、兴化、东台（江淮方言）

无：苏州、常州、湾沚（以上吴语）、绩溪、歙县、祁门（以上徽语）、合肥、南通、灌南、扬州、枞阳、六安（以上江淮方言）

② 有无定指型量词独用现象

有：苏州（吴语）、绩溪、歙县（徽语）、阜宁、东台、涟水（江淮方言）

无：常州、湾沚（吴语）、祁门（徽语）、灌南、合肥、枞阳、六安、扬州、兴化、泰州、南通（江淮方言）

③ 动量词有无定指用法

有：苏州（吴语）、阜宁、东台、涟水（江淮方言）

无：常州、湾沚（吴语）、绩溪、歙县、祁门（徽语）、南通、兴化、泰州、灌南、合肥、枞阳、六安、扬州（江淮方言）

④ 动量词有无相当于"一＋量"的独用现象

有：阜宁、涟水、东台（江淮方言）

无：苏州、常州、湾沚（吴语）、绩溪、歙县、祁门（徽语）、泰州、兴化、合肥、南通、灌南、扬州、枞阳、六安（江淮方言）

⑤ "个"能否用在专有名词或类指性成分前①

既能出现在专有名词前，也能出现在类指性成分前：苏州、湾沚（吴语）、绩溪、歙县（徽语）、阜宁、涟水、东台（江淮方言）

只能出现在专有名词前：泰州、兴化、南通、灌南、扬州（江淮方言）

既不能出现在专有名词前，也不能出现在类指成分前：常州（吴语）、祁门（徽语）、六安、枞阳、合肥（江淮方言）

⑥ 定指型量词能出现的句法位置（见表九）

---

① 绩溪话的"只"也有这个功能。

表九

	苏州	涟水、阜宁、东台	绩溪歙县	南通	泰州兴化
单独做主语	+	+	−	−	−
单独做定语①	+	+	+	−	−
做句首状语	+	+	+	−	−
修饰句首主语	+	+	+	−	−
修饰做定语的名词	+	+	+	−	−
修饰处置标记后的宾语	+	+	+	+	+
修饰VV或V—V式动词的宾语	+	+	+	+	+
修饰非重叠式动词的宾语	−	+	+	+	+
用在定语和名词之间	+	+	+	+	−
用在定语后代替省去的名词	+	+	+	+	−
修饰带定语的名词性成分	+	+	+	+	−
修饰做同位语的名词	+	+	+	+	−

⑦能否做定中标记②

在我们调查的方言中都分别有专门的定语标记,比如:苏州、常州、祁门的"葛/个",江淮方言各点的"的"。不过在名词性成分做定语的时候,苏州等地方言的量词经常可以充当定语标记,比如"红颜色件衣裳/我本书"。泰州、兴化只允许人称代词做领属性定语时,量词才能做定语标记。

能:苏州(吴语)、绩溪、歙县(徽语)、涟水、阜宁、东台、泰州、兴化、南通(江淮方言)

不能:常州、湾沚(吴语)、祁门③(徽语)、灌南、合肥、枞阳、六安、扬州(江淮方言)

⑧量词能否做关系从句的标记

---

① 单独做定语指的是类似苏州话"支葛笔尖坏脱哉"这样的用法。这里跟量词"支"直接搭配的名词"笔"省略了。而修饰句首主语指的是类似苏州话"把剪刀寻勿着哉"这样的用法。这里的量词"把"直接跟名词"剪刀"搭配。

② 这里所说的定中结构仅指名词或者代词做定语的情形,动词(动词短语)、形容词(形容词短语)、主谓结构做定语的情况我们归之为关系从句。

③ 祁门专用定中标记就是"个",其他的量词不能做定中标记。

能：苏州(吴语)、涟水①、阜宁、东台、南通(江淮方言)、绩溪、歙县(徽语)

不能：常州、湾沚(吴语)、祁门(徽语)、灌南、扬州兴化、泰州、合肥、枞阳、六安(江淮方言)

量词能做关系从句标记的方言比量词做名词性定语标记的方言少得多，多数方言需要在关系从句和中心语之间加上专用的定语标记"葛/的/个"。

⑨动词前的独用量词有无不定指用法

有：绩溪、歙县(徽语)、涟水、阜宁(江淮方言)

无：苏州、常州、湾沚(吴语)、祁门(徽语)、灌南、东台、扬州、泰州、兴化、南通、合肥、六安、枞阳(江淮方言)

4.6 量词独用现象的共时和历时考察

4.6.1 量词独用现象在其他方言区中的分布

除了我们介绍的江苏、安徽境内的吴语、徽语和江淮方言中存在量词独用现象之外，其他方言中也有量词独用现象。比如：

粤语广州话：(黄伯荣 1996：137)

只狗死咗"那/这只狗死了。"或者"狗死了。"

鲁智深条禅杖有几十斤重"鲁智深的那条禅杖有几十斤重。"或者"鲁智深的禅杖有几十斤重。"

佢包钱唔见咗咯"他那包钱不见了。"或者"他的钱不见了。"

为咗件衫，佢喊咗几场"为了那件衣服他哭了几场。"或者"为了衣服他哭了几

---

① 涟水话结构助词经常省略，但会留下语音痕迹。

场。"

赣语大冶话(汪国胜 1994,转引自赵日新 2003)

个碗太细了,装不倒一坨饭_{碗太小了,装不下一碗饭}。

个门矮了点,进出光是撞倒头_{门矮了点,进出老是撞着头}。

赣语宿松话(唐爱华 2005:220—221)

个雨落脱七日七夜还不歇_{一场雨下了七天七夜还不停}。

我家个猫不见哆_{我家一只猫不见了}。

闽语潮州话(黄伯荣 1996:136)

斤米二角_{一斤米二角}。

只鸡肥死_{这只鸡很肥}。

只马大大只_{那匹马很大}。

张纸克来_{那张纸拿来}。

闽语澄海话(林伦伦 1996,转引自赵日新 2003)

片墙分伊倒落去_{那堵墙倒了}。

个人乞伊死去_{那人死了}。

伊掠只猪去个人换只羊_{他用一头猪跟人换了一只羊}。

个衫唔见去_{那件上衣丢了}。

湘语娄底话(颜清徽、刘丽华 1993,转引自赵日新 2003)

个人_{一个人}要多做点好事唧。

个妹人细唧_{一个女孩子}要晓得自重。

只猪_{一口猪}杀哩三百多斤。

你去看下只牛哒。

江淮方言黄州话(汪化云 2004)

塔里棵树把得人家驮起来走了_{他家的一棵树被人家扛走了}。

你看你看,几好筒碗_{你看你看,多好的一摞碗}。

这是二伯还的斤面_{这是二伯还的一斤面条}。

北京,我回也冇去 北京我一次也没去。

你个人不能太过入了 你这个人不能太过分。

莫煮那些,我碗把饭就有 别煮那么多饭,我有一小碗饭就够。

西南官话遵义话(胡光斌 1989:124—5)

书本拿来了。

把书本递过来下。

麦子着牛个吃了。

这是你的钢笔支,还你。

胶辽官话烟台话(刘探宙、石定栩 2012)

间屋儿真大吭 这间屋子真大啊。

根绳都快断了。

个人还行。

　　这些方言主要分布在南方,属于官话区的只有烟台话、黄州话和遵义话。这些方言点中有的只有相当于"一+量"的量词独用现象,比如宿松话;有的只有定指型量词独用,比如广州话;有的既有相当于"一+量"的量词独用,也有定指型量词独用,比如闽语潮州话和吴语义乌话。比较特殊的是遵义话,量词经常出现在名词的后面,这种特殊的语序可能是由于受到邻近的少数民族语言"名+量"语序的影响所致。

　　从这些南方方言量词的表现可以看出,相比较于北方方言,南方方言量词的句法功能更丰富。以北京话为例,除了在宾语位置上,数词"一"可以省略外,北京话缺乏量词独用。有意思的是,北京话"一+量词+名词"倒有省略量词的情况[①],比如(方梅 2002:352—353):

[①] 郭锐(2002:211)认为这是"一个"脱落"个"所致。刘祥柏(2004)认为"一^{35}+名"结构中的"一^{35}"是"一"和"个"合音的结果。董秀芳(2003)不同意合音说,认为是量词"个"省略的结果。吴永焕(2005)则认为这是语音弱化的结果。我们同意郭锐、董秀芳和方梅(2002)的意见,认为"一^{35}+名"是"一^{35}+个+名"省略了"个"的结果。而且随着"一+名"语法化程度的加深,很多北京人把它读成"一^{55}+名"或"一(轻声)+名",还有一些原来不能跟"个"搭配的名词也可以进入"一+名",笔者就亲耳听到一个男人训斥小孩:"不就一书吗?哭他妈哭什么,你!"

(159) 我替我姐说吧,你还不能算一坏人。

(160) 你在一小单位里工作,算上你总共才六个人。

(161) 有一朋友倒是愿意帮这个忙儿。

(162) 我这货好销,一老外昨天从我这儿买走好几条。

(163) 我一朋友昨天约我喝酒,一喝就喝到半夜了。

例(159)—(161)"一＋名"出现在宾语位置;例(162)、(163)"一＋名"出现在主语位置。使用"一＋名",往往是用在根据谈话者的共有知识不能确认名词所指事物的场合。这种"一＋名"的结构在我们调查的所有方言点中都没有。

4.6.2 量词独用现象的来源

量词独用现象有两种情况,一种跟"一＋量"同义,这时量词没有定指功能;还有一种量词独用,量词有定指功能。

首先我们讨论跟"一＋量"同义的量词独用现象。从目前掌握的材料来看,不同方言相当于"一＋量"的量词独用现象可能有不同的来源。阜宁和涟水相当于"一＋量＋名"的"量名"结构处于句首时,量词发音前喉部都有紧张动作,很像要先发一个喉塞成分"ʔ"。"个人也没来"跟"个人问题"两句中的"个人"是不同音的。因为阜宁话、涟水话"一"是入声字,有喉塞尾,所以这种量词独用很像是"一"省略造成的。但是,泰州话、兴化话和张亚军(2008)介绍的海安话跟它们的情况不一样。这三地方言都是通过量词变调的方式表示"一＋量"的。泰州话和海安话量词要变读为213(均与其方言中的上声调调值相同);兴化话要变读为34(与阳平调调值相同)。而且,正像我们在前文介绍的,泰州话和兴化话"一＋量"中量词是读本调或轻声的。从这点看,泰州话、兴化话和海安话很像是用变调这种屈折手段改变词义。同属于江淮方言泰如片的东台话跟上面几个点的情况又不相同,它的相当于"一＋量＋

名"的"量名"结构中量词不变调,量词前也没有喉塞成分,"个人也不曾来"中的"个人"跟"个人问题"中的"个人"是同音的。我们猜想,东台话原先也用类似于泰州话、兴化话和海安话那样的变调方式表示"一＋量",可能由于使用频率比较高,东台话失去了变调这一特殊的形态手段,但"一＋量"的意义仍然保留在量词里。当然,这只是一种猜测,还需要更多的研究加以证实。

我们重点来看看跟定指型量词独用有关的问题①。

南方方言中的定指型量词独用吸引了很多研究者注意的目光。对于这种现象的成因,很多学者提出了不同看法,归纳起来有三种主张:省略说、底层说和结构说。省略说的主张是:有定指功能的量词是由"指示词＋量词"省略而来的,代表人物是 Chao Yuen Ren (1968)、杨剑桥(1988)、石汝杰、刘丹青(1985);底层说的主张是:南方方言中有定指功能的量词是台语底层的遗迹,代表人物是游汝杰(1982)、刘丹青(2001);结构说的主张是:量词本身是没有定指功能的,其定指功能是结构赋予的,是由其所处的句法位置和上下文决定的,代表人物是石毓智(2002)和赵日新(2003)。

我们认为"结构说"存在一定的问题。按照石毓智(2002)和赵日新(2003)的说法,量词定指的功能是由其经常出现的句法位置,即主语位置赋予的。实际上,汉语中主语是无定,宾语是有定的情形并不罕见,比如"我昨天打了那三个人",宾语位置上的成分是有定的;"昨晚炼油厂大火,铁门都烧坏了","铁门"在主语的位置,仍然可做无定理解。正如王红旗(2001:73)所言,语法结构只是表现指称性质的形式,它不能决定指称性质。定指与不定指不是句法位置决定的,而是话语－语用因素决定的。而且,苏州话的定指量词经常出现在下面的场合:一个

---

① 表示不定指(无定存在)的量词独用的来源我们还没考虑清楚,留待以后研究。

人问另一个人在找什么东西,另一人可以回答"本书"。"本书"是定指的,而并不是在主语的位置上[①]。

从我们调查的几个有定指功能量词的方言点的情况来看,我们倾向接受"省略说"的主张。从苏州话看来,定指的量词中,一种变调的情况跟前面有指示词"辩"的情况一样,详细的讨论可以参看 4.1。另外,从涟水、阜宁话的情况来看,处于句首的定指量词前有紧喉动作,很像是在量词音节的开头加了一个喉塞[ʔ];在句中的定指量词前这个喉塞更明显一些,可以感觉它和前面的词语间有短暂的停顿。涟水、阜宁不管近指代词还是远指代词都是促声,喉塞应该是代词留下的痕迹。

当然,指示词省略之后的有定指功能的"量名"结构跟指量结构功能上会有差别。首先,多数方言点有定指功能的"量名"结构不区分远近指,指量结构则区分远近指[②]。在北方方言中,可以有不论计量单位但论远近的定指(这书我要,那书我不要);在很多南方方言中,则可以有不论远近但论计量单位的定指(本书我要)。当这种有定指功能的量词进一步虚化就会带来语音上的变化,比如苏州话、上海话定指量词声调的中性化,它们跟"指量"结构中量词变调的情况就不同。

跟量词独用有关的问题还有一个:在南方方言中,结构助词、量词、指示词音同或音近的现象很普遍。比如苏州话的特指代词"辩"[gəʔ²³]和量词"个"[kəʔ⁵]、结构助词"葛[kəʔ⁵]"。它们之间是一种什么关系呢? 石毓智(2002)对这种现象进行了研究,他认为,汉语方言的结构助词很多都是从量词演化来的,而且,量词向结构助词的演化必须经过指

---

① 同样的交际情形,阜宁、涟水话如果回答"本书"既可以表示无定也可以有定;据赵日新告知,绩溪岭南话中如果回答"本书"只能表示无定。

② 苏州话比较特殊,它有三个指示词"该[kɛ]、归[kuɛ]、辩[gəʔ]"。"该"表近指;"归"表远指;"辩"跟"该"对举时表远指,跟"归"对举时表近指。"辩"是一个兼表远近的指示词,单凭"辩"很难区分远近,这个特点跟有定指功能的量词一致,所以苏州话往往可以在量词前补出"辩"意思不变。但是其他多数方言指示词就两个,分别表示近指和远指,有时补出哪个就不大容易确定了。

代词这一中间环节。刘丹青(2005)也认为,量词作关系从句的标记是从量词的定指用法而来的。下面我们根据我们调查的方言材料,结合历史文献谈谈自己的看法。

从我们调查的材料来看,汉语方言量词独用有两种类型:省略数词"一"造成的,量词指称性质是不定指的;省略指示词造成的,量词的指称性质是定指的。这样一来,同样的表层形式,在不同方言,所表示的意思就可能不同。比如"我本书",在苏州话中只能表示"我的那本书"的意思,是定指的;在睢宁话中则只能表示无定的意思。这样来看,起到结构助词作用的量词不一定来自其定指用法,更不是必须经过指代词这一阶段。可以作为佐证的是湖北浠水话(属于江淮方言黄孝片)。先来看浠水话的例句:(据汪化云 2004:171)

  A 你的那个笔他拿去冇? 蛮好的一个本子落了。
  B 你的个笔他拿去冇? 蛮好的个本子落了。
  C 你个笔他拿去冇? 蛮好个本子落了。
  D 你的笔他拿去冇? 蛮好的本子落了。

A、B、C、D 四种句式的关系可以这样解释:B 是 A 省略指示代词或数词的结果,C 是 B 省略"的"的结果,D 既可以说是 B 省略量词的结果,也可以说是 C 中的量词"个"替换为"的"的结果。上面这些例句中的"个"都读轻声,其中 C 中的"个"就起到了结构助词的作用,C 也是浠水人最常用的句式。

徽语祁门话也可以为我们的说法提供一个证据。祁门话结构助词是"个",但指示词是"伊"和"nɔ̃",而且祁门话也缺乏量词定指的用法。这些都说明,量词发展到结构助词不一定经过指示词这个阶段,从量词可以直接发展为结构助词。

我们再从历时的角度看南方方言最常用的结构助词"个"发展的过

程。"个"最初是做量词用的①,并且在先秦就成为泛用量词,跟它结合的名词十分广泛。比如:(引自游汝杰 1982)

(164) 鹿皮四个。(《国语·齐语》)

(165) 国君七个,遣车七乘;大夫五个,遣车五乘。(《礼记·檀弓》)

(166) 譬如群兽然,一个负矢,百群皆奔。(《国语·吴语》)

从魏晋到唐,"个"使用的范围和频率继续增长,做定语的例子也越来越多,比如②:

(167) 但愿尊中九酝满,莫惜床头百个钱。(鲍照《拟行路难》之一八)

(168) 可更觅数个刀子。(冥祥记《法苑珠林》)

(169) 不知湖上菱歌女,几个春舟在若耶。(王翰《春日归思》《全唐诗》1605 页)

(170) 两个黄鹂鸣翠柳,一行白鹭上青天。(杜甫《绝句》《全唐诗》2487 页)

在使用的过程中,当数词"一"不是作为强调的对象,且出现在动词后时,"一"经常会省略,比如:

(171) 为个朝章束此身,眼看东路无去因。(张籍《寄朱阆山人》《全唐诗》4358 页)

(172) 一片芳心千万绪,人间没个安排处。(李煜《蝶恋花》《全唐五代词》463 页)

有时"个"的单用不局限在动词后,也可以出现在形容词后,比如:

(173) 惊飞失势粉墙高,好个声音好羽毛。(郑谷《飞鸟》《全

---

① 作为量词,"个"曾经有三种写法:"个""個""箇",历史上读音不同。从文献记载来看,"个"出现最早,先秦经籍都写作"个",不写作"個""箇"(游汝杰 1982)。

② 例(167)—(191)引自曹广顺(1995)。

唐诗》7762 页)

(174) 入门空寂寂,真个出家儿。(修睦《题田道者院》《全唐诗》9616 页)

按照曹广顺(1995：148)的说法,这种跟在形容词之后的"个",已经没有表示数量的作用,而只是说明事物具有"好"和"真"的性质,这时的"个"就已经类似于结构助词了。到晚唐的《祖堂集》助词"个"用例明显增加,除了可以出现在单音节形容词之后,还可以出现在双音节状态形容词之后,构成名词、形容词或副词性词组,在句子中做定语、谓语或状语。其功能跟这个时期的另一个结构助词"底(地)"基本相当。比如：

(175) 有一老宿隔窗闻,乃云："好个一镬羹,不净物污着作什摩?"(《祖堂集》2.73)

(176) 德云："妙个出身,古今罕有。"(《祖堂集》4.48)

(177) 石头曰："我早个知汝来过。"(《祖堂集》1.156)

(178) 问："如何是皮?"师云："分明个底。""如何是骨?"师云："绵密个。"(《祖堂集》3.50)

(179) 师指面前狗子云："明明个,明明个!"(《祖堂集》5.5)

(180) 尽乾坤都来是你当人个体,向什处安眼耳鼻舌?(《祖堂集》3.20)

北宋的文献,助词"个"出现得仍然很少。据曹广顺(1995),北宋初年成书的禅宗典籍《景德传灯录》中,助词"个"有 37 例,其中"好个"22 例,"真个"7 例,"真实个"1 例。南宋儒家语录《朱子语类》,结构助词主要用"底/地",间或使用"个",比如：

(181) 敬夫高明,他将谓人都似他,才一说时,便更不问人晓会与否,且要说尽他个。(《朱子语类》卷 103)

(182) 也是教他自就切己处思量,自看平时个是不是,未欲便把那书与之读。(《朱子语类》卷 95)

(183) 告子既不务知言,亦不务养气,但只硬把定中间个心,要他不动。(《朱子语类》卷 52)

(184) 今日问个,明日复将来温寻,子细熟看。(《朱子语类》卷 115)

(185) 那礼中自然个从容不迫,不是有礼后,更添个从容不迫。(《朱子语类》卷 22)

这些例句中带"个"的词语有名(代)词(例 181—183)、动词(例 184)、形容词(例 185),构成的词组主要作定语、宾语、状语。

到南戏《张协状元》,助词"个"用得较多,结构类型也更丰富。比如:

(186) 莫怪说,你个骨是乞骨。(4 出)

(187) 山高处个人,好似奴家张解元。(41 出)

(188) 论诗书,缓视微吟处,真个得趣。(2 出)

(189) 个丫头到官司,直是会供状。我便是着响个。(12 出)

(190) (丑)亚哥,有好膏药买一个归。(生)作甚用?(丑)与妹妹贴个龟脑驼背。(末)再生个花佗。(5 出)

(191) 纵饶挑贩客家,独自个担来做己有。(8 出)

以上例(186)、(187)为名词组加"个",例(188)是形容词加"个",例(189)、(190)是动词(组)加"个",例(191)为副词加"个",功能作主语、宾语、定语、状语。

从"个"的历时发展来看有两点值得注意:一,"个"从量词发展到结构助词并没有先经历指示词这一过渡阶段;二,"个"做结构助词有地域限制,主要出现在受南方方言影响的文献中。现在我们再来看看指示代词"个"的发展历程。

吕叔湘(1985)认为"个"做指示词是六朝时期开始出现于南方的口语词,唐以前仅有两例,即:

(192) 真成个镜特相宜。(《庾子山集》27)

(193) 个人讳底？(《北齐书》33)

不过我们认为这两例十分可疑。例(192)中的"个"完全可以看成"一个"的省略，整句的意思就是"真是一个(跟照镜人)相宜的镜子啊"；例(193)出自唐人编的《北齐书》，很难作为六朝时期的例证。我们认为，指示词"个"到唐宋时期文献里才开始大量使用，比如：①

(194) 白发三千丈，缘愁似个长。(李白《秋浦歌》)

(195) 个是何措大？时来省南院。(《寒山》10)

(196) 若不是松山，几被个老翁作乱。(《传灯录》8.12)

(197) 个是什么义？(《明觉》696b)

(198) 此景百年几度？个中下语千难。(《东坡词》18)

(199) 道直须别驾，方展问个里。(《稼轩词》40)

(200) 人常须收敛个身心，使精神常在这里。(《朱子语类》卷67)

(201) 张生因而下泪以跪，说道不合问个小娘子年纪。(《董西厢》2.33)

冯春田(2000：117—118)从文献比较的角度论证了指示词"个"多在南方方言中出现。因为同是晚唐五代时期的《敦煌变文集》中不用"个"，而《祖堂集》有指示词"个"，明清小说里也大致反映了指示词"个"的南北差异。不过他们都没有说明指示词"个"的来源。石毓智(2002)提出一种看法：语言的有定性与数的表达密切相关，而在都为有定性的名词中，单数事物的有定性最高。而汉语的量词在某些特定的句法位置上，具有表示单一个体的功能(比如普通话"一"在宾语位置可以省略，量词可以单用)。而当单用的量词出现在主语位置时，受"结构赋义

---

① 例(194)—(201)转引自吕叔湘(1985)。

规律"的作用,量词就有了定指的用法。这种用法的长期和高频率使用带来的一个可能的后果就是,表示"有定"的意义最后永久固定在使用频率最高的那个量词上。"个"做指示词就是这样发展来的①。我们和石毓智的看法有相同的方面,也有不同的地方。相同的是,我们也认为指示词"个"是从量词"个"发展来的;不过我们不同意石毓智对"个"从量词到指示词具体演变过程的分析②。正如上文我们已经说过的,定指与不定指不是句法位置决定的。从现代方言和历时文献两方面来看,定指成分出现在动词后位置上都并不罕见。指示词"个"也可以出现在动词后的位置上,比如例(200)、(201)所显示的那样。

从现代方言的情形来看,指示词用"个"的方言和有定指型量词独用的方言集中在南方。南方很多方言,比如粤语、吴语、客家话,指示词都不能单用,指示词一般要加上量词才能做句子成分。比如苏州话的"该[kE]、归[kuE]、和辩[gəʔ]"都不能单用,甚至在数词前都不能直接加这些指示词,而得用上仅仅起结构作用的"个",比如"该个十个人、归个三只房间"。这样,在类似苏州话这样的方言中,指示词经常跟量词"个"结合,而"指示词+个"省略"指示词",指示的功能就会临时转移到"个"上。长时间和高频率使用的结果就使"个"成为了指示词。这跟我们上文分析汉语方言中量词定指用法来源的原理是一致的。可以作为佐证的是,吕叔湘(1985)介绍,在金元人的曲文里,"这个"用在三身代词和同位的名词的中间的时候,经常省去"这"单说"个","这"后如果是

---

① 石毓智(2004)还认为汉语方言中"一"也有做指示代词的用法。不过,据郑张尚芳(2004),石文所引方言材料可能有误,故"一"做指示代词的说法可能站不住脚。
② 高名凯(1957)认为指示词"个"的语源是古汉语的"其"。我们认为这种可能性不大。"其"在古代可以代人、物或事,通常用于领位,也可在附属子句中做主语(周法高《中国古代语法·称代篇》)。而指示词"个"却恰好相反,不大用于领位。从语音上也很难解释上古群母之部开口三等的"其"怎么会到中古变得跟见母果摄开口一等箇韵的"个"同音。而且,最起码魏晋南北朝时期"其"还是一个南北通用的指代词,怎么会到唐代它就变成一个有南方色彩的词汇了呢?

一般量词,则"这"不能省。比如:

(202) 几文坐起,被你个措大倒得囊空。(董解元《西厢记诸宫调》卷2)

(203) 单请你个有情有义闲中客。(《西厢记》2.17)

(204) 你个贼王八,兔小子!(老舍《微神记》90)

(205) 你个乌龟孙!(曹禺《正红旗下》81)

(206) 个混蛋!范奎兴!范奎兴!(曹禺《蜕变》19)

(207) 个缺德烂舌根子的!(曹禺《正红旗下》33)

现代北方作家,比如老舍和曹禺①,也有省"这"留"个"的现象。这里的"个"都可以理解为"这"。正如吕叔湘(1985:201)所认为的,这里"个"单用要受到种种条件的限制,所以不把这些"个"看作中古指示词"个"的复活。我们从这里可以得到启示,南方常用的指示词"个"可能也是来源于"指示词+个"的省略。正是因为南方指示词省略,量词独用受到的限制更小,更有利于"个"的转化,"个"才最终在南方方言中演变成了指示词②。可以作为佐证的是张惠英(1997)介绍的海口话。海口话的 mo^{33} 可以作为量词,比如"一～人/一～盆/一～银";跟其同源的 mo^{55} 还可以做指示词,比如"～塔真悬/坐～椅上宽宽讲/～天即乌"。这充分说明量词和指示词的密切关系。

语言类型的演变是渐变的,在两种类型的交界处往往会表现出复杂的情形。在"指量"结构省略的问题上,南北方言选择了不同的策略。地处南方言交界处的江淮方言和徽语就表现出了两种策略在同一地

---

① 曹禺,祖籍湖北潜江,出生于天津,主要在北方生活。

② 我们的分析也不是没有问题。因为从文献看,代词"这、那"都是在唐代才出现的,而在此之前常用的"此、彼"都无需跟量词结合而可单用。按照我们的分析应该是"这/那个"大量出现之后才可能有指示词"个"的出现,但从文献上来看,缺乏这样一个时间差。我们猜想,"这"可能来源于"之"或"者";"那"可能来源于"尔"或"若",它们在六朝时的口语里可能已经习用了,而且经常跟"个"连用,不过文献难以反映口语实际,还是沿用古代的"此、彼"罢了。

区激烈交锋的状况。总的来说,北方型的省略逐渐占得上风。在我们重点调查的 17 个点中,苏州话、常州话、湾沚话、南通话、阜宁话、绩溪话、歙县话、祁门话指示词不能跟名词直接组合(指示词单用),其他各点调查者都认为指示词可以直接跟名词组合,新派尤甚。请看下面表十:

表十

	北京	灌南	涟水	阜宁	扬州	东台	南通	兴化	泰州	合肥	枞阳	六安	苏州	常州	湾沚	绩溪	歙县	祁门
指示词单用	+	+	+	-	+	+	-	+	+	+	+	+	-	-	-	-	-	-
量词单用	-	-	+	+	-	+	+	-	+	+	+	-	+	-	-	+	+	-

在同时允许量词独用和指示词独用的方言里,量词独用都呈现不同程度的衰落,具体表现在:

①老派用得多一些;新派用得少。从我们的调查来看,无一例外的是,老派对量词独用现象的接受度和容忍度要超过新派。

②在调查的时候,当询问有无定指型量词独用时,多数调查者开始是否认的,一般经过多方启发后,调查者才恍然大悟:原来自己母语还有这样奇怪的说法!这说明在他们的语言直觉中,定指型量词独用是隐藏很深的,是不容易被发觉的。

第五章　与动词重叠相关的几种句法、语义现象

动词重叠是汉语为数不多的形态变化之一，很多方言有动词重叠现象。仔细对比我们可以发现，不同方言的动词重叠有自身的特点。从我们调查的材料来看，吴语、徽语、江淮方言在跟动词重叠有关的句法格式和语义阐释上有一些共同的特征。这些特征可能反映了这些方言在历史上的密切联系。

出于比较研究的方便，我们所讨论的动词重叠只限于"V（一）V"式重叠，"V"可以是单音节的也可以是双音节的，比如"走走、看看、研究研究"等。其他的动词重叠式，比如"V了V、V啊V啊"等本文不列入考察范围。

比较要确立基准，我们先描写北京话和苏州话动词重叠的句法语义属性，比较它们的异同，再联系其他方言点的情况加以说明，最后再联系文献材料对共时存在的方言差异作出解释。

5.1　北京话与苏州话动词重叠式表义功能和句法格式的差别

5.1.1 北京话中，动词重叠式表示动作的小量，包括：①时量短，以及由此引申出来的表示缓和的口气；②动量小，以及由此引申出来的表示尝试。例如：

(1) a. 看看书、做做家务，一个上午很快就过去了。

→? 看书、做家务,一个上午很快就过去了。
b. 他成天看书、做家务,连大门都不出。
→*他成天看看书、做做家务,连大门都不出。
(2) a. 你教我。　→你一定要教我。
b. 你教教我。　→?你一定要教教我。
(3) a. 他点头说:"行"。　→他连连点头说:"行"。
b. 他点点头说:"行"。　→?他连连点点头说:"行"。
(4) a. 这么辣的泡菜,你尝尝。→这么辣的泡菜,你尝尝试试。
b. 这么辣的泡菜,你品尝一下。→*这么辣的泡菜,你品尝试试。

例(1)中的"看看书、做做家务"都表示时量短,等于说"看会儿书、做会儿家务";因此,它们不能跟"成天"共现。例(2)中的"教教"用在祈使句里,由时量短引申出和缓的口气;因此,跟表示强调语气的"一定要"不相般配。例(3)中的"点点头"是说点了一下头,而不是点了一会儿头;因此,不能跟"连连"共现。例(4)中的"尝尝"由表示动量小而引申出尝试意义,所以后面可以跟着"试试"①。

Chao Yuen Ren(1968)说得更为明确:动作动词读轻声(neutral tone)重叠时,可以看作动词的一种体貌(即尝试式,tentative aspect),就跟进行式、完成式一样。比如,"看着"是进行式,"看了"是完成式,"看看"就是尝试式②。也就是说,在官话中,动词重叠式可以独立地表示尝试意义。

5.1.2 在苏州话中,动词重叠式也表示动作的小量,包括:①时量

---

① 详见朱德熙(1982)第67—68页。
② 详见 Chao Yuen Ren (1968), p. 204—205;丁译本第198—199页,吕译本第108页。

5.1 北京话与苏州话动词重叠式表义功能和句法格式的差别

短,以及由此引申出来的表示缓和的口气;②动量小,并由此引申出来的表示尝试。但是,动词重叠式不能单独用来表示尝试意义,一定要在后面附加助词"一看",构成"VV 看"格式以后,才能作为一个自足的句法格式,表示尝试意义。例如:

(5) a. 事体嘛倒吭不_{没有}啥事体,就是烧烧茶、送送信、发发报纸。

b. 退休之后末,日里向打打扑克,黄昏头看看电视,老写意_{舒服}葛。

(6) a. 勤急,耐拿昨日个事体再替伲_{我们}讲讲。

b. 耐去问问清爽,该只箱子阿有几化重个_{你去问清楚,这只箱子有多重}。

c. 耐去拿自家换下来个衣裳汏汏_{洗洗},阿好?

(7) a. 耐只要点点头,剩下来个事体末,侪_都我来。

b. 伲食堂里是随便耐买个,只要刷刷卡就好哉。

c. 俚对伲白白眼睛,像煞伲啥辰光_{时候}得罪仔俚一样。

(8) a. 耐覅_{不要}多嘴,让我来问问看。

b. 辬只包末蛮重个,耐去拎拎看。

c. 不相信辬句说话末,耐翻翻词典看。

d. 新冰箱拉到屋里之后末,先要试试看阿灵光。

e. 辬部电影实介好个,勿相信末耐去看看看。

例(5)中的动词重叠式表示时量短,比如,"看看电视"可以说成"看一歇歇电视",但不能说成"看一看电视";例(6)中的动词重叠式用在祈使句中,表示和缓的口气。例(7)中的动词重叠式表示动量小,比如,"点点头"可以说成"点一点头",但不能说成"点一歇歇头"。例(8)中的动词重叠式表示尝试意义,但是后面必须附加助词"看"。

可见,动词重叠式在能否独立表示尝试意义方面,苏州话和北京话有着重大的差别。

5.1.3 不仅如此,苏州话动词重叠还可以表示行为的伴随性或从属性(刘丹青 1986:18),比如:

(9) a. 俚吃吃饭悃着哉。

b. 我打打球,小王来喊哉。

c. 我看看电视,停电哉。

d. 走走落起雨来哉。

e. 坐坐连辰光也忘记脱哉。

有这种用法的动词既可以是及物的,如例(9a)、(9b)、(9c);也可以是不及物的,如例(9d)、(9e)。及物动词后的宾语一般由无指名词充当,在一定语境下也可以省去。有时动词还可以接连重叠 4 次,形成"VVVV"的格式,比如"走走走走,落起雨来哉";"VVO"也可以再重叠一次,形成"VVO,VVO"格式,比如"打打球,打打球,想到一桩事体哉"。北京话的动词重叠不能表示这样的意思。这样的意思北京话一般用"V 着 V 着"表示,而且"V"后也不能加宾语。

5.1.4 除了语义表达方面的差异外,苏州话和北京话的动词重叠在句法组配方面的差异更明显。具体表现在:

5.1.4.1 动词重叠式后面可以带趋向补语,形成 VVCD 格式。例如:

(10) 耐脚踏车末歇歇进,覅放勒外头。

(11) 耐个物事快点搬搬进来吧,外头要落雨哉。

(12) 辫只台子摆摆进,放勒当中点。

(13) 好物事拿拿出来,让人家也看看。

(14) 头末缩缩进,危险得来。(乘车时提醒别把头伸向窗外)

动词重叠式带趋向补语的格式,主要用于祈使等表示未然的句式中,有改变语气的作用①。

5.1.4.2 动词重叠式后面可以带结果补语,形成 VVCR 格式。例如:

(15) 搿个洞我要再掘掘深。
(16) 耐拿台子浪弄弄清爽,阿好?
(17) 耐窗盘末关关牢,夜里作兴要落雨个。
(18) 瓶子个盖头要盖盖紧,酒精容易挥发个。
(19) 兔子肉末要烧烧熟勒再吃。
(20) 耐拿俚看看牢,覅让俚逃脱。

动词重叠式带结果补语的格式,主要用于祈使、愿望等表示未然的句式中。"VVCR"中的补语比"VCR"中的补语范围小,比如可以说"掘深哉",也可以说"掘浅哉",但只有"掘掘深"的说法,没有"掘掘浅"的说法。同样道理,"夹夹紧"能说;"夹夹松"就不说。也就是说,"VVCR"中的补语只能是动作常规的结果,"掘"而使之"深","夹"而使之"紧"是常规结果;反之则不是。

5.1.4.3 动词重叠式前面可以附加单音形容词做状语,形成 AVV 格式。例如:

(21) 搿块肉末红烧烧吃脱仔拉倒。
(22) 搿种台子好做个,笨做做末也做得来葛。
(23) 贩水果个生意,毛估估一日天也好赚个百把块。
(24) 我个生意根本勿及耐个,只不过是小来来个交易。

5.1.4.4 动词重叠式后面可以带表示处所或时间的介词结构,形成

---

① 我们在调查中注意到有些发音人认为"动词重叠+结果补语/趋向补语/介词结构"比相应的"非重叠形式动词+结果补语/趋向补语/介词结构"口气更和缓,含有轻松,往小里说的口气。有些发音人的语感恰好相反,他们认为用动词重叠式语气加强了,表示强调。我们认为,在不同的语境中,使用动词重叠的格式比相应的非重叠格式,在语气方面,既可能减弱,也可能加强。但不管是减弱还是加强,语气都改变了。

VV+PP 格式。例如：

(25) 拿小干送送到外婆家末算数哉。

(26) 拿哀点田粉歪歪勒稻田里向。

(27) 耐个物事搬搬勒屋里向,覅放勒露天。

(28) 转转到一点钟才回到屋里向。

上述四种语法现象基本上是北方官话所没有的[①],也是吴语区别于官话的重要的语法指标。有意思的是,这些现象都跟重叠式有关,可以说它们是吴语中跟动词重叠式相关的类型学参项。进一步推想,在这些相关参项上应该包含着关于吴语的历史发展和区域变化的若干信息。

5.2 其他方言动词重叠的句法、语义表现

我们把苏州话跟北京话相异的几个方面作为调查对象,发现在我们重点调查的17个点中,除了枞阳话比较特殊,动词重叠发展得很不充分,动量小、时量短的语法意义一般用"V个/下子"来表示外,剩下的15个点都不同程度地存在跟苏州话相一致的特征。我们下面的描写和论述均排除枞阳话。为了叙述方便,我们先做个约定:

1区,指动词重叠式不能独立表示尝试意义,需要添加助词的地区；

2区,动词重叠能够表示行为的伴随性和从属性的地区；

---

① 官话中似乎只有"多、少"等极少数形容词可以构成 AVV 格式。例如：
多走走　少坐坐　多躺躺　少动动　?瞎说说　?瞎玩玩
这种"瞎",表示"没有根据地;没有来由地;没有效果地:~说｜~吵｜花钱｜~操心"(《现代汉语词典》第6版,第1401页);应该是副词,因为它只能做状语、不能受"很"等程度副词修饰、也不能做谓语和补语。现在用普通话写成的一些文学作品中也可以见到少量的"VVCR"格式,一般认为是普通话受吴方言影响的结果。

3区,指有 VVCD 格式的地区;

4区,指有 VVCR 格式的地区;

5区,指有 AVV 格式的地区;

6区,指有 VV+PP 格式的地区;

按照我们调查材料反映的情况来看,1区分布范围包括了吴语的常州、湾沚,徽语的绩溪、歙县,江淮方言的泰州、东台、涟水、阜宁,总共8个点[①]。需要添加的助词多数点是"看",有的点用"瞧"(阜宁),常州除了用"看"之外,还可以用"道"。还有的点经常用"V 望望看"(涟水)、"V 看看"(湾沚),我们认为这其实是"VV 看"的一种变体。

2区的范围包括:常州、湾沚、灌南、涟水、阜宁、东台、绩溪、歙县、六安。这里需要说明的是,六安话表示行为的伴随性和从属性的"VV"后不能再带宾语。此时宾语要么省去不说,要么提前做话题,比如"电视看看,停电了"。

苏北有些地方,比如灌南、涟水、东台、泰州、兴化等地可以用"V 行行"表示北京话"V 着 V 着"的意思,比如涟水话"我昨夜电视看行行的,停电咧"。据王瑛(1996:233—234),唐诗中"行行"犹言行进不停,有时含远行的意思,比如李白《古风》:"郑客西入关,行行未能已。"我们设想,灌南、涟水等地的"行行"就是唐诗中"行行"语法化的结果。

3区的范围很小,包括常州、湾沚、绩溪、歙县、祁门。另外,根据我们的调查,安徽泾县、南京江浦也有"VVCD"的说法。在能接受"VVCD"格式的几个地方,除了常州、绩溪、歙县,其他地方这种格式说得也不多,是不能类推的。

4区的范围比3区大,常州、湾沚、南通、东台、扬州、阜宁、涟水、灌

---

① 除了枞阳(不接受动词重叠格式),其他点都接受"动词重叠+助词(多数点是"看")"或其变体形式表示尝试,但只有8个点助词是强制出现的。

南、绩溪、歙县、祁门、合肥都有这种格式,而且比较常见①。六安几乎没有这种格式。除此以外,灌云、沭阳、洪泽、滨海、大丰、盐都等地也有这种格式。4区每个方言点所包含的成员(即实例,token)是不一样的,大体来说,越往南的方言点,所包含的实例就越多。

5区包括常州、湾沚、南通、泰州、兴化、东台、扬州、阜宁、涟水、灌南、绩溪、歙县、祁门。合肥和六安只有零星的一两个,比如"细算算"还可以说,其他就基本上没有能说的了。其实,泰州、兴化、扬州、阜宁、涟水、祁门这几个点能接受的"AVV"格式的实例也不多,主要集中在"粗框框、细算算、小来来、乱讲讲"等有限几个;而常州、湾沚、绩溪、歙县、南通这几个点,这种格式的实例则比较多。以绩溪话为例,经常说的有"白炖炖、小来来、多干干、少干干、横放放、竖放放、乱讲讲、细算算、大弄弄";再以南通话为例,经常说的有"红烧烧、白炖炖、小来来、大来来、细算算、粗算算、笨做做、竖放放、横放放"等。

除了上面列举的几个点之外,沭阳、灌云、洪泽、淮安、盐都、如皋、海安等地也有少量的"AVV"格式。

6区的范围也很小,大概跟3区重合,包括湾沚、绩溪、歙县、南通②。3区里包括常州和祁门,但它们不接受"VV+PP"格式。相对而言,吴语的湾沚,徽语的绩溪、歙县这种格式还比较常见。比如湾沚话:"转转到十二点/坚坚到田里/把小家伙送送到奶奶家";再比如绩溪话:"要落雨了,把物事搬搬到屋里/转转到十二点/帮肥撒撒到田里/帮细鬼送送到外婆家"。

从我们调查的结果来看,4区和5区分布范围最广,多数方言都能

---

① 祁门新派不大接受 VVCR 的格式,老派能接受,但能接受的实例比其他几个方言点也要少很多。合肥市区能接受 VVCR,但肥东县、肥西县和长丰县都不接受这种格式。

② 常州话动词重叠后可以加方位、处所性成分,但介词不能出现,比如可以说"坐坐里头点/拿拿外头点",不说"坐坐到里头/拿拿到外头",也不能说"搬搬到屋里/送送到外婆家"。

5.2 其他方言动词重叠的句法、语义表现

接受 VVCR 和 AVV 这两种格式。3 区和 6 区分布的范围最小,主要集中在吴语和徽语区。2 区主要分布在吴语区和徽语的东部(绩溪、歙县),它在江淮方言中的分布比较零散,苏北的涟水、阜宁、东台,安徽的六安都有,但却被没有这种格式的方言区分割开来。1 区的分布特点跟 2 区很相似,主要集中在吴语区和徽语的东部(绩溪、歙县),但在江淮方言中的分布比较零散。

从上面的概括我们大体可以得出一个蕴涵系列:VV+PP/VVCD>VVCR/AVV,即有"VV+PP"或者"VVCD"的方言一定有"VVCR"或者"AVV",反之则不成立。

"VVCR"格式我们调查得最细致,调查表上的例子也最多。在 4 区内部,"VVCR"的实例也呈现不均衡的局面,大体来说,越往南能接受的实例越多。不过也不是绝对的。比如在江苏,泰州和兴化比阜宁、涟水、灌南、睢宁都要靠南,但却几乎没有"VVCR"格式,这可能是因为泰州、兴化动词和结果补语之间总要有一个后附成分[①],这个后附成分的存在客观上阻碍了动词重叠之后再带补语。不过,同是处于泰如片的东台,动补之间同样有后附成分,但"VVCR"却也不少见。据南京大学顾黔教授告知,她的故乡泰兴也有"VVCR"格式。对于这种现象的成因我们现在还不清楚。而且,就一个方言内部来看,新老派也是有差别的。我们在南通、睢宁、灌南、盐都、湾沚、歙县都找了新老派两位调查人,用了苏州话能说的 100 例"VVCR"作调查素材,结果各方言能接受的数字如下:南通(老派 95;新派 73)、睢宁(老派 50;新派 34)、灌南(老派 57;新派 45)、盐都(老派 85;新派 13)、湾沚(老派 85;新派 60)、歙县(老派 87;新派 83)。6 个点无一例外都是老派能接受的比新派

---

① 关于泰如片方言动词的后附成分,请参看第二章的介绍。

多①。

　　动词重叠一般伴随着动量或者时量的变化,所以能重叠的动词大多表示能够反复或者能够持续的行为。不过,苏州话有些动词表示的行为既不能持续,也不能反复,在普通话中是不能重叠的,在苏州话中却可以重叠,比如"耐去杀杀鸡/请耐关关门/让我去寄寄辫封信"(刘丹青 1986:18)。由这样动词构成的"VVCR"格式最先消失,比如"门关关好/鸡杀杀好/车子停停(歇歇)好"在我们的调查中除歙县新派还说之外("停停好"也不说),其他几个点的新派都不说,睢宁、灌南的老派也不说了。

　　从我们调查了新老派的6个点的情况可以看出:"VVCR"格式在几个点中都处于消退的过程中。余霭芹(1997:273)指出,"语法演变在词汇上是渐进的,存在着竞争演变和残余成分的对应情况……越常用的词项越容易发生语法演变,同时它也可能是比较能抵制消亡的词项。"在"VVCR"格式演变的问题上,我们同样发现了"词汇扩散"现象,有VVCR格式的点,新老派能接受的实例是不同的。

5.3 动词重叠式语义、句法功能差异的历史来源

　　从历史发展来看,根据蔡镜浩(1990)、吴福祥(1995)、赵日新(1998b)等的研究,"看"原本是战国以后才出现的一个较常用的动词,此前多用"视"。在虚化为助词之前,它经常出现在"动词+看"结构中,即充当连动结构的后段。这种连动结构较多地出现在魏晋南北朝的文

---

①　盐都的材料可能有些问题,新老派差别太大,可能跟我们找的新派调查人语言习惯有关。

5.3 动词重叠式语义、句法功能差异的历史来源

献中。例如:

(29) 恰遇秦妃东遊,亲见度卖金枕,疑而索看,诘度何处得来?(干宝《搜神记》卷16)

(30) 三七二十一日,开看,遍有黄衣则止。(贾思勰《齐民要术》卷9)

(31) 施功既讫,粪塔如初,在大塔南三步。婆罗门不信是粪,以手探看,遂作一孔。(北魏杨衒之《洛阳伽蓝记·城北·凝圆寺》)

(32) 妇怪不语,以手摸看,谓其口肿。(《百喻经·奄米诀口喻》)

(33) 尝看,若不大涩,杬子汁至一升。(贾思勰《齐民要术》卷9)

(34) 将还家,语王云:"汝是贵人,试作贵人行看。"(《俗记》,《太平御览》卷829)

在例(29)、(30)中,"动词+看"是真正的连动式,前后动词之间有"方式—目的"关系;"看"用在动作动词"索、开"之后,表示真正的"瞻视"义。在例(31)、(32)中,"看"用在表示触觉的动词"探、摸"之后;意义已经虚化了,并不表示"瞻视",而是表示"测试",仍然可以看作是动词。在例(33)、(34)中,"看"已经完全虚化,即产生出了助词的用法;因此,例(33)中表示味觉的动词"尝"可以跟"看"(原本表示视觉)相连接,例(34)中的"试"更是清楚地说明"看"表示尝试意义。从文献资料来看,"看"的这种意义转变:瞻视→测试→尝试,大概是东晋以后才完成的。

唐五代至宋末,"看"作为助词的使用频率逐步增大,主要出现在"动词+看"和"试/且/更+动词+看"格式中。例如:

(35) 身上有何伎艺,消得一百贯钱?至甚不多,略说身上伎

艺看。(《庐山远公话》,《敦煌变文集》卷2)

(36) 必也关天命,今年更试看。(《寒山子诗集》13)

(37) 僧曰:"毕竟如何?"师曰:"且问看。"(《景德传灯录》卷12)

(38) 明日花前试舞看。(晏几道《采桑子》)

宋代以后,"V看"、"V试看"的使用逐渐减少,这应当跟动词重叠形式的兴起有关。

根据张赪(2000)的研究,动词重叠式的产生跟晚唐五代时期动词借用作动量词的用法兴起有关。到了宋代,出现了一批用和借用动量词同形的动词来指称具体动作的用例,如①:

(39) 师乃拈一枝柴吹两吹,度与百丈。(《五灯会元》卷9)

(40) 又喝一喝,拍手众归。(《五灯会元》卷11)

(41) 以主丈画一画。(《虚堂和尚语录》399页)

例(39)"吹两吹"中后面一个"吹";例(40)"喝一喝"中后面一个"喝";例(41)"画一画"中后面一个"画",都是作为动词的计量单位使用,是典型的动量词用法,所以前面的数词还可以是"两"。这种动量词可以称之为"同源动量词",构成"V+数词+V"的格式,如果数词是"一",就形成了"V一V"的格式。后来,"V一V"用法扩展,有时不一定实指动作的次数,而是极言动作次数少,或指动作持续时间不长,比如:

(42) 觑一觑,教半万贼兵做硬血。(董解元《西厢记诸宫调》卷2)

(43) 臣愿说他,则恐未必便从,故且将去吓他一吓。(《朱子语类》卷134)

(44) 且歇一歇了,去坐地。(《张协状元》519页)

---

① 以下关于动词重叠式历时发展的论述,包括用例均参考了张赪(2000)。

(45) 但於这道理久后,略断一断,便接续去。(《朱子语类》卷29)

(46) 大抵学到说时,已是进一进了。(《朱子语类》卷20)

例(42)、(43)中的"觑"和"吓"所指称的动作虽然可以明确记数,但在例(42)、(43)中"一觑"和"一吓"并不是实指动作的次数,只是说明动作次数少;例(44)—(46)中的"歇、断、进"本身就不能明确地计算出次数,用在数量结构中只是表示动作持续时间短、事情进展程度轻或是缓和语气。

当"V一V"并不是实指具体的动作次数时,"一"就有省略的可能。在《张协状元》中有一例:"歇歇了去"。张赪(2000:14)认为这大约是最早表"短时"的"VV"的用例①。到了宋末元明之际,"VV"的用例明显增多,比如:

(47) 儿子去去便归,不从张员外门前过便了。(《京本通俗小说·至诚张主管》)

(48) 你也打扮打扮。(《元曲选·秋胡戏妻》)

(49) 若略住住声儿,定打二十个孤拐。(《西游记》3回)

在宋元以来的近代汉语中,动词重叠式的基本语义是表示小量(包括动量少和时量短);在未然语境、祈使语气中,也可以表示尝试意义。例如:

(50) 试定精神看一看,许多暗昧魍魉各自冰散瓦解。(《朱子语类》卷12)

(51) 也到员外家看看去。(《元曲·看钱奴》2)

(52) 我倒请教请教,这番道理安在?(《儿女英雄传》30回)

---

① 不过,我们在唐代的文献里也发现了"VV"表示"短时"的例子,比如:
(1)更试一回看看,后功将补前过。(《降魔变文一卷》,《敦煌变文集》卷四)
(2)趁行移手巡收尽,数数看谁得最多。(张籍《美人宫棋》诗)
所以,我们认为,"V一V"在晚唐五代已经存在了,而且"VV"也应运而生了。但是由于文献并不能完全如实反映当时的口语实际,往往有滞后性,而且我们能看到的文献还太少,所以对于某种语法现象出现时代的判定可能会有一些误差。

这样，在表示尝试意义方面，动词重叠和附加"一看"两种语法手段互相竞争。到了元明时代，"V看"、"试V看"等形式逐渐减少；最终，受动词重叠式排挤，"一看"退出北方话。而在南方话的吴语中，竞争的结果是：两种语法手段采取叠合的方式①。所以，元明两代，在南方表示尝试意义的形式，除了继承唐宋的"V看"外，还有多种叠合式："VV看、V一V看、V他一V看、试V试V看、V一V一看"等。直到现在，吴语、部分徽语和江淮方言动词重叠仍还不能单独表示尝试义，必须加助词"看"才能表示尝试。

上面我们从历时演变的角度分析了"V(一)V"与"一看"在表示尝试义方面竞争的过程。我们还要进一步回答为什么北方动词重叠式发展出了尝试义，而南方动词重叠式不能单独表示尝试义呢？张伯江、方梅(1996：150—151)认为动词重叠式在苏州话中用途太广，句法语义负荷过重，所以不能再让它单独表示尝试义。我们同意这种看法。不仅在苏州话中，而且在部分徽语和江淮方言中，动词重叠式的用途都比北方官话区广。从语义方面来说，动词重叠在上述方言中不仅可以表示动量小、时量短，在很多方言中还可以表示行为的伴随和从属，而且有些在官话中不能重叠的动词，在上述方言中也可以重叠；从句法组配的角度来说，"VVCR、VVCD、AVV、VV+PP"等格式都是其他方言区很少见到的。显然，动词重叠的负担已经很重了，所以在上述方言中动词重叠就不被用来单独表示尝试，尝试的功能要由"看"来分担。

而且，"VVCR"格式本身也是动词重叠广泛运用的结果。因为表示"短时"的"VV"式动词重叠来源于"V+动量词"，本身就是一个动补结构。在汉语中，一般不允许出现"动补+补"的结构，所以"VVCR、VVCD、VV+PP"这些格式在多数方言中都是不合法的。而在吴语等

---

① 以上所述，主要根据蔡镜浩(1990)和赵日新(1998)。

方言中,因为动词重叠使用频率很高,运用广泛,语法化程度也更高,其表示量的方面受到一定的抑制,语用效应得到凸显,动词重叠成为变换说话语气的一种手段,所以动词重叠后还可以加上结果补语、趋向补语和表示处所的介词结构。另外,从我们调查的结果来看,"VVCR、VVCD、VV+PP"这三种格式分布的范围也是有明显差异的,"VVCR"的范围最广,"VVCD"和"VV+PP"主要集中在吴语区和徽语区(偏西的祁门也很少见),只有偏南的零星的江淮方言区有这两种格式。这其中的原因可能是,动词重叠表示的是有固定终止点的"定时动作",但这个终止点究竟在何处,又有一定的模糊性,这种终止点的模糊性本原上是由动量的模糊性造成的[①]。这样的话,动词重叠跟趋向补语和处所介词结构在语义上是互相排斥的,因为趋向补语和处所介词结构表示的动作行为终止点是明确的。而结果补语多由形容词充当,其本来就具有模糊性的特点,所以跟动词重叠在语义上是不排斥的。因而,只有少数动词重叠语法化程度更高的方言(吴语、徽语)"VV"后可以跟上趋向补语和处所介词结构[②];"VVCR"格式分布的范围就比较广泛。另外一个事实似乎也可以证明我们的猜测,一些普通话文学作品中也出现了"VVCR"格式,却没有"VVCD、VV+PP"格式。

5.4 从共时方言差异反观文献中的相关现象

根据我们田野调查的结果,动词重叠不能单独表示尝试义;动词重叠表示行为的伴随或从属;动词重叠加结果补语;动词重叠加趋向补

---

① 以上论述参考了李宇明(2002:102)。
② 结合近代汉语文献来看,也可以说是"VVCD、VV+PP"更容易受到北方话的冲击,在绝大多数江淮方言里消失了。

语;动词重叠加处所介词结构,这些项目主要分布在吴语、徽语和江淮方言区①。

李小凡、陈宝贤(2002)通过对地名通名"港(与江河湖海相通的河流)"的分布区域的考察,从词汇上证明古吴语的北部边界应该在古淮河一线。

通过对跟动词重叠有关的语法参项的分布区域的考察,我们认为:吴语、徽语、江淮方言中存在的若干共同的语法特征,也向我们昭示了古吴语在历史上的分布以及它对以后区域语法演变的巨大影响力。

从文献的角度看,据吴福祥(1995)统计,反映宋元以来北方共同语的《老乞大》、《朴通事》几乎不用助词"一看"表尝试。例如:

(53) 这肉熟了,你尝着,咸淡如何?(《老乞大》)

(54) 然虽那们时,且说一说着。(《朴通事》)

(55) 东角头牙家去处广,敢知道。你打听一打听。(同上)

但吴承恩(江苏淮安人)的《西游记》中有不少"一看"(包括"VV看")的用例。例如:

(56) 行者道:"你再念念看。"(14回)

(57) 且休忙,等我尝尝看。(39回)

---

① 根据我们的了解,一些闽南方言(比如台湾话和漳州话)也有"VVCR、VVCD"格式。不过闽南话 VVCR 一般 VCR 是合成词,VVCR 和 VVCD 表示"某种动作行为将全部完成"(漳州)或者"某种动作行为快速完成"(台湾)。其语法意义跟吴语、徽语和江淮方言不同。我们认为闽南话动词重叠的来源与性质也跟其他方言不同,证据有:①闽南话动词重叠中间不能加"一",不存在"看一看"之类的说法,说明它们并不是由同源动量词发展来的;②动词重叠不能单独做句子成分,必须后附"le?"(看)或者补语才行;③动词重叠不能带宾语。闽南话动词重叠主要表示一种动作的样式。我们认为闽南话动词重叠式很可能是从诗经时代就有的叠用式动词发展来的。(以上闽南话材料据郑良伟1988;马重奇1995;Feng-fu Tsao2001。)另外,根据《汉语方言地图集·语法卷》图61所示,广西境内有些方言也有"看看清楚"的说法。笔者曾于2003年7月调查过南宁江西镇的平话,但没有发现类似的说法。笔者在法国 sinotype 项目的同事 Hilario de Sousa,从2009年到2013年一直在调查南宁上尧平话。据他介绍,上尧平话口语中也没有这种格式。不过,发音人能接受这种格式,但认为是比较"文"的说法。

(58) 行者道:"你猜猜看。"(74回)

(59) 等我且吓一吓看。(76回)

赵日新(1998)指出,马致远的剧作中用重叠式表示尝试,但同时代的王晔(浙江杭州人)用"VV看"。例如:

(60) 他教我今日来他家走一走。(马致远《黄粱梦》2)

(61) 我哄他一哄,看他说甚么?(马致远《岳阳楼》2)

(62) 要你与他算一卦看,道几时得回家来。(王晔《桃花女》楔子)

(63) 还再与他算算看。(同上)

有意思的是,按照我们上面的说法,吴承恩和王晔的籍贯在古吴语区。

我们发现,吴敬梓(安徽全椒人)的《儒林外史》中也用"VV看"表示尝试(1例),并且有"AVV"格式。例如:

(64) 他既然会做诗,我们便邀了他来做做看。(41回)

(65) 今蒙赐顾,宽坐一坐,小弟备个家常饭,休嫌轻慢。(13回)

(66) 又吃了一杯茶,大家起身,闲步一步。(52回)

比较:凤四老爷叫船家都睡了,不许则声,自己上岸闲步。(52回)

(67) 过了一个多月,盘费用尽,上街来闲走走。(48回)

比较:倒是先生得闲来西湖上走走。(14回)

更让人感兴趣的是,地藏堂贞二(1996)发现:《儒林外史》出现了11例相当于现代汉语时态助词"了"的"子"。例如:(转引自地藏堂贞二[1996])

(68) 吃了几片,将肚子揉着,放子两个大屁,登时好了。(6回)

(69) 马二先生又送子一部新选的墨卷。(15回)

(70) 说着那眼泪如豆子大掉子下来。(15回)

(71) 明日又是七八个红黑帽子吆喝子来。(18回)

大家知道,用"子(仔)"表示动作的完成是吴语的典型用法。我们猜想,在吴敬梓生活的年代,以吴语为底层的江淮方言一定还保留着比现在更多的吴语成分,表示完成的"子"可能就是其中之一。我们在《儒林外史》中还找到了下面三个例句:

(72) 这庵是十方的香火只得一个和尚住。(2回)

(73) 鲁编修说,只得一个女儿,舍不得嫁出门,要蘧公孙入赘。(10回)

(74) 头翁,我的束脩其实只得一百两银子。(14回)

据石汝杰(1995)的研究,"只得"和表示数量的词语连用,表示动量小、时间短是吴语特有的句式①。在《儒林外史》中发现的这三个例子或许也可以证明江淮方言的吴语底层。

另外,《儒林外史》中的下列格式和用法,也显然带有鲜明的吴语色彩:

(75) 但世人一见了功名,便舍著性命去求他。(1回)

(76) 第一日过江,歇了六合县。(31回)

(77) 不想才到天字号,就撞死在地下。(3回)

(78) 住了一夜,次日要行。那孝子留他不住。(48回)

(79) 这位胡先生虽然好客,却是个胆小不过的人。(18回)

例(75)中的"著"就是例(68)—(71)中的"子",人民文学出版社1978年本和上海古籍出版社2000年本等都把"子"改成"了",但漏掉了"著"②。例(76)中的"了"是方位介词,现在一般记作"勒"。例(77)这种动结式后接表示处所的介词结构在吴语中是常见的,但在官话中一

---

① 据中山大学肖贤彬先生告知,赣语中也有这种格式。
② 梅祖麟(1980)和(1989)证明吴语的完成体标记"仔"是从表示附着义的动词"著(着)"演变来的,即"仔"的本字为"著(着)"。

般是见不到的①。例(78)代词宾语插入否定式动结式的表达方式,也是吴语中常见的。例(79)中的"胆小不过"也是吴语中的特色词语。

现在,我们再来看看《金瓶梅》的情况。赵日新(1998: 53)指出:《金瓶梅》不用"一看",只用动词重叠的有关形式(第53页)。但是,我们在《金瓶梅》中找到了不止一处用"一看"附加在重叠式之后表尝试的例子。例如:

(80) 孟玉楼拿过来,与金莲戏道:"我儿你过来,你穿上这黄狗皮,娘与你试试看好不好。"(46回)

比较:有刚才荆都监送来的那豆酒取来,打开我尝尝,看好不好吃。(75回)

(81) 帮闲道:"待我闻闻滋味看。"(54回)

(82) 常二道:"只怕有一日,叫我一万声:'亲哥,饶我小淫妇罢!'我也只不饶你哩。试试手段看!"(56回)

例(80)中的"娘与你试试看好不好"可以读成"娘与你试试,看好不好",所以不一定是"VV看"格式;但是,例(81)、(82)肯定是"VV(O)看"格式。

而且,《金瓶梅》中还有一些"VV(O)CD"格式。例如:(转引自于江蓝生2000)

(83) 累门上哥哥禀禀进去,小人还等回话。(34回)

(84) 你趁闲寻寻儿出来罢,等一回你又不得闲了。(74回)

(85) 你差人请请他来,看看嫂子房里有甚邪祟。(62回)

(86) 你和二娘送送三位师父出去。(75回)

此外,在《金瓶梅》中还有一些"AVV"的例子。例如:(转引自于江蓝生2000)

---

① 详见袁毓林(2002)的有关讨论。

(87) 那日二爹怎么不肯深坐坐，老早就去了？（32回）

(88) 亲家明日好歹下降寒舍那里久坐坐。（41回）

(89) 叫他们两个细讲一讲，就论出病原来了。（61回）

一般认为，《金瓶梅》的语言主要是反映山东（尤其是鲁南）方言的。对于《金瓶梅》中出现的这些南方话成分，至少可以有两种解释：有南方人增删添改，混入了吴语成分；当时鲁南方言中就有这些今天只存在于吴语和江淮方言的格式。鲁南距古淮河不远，古吴语对它会有一定程度的影响，五六百年前的鲁南地区应该比现在存留更多的吴语遗迹，上述例句可能就是这种遗迹的证据。

崔山佳（2004）列举了一些近代汉语作品中出现"VVCR"的例子：

(90) 我脱了这衣服，我自家扭扭干。（元·杨显之《潇湘雨》4）

(91) 八戒道："我又不曾大生，左右只是个小产，怕他怎的？洗洗儿干净。"（《西游记》53回）

(92) 那酒鬼犹在醉乡，这腊梨是贼的，瞧见这个光景，心暗气道："不要慌，让我搅搅臭着！"（《一片情》14回）

(93) 苏锦衣道："但则明白，我叫了他的家人，当面与他说说明白。"（《醒世姻缘传》5回）

(94) 小二道："作昏了！认认清人头着！"（《金台全传》3回）

(95) 葵花听说祁辛问他，不知说些什么，正要问问详细，便道："也罢。"（《姑妄言》3回）

(96) 幸亏日子离着还远，不过传齐了标下大小将官，从中军都司起，以及守备、千总、把总、外委，叫他们把手下的额子都招招齐，免得临时忙乱。（《官场现形记》6回）

(97) 马太太道："你为甚不问问清楚，就这么的跑了来？"（《十尾龟》23回）

(98) 绮云笑道："二姐姐明个要把花儿数数清楚，共是几朵

5.4 从共时方言差异反观文献中的相关现象

儿,可不要回来吃人偷光了呢。"(《泪珠缘》16回)

(99)这里人家愣着眼骂道:"那里来的野东西,这是荣府里来的,你没有问问明白,瞧!"(《红楼梦补》18回)

"V—VCR"的例子也有,比如:

(100)(生入介)夜饭整治些来吃,衣服与我烘一烘干,明日五更,便要起身。(《霞笺记》17出)

(101)富尔谷道:"我说叫先生阿爱也晓得有才,二来敲一敲实。"(《清夜钟》13回)

(102)且说仇七妈对邬云汉道:"这财礼的话,待咱进去讲一讲定。"(《闪电窗》4回)

(103)素臣出院,寻见鞋子,带湿穿着,提那夹被,却水浸透了,递与何氏道:"快替我烘一烘干。"(《野叟曝言》15回)

(104)那静空僧把衲缀卸去,里边元色布密门纽扣的紧身,把头上金箍捺一捺紧,将刀倒插在背后腰内。(《七剑十三侠》7回)

崔山佳(2004)文中提到的作品共15部,作者籍贯在淮河以南的有7位:吴承恩(淮安人,《西游记》的作者)、沈懋德(浙江桐乡人,《红楼梦补》的作者)①、陆云龙(浙江钱塘人,《清夜钟》的作者)②、陆士谔(青浦朱家角镇人,《十尾龟》的作者)、夏敬渠(江苏江阴人,《野叟曝言》的作者)、唐芸洲(苏州人,《七剑十三侠》的作者)、李宝嘉(江苏武进人,《官场现形记》的作者)、陈栩(杭州人,《泪珠缘》的作者)。《霞笺记》选自常熟人毛晋选编的《六十种曲》,本身就是南戏作品。《金台全传》是由弹词《金台传》改编的,内含大量一如弹词的苏白。《闪电窗》作者酌玄亭

---

① 《红楼梦补》的作者"归锄子"据徐恭时先生考证,本名沈懋德,浙江桐乡人。(红楼梦学刊1998年第2期)

② 详见井玉贵《〈警世阴阳梦〉、〈清夜钟〉作者新考》,载于《中国典籍与文化》2002年第4期。

主人生平不详,但其作品中有大量江淮方言词汇。《姑妄言》作者曹去晶虽非南方人,但也久居南京。《一片情》清朝初年产生于杭州,作者不可考,但内含大量吴方言词汇。《醒世姻缘传》作者尚未有定论,但其反映的大体是山东方言,其情形类似我们前面提到的《金瓶梅》。15部作品中唯有《潇湘雨》,作者杨显之,元大都(今北京)人,是属于黄河以北的。我们考虑大都作为首都,肯定有不少南方人,杨显之在创作的时候很可能受到他们语言习惯的影响。这跟今天普通话文学作品中开始出现"VVCR"格式道理可能是一样的。

崔山佳(2004)还举了一些近代汉语中"V一VCD"的例子,比如:

(105) 这举子写得不上半个时辰,用不了一个砚角,墨早写完了,把卷递与小孝廉,道:"兄已措思许久,经艺必佳,写一写来。"(《清夜钟》8回)

(106) 便把一手搭在于伦臂上,把鞋跟扯一扯上,上了岸。(《型世言》3回)

(107) 宗师道:"与他查一查上来。"(《醒世姻缘传》39回)

(108) 如云:轻轻抱一抱起,随手一撒,打入地下一尺来深。(《第五才子书施耐庵水浒传卷之三十二》,见《金圣叹评点才子全集》512页)

(109) 佩珩便把暑衣袖捋一捋起,走向前双手拿着那磨儿,好似拿块方砖的光景,毫不着意。(《快心编》3回)

(110) 曹小姐道:"我现在想出去拍照,你最好一只大兜一条勒扣先替我拿一拿回来,横竖你十四这日要送利息过来,就那日来听回话罢。"(《十尾龟》23回)

《清夜钟》、《醒世姻缘传》、《十尾龟》我们刚才已经讨论过了。《型世言》的作者跟《清夜钟》的作者是同一个人,浙江钱塘人陆人龙。《水浒传》作者施耐庵是江苏兴化人,而且本人曾在苏州生活了很长时间。

《快心编》的编者天花才子生平不详,姑且存疑。

　　从上面的讨论我们可以了解到,"VVCR、VVCD"两种格式经常出现在我们所说的古吴语区以及邻近地区作家的作品中,而以真正北方话为背景写成的作品,不见或很少见到这些格式。这种现象也从另一个侧面说明了这些跟动词重叠有关的格式的分布在明清时期是以吴语区为中心,向北一直延伸到淮河(淮安就在淮河边)乃至黄河南岸(《金瓶梅》、《醒世姻缘传》所反映的语言现象);向西直至今天的徽语区。在北方话的强大压力之下,黄淮之间动词重叠式的特殊句法格式和语义表现逐渐消失了(在某些地区还有保留,比如睢宁)。江淮之间东部(江苏和安徽东部的滁州等地),还广泛存有"VVCR、AVV"等格式,"VV"还可以表示行为的伴随和从属;江淮西部(安徽中西部)历史上就处于古吴语区的边缘,曾经受到古楚语的影响,所以在动词重叠的句法语义表现上跟江淮东部有明显差异;徽语区交通不便,东部(绩溪、歙县)跟吴语、江淮方言东部有一致性,比如都有"VVCR、VVCD、VV＋PP、AVV"等格式,"VV"也能表示行为的伴随和从属。西部(祁门)则跟吴语有明显不同。

　　在吴语、徽语、江淮方言之外,我们发现远在云贵高原上的昆明话在动词重叠的句法表现上也有很多跟苏州话相似的特点[①]。比如:

　　　　"VVCD"格式:你挨那本书拿拿来/你挨那把剪刀拿拿过来

　　　　"VVCR"格式:安安好、切切碎、抖抖松、晒晒干

　　　　"VV＋PP"格式:你挨这幅画挂挂在墙上/你挨我给这件衣服放放在柜子首里

昆明话还有一些动词重叠形成的句法格式是苏州话都没有的,比如:

　　　　动词重叠＋时量补语:a.你熬熬这几个月,等考完大学就可

[①] 昆明话的材料来源于荣晶、丁崇明(2000)。

以玩了。

b.在这种大太阳底下,你站站这一下有哪样感觉?

c.你等等我一下,我去拿拿衣服。

动词重叠+动量补语:a.你念念这两遍就可以了。

b.你试试他一下,看看他格会动心。

c.你再跑跑这两趟西双版纳就不跑了。

据我们调查,以上两种格式湾沚、泾县、宣州(古泉)、绩溪、歙县、祁门、六安、滁州、江浦、涟水等地也有,不过出现的频率很低。比如:

湾沚:学学 kəʔ 这一年/等等一会/你念念 kəʔ 这两遍就着嘞/我去去 kuʔ 那一趟,后来又去过一趟

泾县:等等一会/教教我一下子

宣州(古泉):熬熬 keʔ 几个月/学学 keʔ 一年/等等一会/教教我一下/该你去送送你儿子一次嘞

滁州:你等等我一会/学学那么长时间也没学到什么东西/你再去去这一回/我交交这一回钱,下回该你交了

江浦:等等我一会/教教我一下/念念几次就可以了/该你送送你儿子一次了

涟水:你熬熬几个月,等考上大学就好了/你走走这几分钟有什伲感觉/你等等一下子

歙县:熬熬尔几个月就可以毕业哩/教教我一下/我去吃吃尔一回

祁门:再熬熬几个月就好着/再念念伊两遍就可以着/我跑跑伊次,以后尔跑就是

六安:等等(我)一会/教教我一下/该你送送你儿子一次了

而且,在昆明话中,动词重叠出现在有时间先后顺序的连谓句或紧缩复句的前段或复句的前一分句时,常可以表示完成体的意义,比如:"你们吃吃饭再走/他儿子那年去去美国再也冇回来着/住住星级宾馆再来住这种马店,反差太大了"。在苏州话中动词重叠同样没有这样的用法。不过,我们在绩溪、宣州古泉、宣州裘公、泾县、湾沚、繁昌、青阳、滁州、六安、涟水、江浦、东台等地也发现了动词重叠的这种用法,比如:

绩溪:我饭吃吃就行/住住宾馆再来家歇,真不习惯

歙县:我吃吃饭就走/歇歇宾馆再来歇尔种旅馆,真不习惯哩

宣州(古泉):我吃吃饭就走/他跑跑美国就没家来

宣州(裘公):住住宾馆再到家里来住,真不习惯了

泾县:他去去美国再没转来

湾沚:他去去美国到今朝也没回来/住住宾馆再来住这种旅馆,真不习惯嘞

繁昌:我吃吃饭就走/住住那个宾馆再住keʔ个旅馆,还真的不习惯

青阳:我吃吃饭就走/住住宾馆再来住这种小旅馆,真不习惯了

滁州:我吃吃饭就走/他去去美国再也没回来/住住宾馆再来住这种旅馆,真不习惯了

六安:我吃吃饭就走/住住宾馆再来住这种旅馆,真不习惯了

涟水:我吃吃饭就走/住住宾馆再来住这种旅馆,真不习惯咧

江浦:我吃吃饭就走/住住宾馆再来住这种旅馆,真不习惯了

东台:我吃吃饭就走/住住宾馆再来住 taʔ 样子的旅馆,真不习惯

另外,从赵日新的《徽语研究》中我们还发现淳安也可以说"我饭吃吃就去",意思是"吃了饭就去"。动词重叠的这种用法主要集中在安徽,江苏只有涟水和东台有这样的用法,泰州、兴化、南通等地都没有这

样的用法。

昆明话属于西南官话。西南官话动词重叠并不发达,而昆明话的动词重叠竟然有这么多句法组配,不能不说是西南官话中的一个异数。到底是什么原因造成了昆明话今天的模样呢?我们认为,这跟历史上的移民有关系。据张映庚(1997)的研究,历史上汉族移民进入云南有两次高潮。一次是魏晋时期,还有一次是明代。明代的这次移民对昆明话的形成有直接影响。明代汉族移民主要包括军屯移民、民屯移民还有商屯移民。由于移民的大量涌入,从洪武年间到万历年间,约180年,云南汉族人口竟增长了5倍。考察这些移民的来源,以江南、江西、湖广、南京一带为多。张映庚(1997:188)从词汇、语法两个角度证明了昆明话的基础是江淮方言。词汇层面,昆明话存在大量的江淮方言和吴方言词汇;语法层面,昆明话跟多数江淮方言一样,反复问句用"K+VP"的形式。我们认为,正是明代来自江淮地区的移民才造成了昆明话动词重叠在句法组配上不同于其他西南官话的特点[1]。

从文献资料来看,表示短时的动词重叠肇端于唐末,发展于宋,广泛使用于元明。而根据我们的分析,动词重叠的若干特殊句法现象应该出现在动词重叠得到广泛使用之后。而现代昆明话的源头大致可以追溯到明洪武年间(14世纪中晚期),那时动词重叠的特殊句法现象已经存在了,否则不会被移民带到遥远的昆明。一般说来,远离故土的方言更容易保持古老的面貌。这也说明,吴语、徽语、江淮方言在宋元时代还没有完全分家,在语法演变上还遵循着共同的规律发展,跟其他方言区保持着差异。

---

[1] 顾颉刚《浪口村随笔》(辽宁教育出版社1998年)记录:"及来昆明闻蔡希陶先生言,云南保山县人完全说南京话。又陆良一带之铜铁匠则于普通语言外别说一种行话,按其实竟是苏州话,惟有小变耳。"(220页)从这里也可以看出不独昆明话,云南很多地方的方言跟吴语和江淮方言都有密切的关系。

第六章　与数量词连用的词缀"头"

在普通话中,"头"经常做名词和方位词后缀,比如"石头、砖头、枕头、骨头、上头、外头"等。我们将要讨论的是在一些方言中存在的与数量词连用的词缀"头"。"头"可以出现在数量词后,做后缀,比如苏州话"五块头钞票",丹阳话"他一笃头拿出二千元来";"头"还可以出现在数量词之前,做前缀,比如南京话"教室里头只得头二十个学生",睢宁话"昨天晚黑只来了头十个人";"头"还可以出现在两个数词之间,做中缀,比如牟平话"每年都给老儿的三头五百_{三五百块钱}",崇明话"五头六斤_{五六斤}"。需要注意的是,做前缀和做中缀的"头"表示的是约数,"头二十个"意思是"一二十个";"头十个"是"十个左右"的意思;"五头六斤"是"五六斤"的意思。

本章主要考察与数量词连用的词缀"头"在汉语方言中分布的范围,并结合历史文献探讨"头"的这些用法的来源。本文材料除了来源于本人的田野调查外,也参考了李荣主编的《现代汉语方言大词典》和许宝华、宫田一郎主编的《汉语方言大词典》以及其他一些公开发表的方言调查报告。需要加以说明的是,我们对词缀"头"的用法、性质的分析可能和原作者不一致,我们会将原作者的观点列出,再申明我们的看法。为了表述方便,我们把做后缀的"头"叫"头$_1$",做前缀的"头"叫"头$_2$",做中缀的"头"叫"头$_3$"。[1]

---

[1] 出于比较的方便,我们在下面所列的方言点不局限在江苏、安徽两省。

6.1 做后缀的"头₁"

6.1.1 我们先以苏州话为例来讨论"头₁"的分布和功能。跟"头₁"相结合的数量词可以分成四种情况：(以下论述部分参考了谢自立等1989：111)

A."头₁"直接放在量词后边表示计量单位。

①"量词＋头₁"可以做主语，一般表示重量、长度、面积及个体数量等这一类抽象意义：哀点虾葛斤头肯定勿足。/伲搭摊剪布，尺头浪总归勿会让顾客吃亏葛。/房间间数末少，间头倒侪蛮大勒海。/辫批西瓜葛只头捺亨缺仔实梗点。

②"量词＋头₁"还可以做介词"照、根据"或动词"称、算、买、卖"等的宾语，一般表示事物计算时依据的单位：哀搭鸡蛋只卖只头勿称斤头。/煤末总归根据斤头算，捺亨会得算两头。/啤酒照瓶头买。/根据去葛埭头次数发补贴。

③"量词＋头₁"做定语，一般表示事物以该量词单位为存在形式：块头钞票/听头啤酒/套头房间/要买就买瓶头酒/本店专做套头西装。

B."头₁"放在数量词后边，表示以该数量为一个整体的计量单位。此时"数量词＋头₁"所表示的意义跟"数量词"是不同的。试比较：

三两肉丝面——三两头肉丝面(三两一碗的肉丝面)

廿支香烟——廿支头香烟(二十支一包的香烟)

五斤鸡——五斤头鸡(五斤一只的鸡)

整个"数量词＋头₁"经常做主语、宾语、定语以及谓语。比如：

五块头两张。(主语)/拨张两块头我。(宾语)/三间头葛房子拨俚。(定语)/辫块布料三尺头。(谓语)

许宝华、宫田一郎(1999：1468)认为用在"数量词"后的"头₁"相当于"的",我们不这样看,因为苏州话"数量词+头₁"后还可以加上相当于"的"的"葛":一块五尺头葛开片布料/买一枝一角头葛铅笔。

有时受"数量词+头₁"修饰的名词还可以再受另一个数量词修饰:一张十块头葛钞票/一套三间头葛房子。

C.有些数量词后加"头",有强调数量的作用,较多情况是强调数量之少,有"仅此而已"的意味。量词既可以为名量词,也可以为动量词,数词多为"一","两"和"三"很少用,其他数词基本不用:路勿远,只要一站头。/俚今朝胃口勿好,只吃仔一碗头。/实梗点衣裳,一箱头肥皂揢享够?/辂眼物事我一记头就搬走哉。/辂桩事体我一趟头就办好哉。

6.1.2 根据我们自己的田野调查和已经公开发表的调查报告,"头₁"分布的范围是有限的,主要集中在吴语、徽语、江淮方言及其毗邻地区,其他方言区则很少有分布①:

吴语——

金华:五分头/两角头/五十块头/七退头 由七座房子组成的住宅/五间头 内有五间房间的房子(曹志耘1996)

温岭:一堆头柴/一把头菜 (许宝华、宫田一郎1999:1468)

温州:加在某些数目后面,表示钱的意思:单分头/五角头/剩个单万头个会起(游汝杰、杨乾明1998:282)

宁波:用在量词后表示计量单位:论斤头/听头罐头(汤珍珠等1997:194)

上海:用在数量短语、量词后,表示人、东西、事物内部的构成单位:两块头/一记头—下子,一次性/原包头 未启封的(许宝华、陶寰

---

① 根据曹志耘主编的《汉语方言地图集·语法卷》(2008)第49幅图,用于数量后表钱币的"头"(即我们所说的"头₁")集中分布在吴语、徽语、江淮方言(江苏境内)。安徽境内的江淮方言没有"头₁";但是河南东部的中原官话和江西东部毗邻吴语的赣语以及闽北的几个方言点却有"头₁",湖南西部的乡话中也有"头₁"。不过,根据我们的调查,安徽境内的安庆、枞阳、合肥等地也有"头₁"。笔者的母语是江苏睢宁话(中原官话),也有"头₁"。

1997：184)

　　掰眼物事我一记头就搬走勒这点东西我一下就搬走了/掰点药要三趟头吃。这点药要分三次吃(许宝华、宫田一郎 1999：1468)

　　崇明：在度量单位词及某些量词、数量结构后表示重量、长度或其他计算单位：尺头紧特尺寸不太足/斤头脱特分量不足/十块头钞票/角头铜钿/瓶头酱油(张惠英 1998：108)

　　丹阳：①与数量词(其中数词是"一"，量词是动量词)合用，表示"一下子"：他一笃头拿出二千元来。/最好能一次头解决问题/他一下子头写出一万多字。②用在量词(多为从名词借用的物量词)之后，表示某物的整体状态：买酒要买瓶头过瓶装的，弗要零拷/盒头过糖/听头香烟(蔡国璐 1998：103)

　　常州：三两头肉丝面/瓶头装/十块头钞票

　　通州：论只头卖/斤头/间头/瓶头/趟头/五尺头

　　江西玉山：用在数量词后边：一角头/三斤头

　　湾沚：用在量词后边表示计量单位：个头/斤头

　　泾县：尺头/一趟头/两间头/我就一碗头，吃不了多少

　　宣城：个头/尺头/十块头/两间头/一筷头

江淮方言——

　　南通：间头蛮大/斤头/尺头/瓶头/个头少叨/块头的钞票/葛些菜一顿头就吃光叨/一套头的衣裳/一下头就坏叨

　　南京：加在某些数量成分后构成名词，表示由此数量构成的一个整体：五块头/一阵头(刘丹青 1998：169)

　　江浦：个头/瓶头/斤头/尺头/一趟头/十块头/两间头

　　扬州：用在前面有数词的名词后，表为数不多，有"仅此而已"的意味：这次会就开一天头，不要拖/路不远，车子只有一站头(王世华、黄继林 1996：200)

灌云宁海:斤头肯定给足/个头少了/补贴按趟头算/一下头就弄开了/打了他两下头

灌南:间头/二两头的酒/一下头就弄开了

沭阳:间头/两间头/一下头

洪泽:论个头卖/斤头/尺头/一桌头的酒水/一下头/一筷头就没得了

涟水:个头好像少了/一瓶头/他到了两下头弄开了/十块头

阜宁:一趟头/三桌头/一天头/我只去两次头

滨海:斤头/尺头/个头/间头

盐都:间头/尺头/瓶头/三两头的肉丝面/一次头/他到了,两下头就打开了

江都:个头/间头/斤头/尺头/十块头/一趟头就到了

句容:个头少了/尺头/一下头就弄开了

安庆:鸡蛋论个头卖,不论斤头卖/块头/尺头

合肥:一趟头/一碗头

滁州:尺头/一块头/一筷头/一趟头/十块头/两间头/一站头

兴化:(几)斤头/尺头/间头/两间头/我才喝一口头/十块头/一下头

东台(富安):尺头/个头/三间头/两瓶头/五尺头/十块头

姜堰:两间头/你一下头把我吓啊一跳

如皋:尺头/个头/一箱头/五尺头/一次头

泰州:小气不得了,只请啊一桌头/一口头/一下头/一趟头

徽语——

绩溪:个头/箱头/块头/斤头/尺头/一记头/一碗头/十块头/两间头

歙县:个头/尺头/一次头/一筷头/十块头/一张头_{面值一角的邮}

票/一站头/渠一下头就搞好哩

屯溪：一块头一张/半斤头一袋/两角头一张/六件头一套（钱惠英1997：69）

祁门：一回头就搞好了/一碗头/十块头/灯一下头就修好了

婺源：十块头

从总体上说，"头$_1$"的分布以吴语为核心，向四周递减，主要表现在，能跟"头$_1$"结合的量词以吴语最多，越往四周越少，徽语以东部的绩溪、歙县为多，西部的祁门则很少，江苏境内江淮方言比较常见，而安徽境内江淮方言则相对较少。从年龄层次来看，吴语新老派差异不大，徽语和江淮方言则新老派差异明显，老派"头$_1$"组合能力强于新派；另外，相对比较闭塞的地区，"头$_1$"组合能力要强于交通方便的地区，农村强于城市。"头$_1$"以吴语为核心，其边缘南至闽北，西至江西东部、河南东部，北至江苏北部。

6.1.3 从历史文献来看，南朝梁的《百喻经》中就有"头$_1$"。下面请看几个实际用例[①]：

(1) 时人语言："人命难知，计算喜错。设七日头或能不死，何为预哭？"（《百喻经》11）

(2) "三官茶罢，就要走，故意攞出两锭银子来，都是五两头细丝。"（《警世通言·玉堂春落难逢夫》）

(3) 王三施礼了，便开口道："六老莫怪惊动！便是褚家那六十两头，虽则年年清利，却则是些贷钱准折，又还得不爽利。今年他家要连本利都清楚。小人却是无说话回他，六老遮莫做一番计较，清楚了这一项，也省多少口舌，免得门头不清净。"（《拍案惊奇》

---

① 奇怪的是我们在《百喻经》中找到了"七日头"的说法，而在随后反映唐、宋语言面貌的《敦煌变文集》《祖堂集》《景德传灯录》中都没有找到"头$_1$"的用例，所以我们很怀疑《百喻经》中这个例子的可靠性。

(4) 狄希陈遂定主意,不往吏部听选,打了通状,一派专纳中书,将年前驮来的四千两头,倾囊倒箧,恰好搅缠了个不多不少。(《醒世姻缘传》83回)

(5) 唱完三出头,副末执着戏单上来点戏,才走到蘧公孙席前跪下,恰好侍席的管家捧上头一碗脍燕窝来上在桌上。(《儒林外史》10回)

(6) 丁言志在腰里摸出一个包子来,散散碎碎共有二两四钱五分头。(《儒林外史》54回)

(7) 岂料贼舡止有七只,做两处停开。汤参将领兵竟攻三只头舡,追赶南去。崇明兵舡只得攻打四只头舡,亦追赶逼近。(《历年记》下)

(8) 当时只有几样头,一式几碗,满满泛泛,勿是虚汤头个,却是六碗四碟。(《双玉杯》22回)

从文献上来看,"头₁"在明代开始大量出现,而且主要分布在反映南方方言色彩的文献中。

6.2 做前缀的"头₂"

6.2.1 "头₂"主要的功能是放在数量词前面做前缀,表示"大约"的意思。我们还以苏州话为例来说明。在苏州话中,"头₂"经常放在"二"或"两"的前面表示约数,比如"头两里路两里左右的路""头二十个二十个左右"等。我们在调查中也发现苏州老派"头₂"还可以和"十"结合,比如"头十个人十个人左右""头十块钞票十块左右"。苏州新派"头₂"已经不能和"十"结合了。

根据我们掌握的材料,"头₂"分布的范围主要在吴语、徽语和江淮方言,其他方言区也有零星分布①。另外,"头₂"和数词的组合能力在各地是不完全一样的:有些地方和"头₂"组合的数词受的限制比较大,仅限于"两"或"二";在另一些地方,能跟"头₂"组合的数词受的限制比较小,几乎所有数词都能跟它组合。根据数词跟"头₂"结合能力的不同,我们可以把方言分成如下几类:

A.只能跟"二"或"两"组合的方言:

金华岩下:头两个侬/我还有头两块洋钿(许宝华、宫田一郎1999)

宁波:头两个钟头/钞票用掉头两万/培训了有头两个号头的/头两里路/头两亩(汤珍珠等 1997:194)

义乌:头两个/头两三个。义乌话"头₂"还可以放在不定数词"几"前面:头几里路

嘉兴:头两个/头两三个

杭州:来了头二十人(鲍士杰 1998:149)

上海:头二十块买一件衣裳/钞票用脱头两百

丹阳:头两里路/头两个/头两亩(蔡国璐 1998:103—104)

扬州:玩了一趟北京,花脱头两千块。用在"二十、二百、两千、两万"前表示约数(王世华、黄继林 1996:200)

南京:教室里头只得头二十个学生(刘丹青 1995:168)

盐都:头两斤/头二十斤/头两点钟

泰州:头两个/头二个/头二十/头二百/头二千/头二万

兴化:头两个/头两点/头二十/头二百

B.既能跟"二"或"两"组合,又能跟"十"组合的方言:

苏州(老派):头两里路/头两亩/头两个/头二十个/头十个人

---

① 全国多数方言中的"头"都可以放在数量词前表示"最开始的;最前面的",比如北京话"头三个人",意思是"最前面的三个人"。"头"的这种用法不在我们考察之列。

常州:头十个/头两个/头两三个人/头二十个

　　南通:头两块/来叨了头十个人/头二十

　　句容:头十个人/头二百斤,但不能说"头两个"

　　江浦永宁:头十个人/头二十亩地/头两三斤

　　涟水(南禄):头两个/头十点①

　　阜宁:头二斤/头十个/头二十/头两千

　　盐城:有头两天就行了/请了头十个人栽秧

　　洪泽:头十个/头二十/头二百,但是"头两个"不说

　　滁州:头两三斤/头二十个人/头十点钟

　　东台:头两个/头二十/头十件衣裳

　　绩溪:头两百斤/头二十个/头十个/头两三个

　　歙县:头两个/头十斤(歙县"头₂"的用法正处于消失的过程中,新派已不说了)

C. 只能跟"十"组合的方言:

　　滨海:头十个

　　湾沚:头十个

　　宣城:头十点钟

　　泾县:头十个

　　繁昌:头十天

　　合肥:头十个

　　枞阳:头十个

　　巢湖苏湾:头十斤

　　祁门:头十斤米

D. 数词相对自由的方言:

---

① 涟水(南禄)话还能接受"头三十个",但不能接受"头三个/头四个"。

赣榆、涟水（涟城镇）：系数词必须大于"一"，位数词一般是"十"：头十个人/有头八十斤重

灌云：后面的数词必须是系位组合，而且系数词必须大于"一"，位数词可以是"十、百、千、万"：头五十个/头三千条狗

灌南、淮安：除了"头两个"之外，后面的数词必须是系位组合，而且系数词必须大于"一"，位数词可以是"十、百、千、万"：头两个/头十个/头五十/头八十/头三百

沭阳：用在除"一"之外的数词前表示约数：头两个/头四五个/头十一二个

阜宁（芦薄乡、三灶乡）：头几个/头两斤/头五斤/头七个

"头$_2$"在吴语、徽语和江淮官话是成片分布的。在这三个方言区之外"头$_2$"呈零星分布，据我们现在所掌握的材料，属于西南官话的贵阳话和属于客家话的福建连城话中也有"头$_2$"。据汪平（1994），贵阳话"头"用在数量词前面表示约数，比如"头十个/头五块/头二十个"等。据项梦冰（1997：68）连城客家话"头"用在系数为"二"或"两"的数词、数量词（量词为度量词）前，表示接近"二（量词/位数词）"这个整数，比如"头两斤/头二十个/头两百担谷/头两万块钱"。

6.2.2 "头$_2$"的来源，我们大致可以做这样的推测："头"的本义为"首"，《说文》："头，首也，从页豆声"；引申为"顶"，《晋书·阮修传》："以百钱挂杖头"；再引申为"始也，初也"，比如《唐书·杨玚传》："年头月尾"；而后引申出"一"的意思，《老学庵笔记·十》"唐小说载李纾侍郎骂负贩者云'头钱价奴兵'，'头钱'犹言'一钱'也。故都俗语云：'千钱精神头钱卖'亦此意"。

我们相信，"头$_2$"虚化的起点就是当"一"讲的"头"，在一些方言中，"头$_2$"还只能跟数词"两"或"二"组合，这里的"头"仍保留"一"的意思，"头两个"就是"一两个"，"头二十个"就是"一二十个"。随着"头"的进

一步虚化,人们逐渐意识不到"头"就是"一",而把它当作一个表约数的前缀,能够和"头$_2$"结合的数词受到的限制就会变少。我们在 2.2 中所分的四类方言,A 类方言中的"头$_2$"还处于虚化的起点,D 类方言的"头$_2$"虚化得最彻底。

因为"头$_2$"是一个方言词,我们从文献中找出的"头$_2$"的实际用例并不多。我们在清代以前的作品中没有找到"头$_2$"。在清中期的一些作品中开始出现"头$_2$"。比如:

(9)鼓手四个,礼生一双,头二十两银子,祭了他,拿去穿罢了。(《缀白裘》11 集 3 卷)

(10)老残道:"既然如此,他们船上驾驶的不下头二百人,我们三个人要去杀他,恐怕只会送死,不会成事罢。高明以为何如?"(《老残游记》1 回)

(11)他女人小他头十岁呢。(《老残游记》10 回)

(12)这头二万银子算得什么,不如且答应了他。(《官场现形记》37 回)

(13)其中以一千元起码,只能委个中等差使;顶好的缺,总得头二万银子。(《官场现形记》3 回)

(14)京官老爷们每年总得他头二十万两银子,大家分润。(《官场现形记》13 回)

(15)至于底下的花费,头两万银子,尚在情理之中,明天你到善后局去领就是了。(《官场现形记》10 回)

现代的一些方言作品中也可以见到"头$_2$"。比如:

(16)何九说头二十号人呢。试问,我到今日跟西门庆又没会过面,我也不认得他这副面貌,头二十个人陪着他,我如冒失这么跑上去,我不认识他们,他们都认得我。(《扬州说书选》)

6.3 做中缀的"头₃"

"头₃"所表示的意义和"头₁"很相似,都是表示约数,只不过"头₁"是放在数量词前,而"头₃"是放在两个数词之间。"头₃"的分布范围跟"头₁""头₂"不太一样。具体如下:

吴语——

崇明:五头六七斤五六斤/七头八十。在相连的数字中嵌入"头"表示约数(张惠英 1998)

昆山(千灯):三头五百/三头五块

常熟:十头八块/三头五百葛账/三头两日。在两个数字中嵌入"头"表示约数

通州(张芝山):三头五块

江淮方言——

灌南:三头五百/三头五块/七头八块

扬州:十头八块

泰州:十头八块

兴化:十头八块/三头二百/三头五百的账

东台:三头五百/十头八块

阜宁(沟墩、吴滩):三头五百/七头八十/五头六七斤

涟水(南禄):十头八块/三头五块

滨海(界牌、通榆):三头五块/七头八块

胶辽官话——

牟平:每年都给老儿的三头五百的。用在某两个数字之间,表示约数,并表示数目不大(罗福腾 1997)

从我们考察的苏皖吴语、徽语和江淮方言来看,"头₃"分布的范围

比"头₁"和"头₂"都要小,吴语的三个代表点(苏州、常州和湾沚),徽语的三个代表点(绩溪、歙县和祁门)都没有"头₃";但"头₃"在官话中却有广泛的分布,比如牟平话(胶辽官话),北京话中也有"三头五百/三头五块"的说法。从文献来看,"头₃"出现的时代与"头₂"大致相近,比如:

(17) 晁大舍每日托了坐监为名,却常在京居住,一切日用盘缴,三头两日俱是通州差人送来,近日又搭识了一个监门前住的私窠子,与他使钱犯好,推说监中宿班,整几夜不回下处。(《醒世姻缘传》6回)

(18) 世风虽说凉薄,像他这样人,普天下也还寻得出一头半万个来。(《绿野仙踪》27回)

(19) 像这一行的人来,不过与他吃上一顿饭,十分过意不去,与他拿上三头二百老钱。(《绿野仙踪》44回)

(20) 向来知道他常放个三头五百的账。(《儿女英雄传》3回)

从语义上来说,"头₂"和"头₃"关系更密切,可能都是从当"一"讲的"头"虚化来的。从我们看到的文献来说,"头₂"最早出现在《缀白裘》中,大概是清乾隆时期刊行的戏曲集;而"头₃"最早出现在《醒世姻缘传》中,大概是明清之间的作品,"头₃"好像比"头₂"出现得还要早。从"头₃"跟"头₁""头₂"共时分布的差异来看,"头₃"虚化的历程可能跟"头₁""头₂"不完全一样。

6.4 跟数量词结合的词缀"头"的共时分布及历时蕴涵

从现代方言的分布来看,"头₁""头₂"主要集中在吴语、徽语和江淮方言区,其他地区"头"很少有类似用法。从历史文献来看,出现"头₁""头₂"的作品都带有南方方言色彩,尤其是吴语的特点。

古方言的区划一直是方言学界的一个热门话题。有人曾提出古吴语的北部边界北抵淮河。现在,我们通过对与数量词组合的词缀"头"的考察,发现,从共时的角度来看,"头$_1$""头$_2$"分布的北界大致与古淮河重叠。从历史文献反映的情况看,"头"的这些特殊用法确实是古吴语区的一个特点。我们认为,在语言演变中,语音和词汇变化得比较快,语法变化得相对较慢。而实词虚化为词缀就需要更加漫长的过程。我们可以设想,在原属吴语的江淮之间,语音词汇、某些语法项目已经被北方话所覆盖,而某些实词虚化的过程还在悄悄进行着。"头"或许就是其中的一个。

当然,从我们目前所掌握的材料,还无法解释为什么贵阳话和连城(新泉)客家话中会出现与吴语、徽语和江淮方言类似的情形。

第七章 结语:区域性共同特征的成因

7.1 区域语言学视角下的苏皖方言共同语法特征

7.1.1 什么是区域语言学的视角

有关语言关系类型的研究,从语言学史看,大致经历了三个阶段:历史比较、类型和区域语言学。历史比较语言学的基础是谱系树理论,其理论假设是:有亲属关系的语言或者方言是由较早期的原始祖语分化而来,而且语言总是在分化。历史比较语言学的目标就是试图重建(reconstruction)有亲属关系语言的原始祖语。不过,要判断哪些语言具有亲属关系却不是一件容易办到的事情。因为不管是语音同构还是语法同构都不能排除其他的原因,比如接触。特鲁别茨科依(Troubetskoy)甚至提出一个可能的假设:现代印欧诸语言并不同源,而是因接触而形成的联盟(sprachbund)。在这种背景下,区域语言学应运而生了。

区域语言学(areal linguistics)以某一区域为研究范围,研究这一区域使用语言或方言的特点,分析它们的歧异形式和历史渊源①。一般来说,在某一区域通行的语言或者方言都有一些共同特征。这些共

---

① "区域语言学"的定义参考了《现代语言学词典》第四版和《朗曼语言学词典》的说法。

同特征的形成有三种可能:同源分化、接触结盟、平行发展①。

汉语方言分化的过程和融合的过程并行不悖,造成在某些通行不同方言的地区存在共同的现象。如果我们的研究视野只是盯着某一个方言区,很容易忽视这些跨方言的共同特征。而区域语言学的眼光在以往的方言学研究中一直没有得到应有的重视。

本文尝试从区域语言学的角度对苏皖两省的三种方言的语法现象进行调查、描写、比较和分析②,试图打破方言区的限制,从各种不同的角度审视复杂的方言现象。我们选取了三种动态范畴的表现形式、"脱"类词的共时表现和语法化、量词独用现象、动词重叠的特殊句法组配以及跟数量词连用的词缀"头"等五个语法项目作为调查的对象,发现在苏皖的吴语、徽语和江淮方言中这五个语法项目的表现既有共性又有差异。上文我们分别进行了详细的描写,比较了不同方言点的异同。

经过研究,我们认为苏皖方言共同特征的成因大概有三种情况:共同底层的影响、方言接触的结果、平行发展的产物。

7.1.2 苏皖方言的底层问题

联系其他东南方言来看,我们调查的五个语法项目的地域分布是不一致的,有的项目地域分布比较广,有的则比较窄。根据我们看到的方言调查报告,几乎所有东南方言都可以用前加于动词的虚化处所结构表示进行体;用后加于动词的虚化处所介词结构表示持续体和存续体。同样,几乎所有东南方言也都有类似苏州话"脱"那样的表体貌的半虚化成分。不过,量词独用现象在东南方言里是呈散点式分布的,同

---

① 当然有些共同现象也可能是偶然巧合所致,不过那一般是零散的,不成系统的。
② 苏皖两省的中原官话区这次没有列入我们的考察范围。

一个方言区内的表现也可能会有不同。而动词重叠的几种特殊句法组配形式在其他的东南方言中则很少见到①。跟数量词连用的词缀"头"在其他方言中也很少见,尤其是前缀和后缀"头"在我们调查的点里普遍存在,而在其他方言区则很少见到。怎么来看待这一现象呢?我们先从稍远一点的生物演化过程中的"趋同现象(convergency)"谈起。

朱德熙(1986)在讨论汉语方言亲缘关系的时候曾经举过一个生物学的例子进行类比。1982 年英国 Brian Gardiner 通过比较动物的形态结构和生理特征,提出在哺乳动物和鸟类之间有 22 项重要的共同特征,并由此得出结论,认为这两类动物一定有共同的祖先。Gardiner 的这一观点与以往根据化石资料得出的鸟类和哺乳动物的关系不如鸟类和爬行动物关系密切的结论不同。有的科学家指出,鸟类和哺乳动物之间的共同特征不过是器官或功能在演化过程中的"趋同现象",并不能证明两者间有共同的祖先(朱德熙 1999:116—117)。

我们上面所列举的苏皖方言语法方面的一些共同特征也有一些是属于"趋同现象",并不能反映出底层信息。如何判断哪些共同特征能反映底层信息,哪些只是演变过程中"趋同现象"的产物呢?

我们认为,那些地域分布比较广的共同特征更可能是平行发展的结果;而分布地域相对集中在吴语、徽语和江淮方言的一些特征,应该可以反映它们拥有共同的祖先。

跟量词连用的后缀"头$_1$"、表示约数的前缀"头$_2$"以及动词重叠的特殊句法组配在吴语(包括南部吴语)、徽语和江淮方言中广泛存在,而在其他地区则很少见。这两种现象的地域分布绝不是偶然的,可能暗示它们有共同的底层②。因为我们很难设想这种南至浙南,北至淮河

---

① 昆明话和一些闽南方言中也有,详细的讨论请看第五章的内容。
② 地理位置偏南,受北方话影响较小的吴语和徽语动词重叠的特殊句法组配保留得多一些,VVCR、VVCD、AVV、VV+PP 几种格式都有;江淮方言位置偏北,受北方话影响较大,多数地区只有 VVCR 格式。据北京大学中文系研究生杨灵叶同学提供的材料,浙江永康话中也有这四种格式。跟数量词连用的中缀"头"在北方话中也有广泛的分布,比如北京话中就有"三头五块/三头五百"的说法,我们认为中缀"头"可能跟吴语底层没什么联系。

沿岸的分布会是由于方言接触造成的。如果是平行发展的话，又很难解释为什么其他方言区很少有这样的现象。一个有趣的现象可以证实我们的推测。处于江西境内，与赣语接触密切的徽语婺源话有与数量词连用的后缀"头$_1$"，也有动词重叠后加结果补语的"V(一)VCR"格式；但是，处于安徽境内，跟江淮方言接触密切的赣语宿松话却既没有与数量词连用的"头$_1$"、"头$_2$"，也没有"V(一)VCR"格式。

就如同生物界一样，有共同祖先的方言在后来的演化中也可能会走上不同的道路。通过调查我们也发现，每个大方言中的不同方言点在具体表现上也是各有特点的。比如同是吴语，苏州话、常州话和湾沚话就在很多方面有不同的表现。徽语东部的绩溪和歙县有比较大的一致性，西部的祁门跟它们差别较大。总体来说，绩溪、歙县的表现更像吴语；祁门的表现更像跟它相邻的江淮方言。江淮方言地域跨度最广，内部分歧也很大。总体来说，江苏境内的江淮方言（包括泰如片和洪巢片）更接近吴语，与安徽境内的江淮方言差异较大。

举例来说，吴语（苏州话、常州话）、徽语（绩溪、歙县）、江苏江淮方言主要用虚化的处所介词结构表示持续体，而祁门、合肥、枞阳、六安则主要用助词"着"（或其变体"仔""之"）来表示；再比如在动词重叠特殊句法组配方面，合肥、枞阳和六安这三个点中，枞阳话基本没有表示短时、少量的动词重叠；六安虽然有表示短时、少量的动词重叠，但后面不能带结果补语，更不能带趋向补语和介词结构，也很少受单音节形容词的修饰；合肥话动词重叠后面可以带结果补语，但不能带趋向补语和介词结构，也很少受单音节形容词的修饰。

从历史来看，安徽境内江淮方言区受吴越文化和楚文化的影响都很大，古吴语和古楚语在这一带都有很深刻的影响。受后来北方移民的影响，古楚语逐渐演变成今天的西南官话和湘语。我们可以看出，安徽的江淮方言也有一些西南官话的色彩。比如枞阳话就缺乏动词重叠式,经常用"V下子"表示短时、少量的含义,这跟多数西南官话是一致的。再比如合肥话进行体是用句尾"在"表示的,这跟武汉话是相同的①。正是因为安徽的江淮地区受古楚语的影响很大,所以它的语法表现跟江苏的江淮地区有一些不同。

不过,安徽的江淮方言和徽语西部的祁门也有一些特点更接近吴语,而跟其他地区不一致。比如吴语的苏州话和常州话实现体的标记都来源于"著",这跟枞阳和祁门是一样的,而江苏境内的江淮方言(南京、扬州)和绩溪、歙县都是用"了"作为实现体标记。

光就江苏境内的江淮方言来看,洪巢片的涟水和阜宁甚至比地理位置上更靠吴语区的泰州和兴化更接近吴语。比如泰州和兴化量词独用没有涟水和阜宁发达;再比如泰州、兴化动词重叠后不能跟结果补语、趋向补语和介词结构,而涟水和阜宁动词重叠后还可以跟结果补语。我们再联系泰州和兴化方言全浊声母清化后都送气这一现象,可以说,泰如片江淮方言在发展上经历了跟洪巢片江淮方言不完全一致的发展路向②。

鲁国尧(1992、1998)提出客、赣、通泰方言源于南朝通语说,并且认为徽语也跟南朝通语有密切的联系。我们在这里可以为鲁国尧的说法再提供一个例证。泰如片动词和结果补语之间往往有一个动词的后附成分出现③,比如"吃啊饱""打啊碎"等。在绩溪话中,有些动词和结果补语之间也可以加上"得",比如"边捽得碎"既可以表示可能补语的意思,也可以表示结果补语,表示结果补语时"得"可以省去不说;表示可能补语时"得"不能省。我们知道,在近代汉语里"V 得 C"也可以表示

---

① 武汉话的情况我们参考了汪国胜(1999)。
② 不过在我们调查的南通、东台和泰兴等泰如片方言中动词重叠还是可以带结果补语的。
③ 关于这个后附成分的具体论述可参看第二章的介绍。

动作结果,但因为它跟表示结果的"VC"太接近,因而成了一种多余的格式,在现代汉语中已经消失了,"V得C"就只能表示可能了(蒋绍愚 1994:199)。不过,这种动词和结果补语之间还有个成分的结构在某些方言里却保留了下来,比如泰如片江淮方言(南通除外)和徽语绩溪话,这充分说明了这两种方言之间存在着极为密切的关系①。

如果说,徽语和江淮方言都有吴语的底层,那么,徽语和江淮方言是什么时候跟吴语分道扬镳的呢?按照目前掌握的材料,我们还很难得出一个确切的答案。不过,结合对动词重叠式的历时考察,我们猜想徽语和江淮方言跟吴语的分化应该在宋元之后。

从文献材料来看,表示短时、少量的动词重叠式萌芽于唐后期,发展于宋元②。动词重叠式的特殊句法组配出现的时代应该更晚。在宋元之际吴语、徽语及江淮方言经历了共同创新(shared innovation),说明它们在宋元时期还是有着紧密的联系的。历史语言学的原理告诉我们:经历了共同创新的语言(方言)比共同存古(shared archaism)的语言(方言)关系更密切,因为经历了共同创新说明它们分化的时间更晚③。湘语的情况可以跟徽语和江淮方言形成鲜明的对比。一般认为,现代吴语和湘语都是从中古吴语发展来的(王福堂 1999:69)。现代老湘语跟吴语一样,中古全浊声母仍读浊音。不过,根据我们看到的材料和自己的调查,无论是新湘语还是老湘语,动词重叠式都没有类似苏州话那样的特殊组配方式。这说明湘语跟吴语的分化要早于徽语、江淮方言;从时间来说,应该在宋以前。

---

① 江淮方言洪巢片的安徽庐江话中动词和结果补语之间也经常有"仔"(来源于"著")出现,比如"我还没吃仔完"、"这次没考仔好"、"字没写仔清楚"等(见洪波 1996:181)。不过庐江话我们没有调查,"仔"的这种用法在邻近的枞阳话中没有。

② 详细的讨论请参看第五章。

③ 据 Trask(2000:182):"……hence that the languages sharing the innovation probably had a single common ancestor at a later date."

桥本万太郎(1985:31)认为,吴语和湘语的分化是由于客家人南下造成的。据近人的研究,客家人的祖先是由古代中原地区躲避战乱南迁的汉人,他们的迁徙分为三期,西晋末年(306年)以后是第一期。他们顺颍水南下,在东晋南朝300年间陆续迁到今长江下游皖南、苏北,以至苏南、赣北、赣中一带的江南地区。第二次迁徙在唐末,由于黄巢起义,赣北、赣中西部以及赣南处在战火之中,客家人祖先不得不再次向赣东南、闽西迁徙。再以后到南宋末年,元人南下,又有大量客家人祖先向南迁徙到今广东东部北部,这是第三次迁徙(引自王福堂1999:62—63)。造成吴语和湘语分化的应该是第一期的客家移民,大概在西晋末年。也就是说,大概从那个时候起,吴语和湘语就开始分化为两种不同的方言了。到唐末短时少量的动词重叠式发展起来时,吴语和湘语的分化很可能已经完成,所以在此之后吴语区产生的动词重叠的特殊句法组配在湘语中就没有出现。

从文献看,动词重叠式带结果补语最早出现在元代①。除了文献证据之外,我们还有一个根据说明不仅动词带结果补语,而且动词重叠的其他特殊组配最迟在明初也已经形成了。我们的根据就是昆明话。在远离吴语、徽语和江淮方言的昆明话中也存在动词重叠式的特殊句法组配现象,这在西南官话中很特殊。我们在第五章里已经介绍了,现代昆明话的形成跟明初来自江淮地区的移民有直接关系。昆明话动词的特殊组配形式应该是由这些移民带来的。这就说明,至迟在明初,古吴语区(包括现在的江淮方言和徽语)已经存在动词重叠的特殊句法组配形式。

我们在江苏江淮地区调查的时候,几乎所有地方的人都跟我们提到他们祖先是明代洪武年间从苏州阊门一带迁过来的,民间称为"洪武

---

① 据我们所知是元代杨显之《潇湘雨》第4折中的"扭扭干",请参看本文第五章。

赶散"。不过根据葛剑雄等(1997)的研究，所谓"洪武赶散"史书和地方志中都几乎没有记载，根据家族家谱和志书上人口数目的变化来推断，当时从江南向江北移民的人数要远远小于民间传说的规模，移民的人数不可能达到总人口数的一半，而且移民除了来自苏南以外，还有很多来自江西、徽州等地[1]。这样看来，"洪武赶散"不大可能对江淮方言有很大的影响，但不排除在某些地区，集中了大量的移民，可能会对某一地的方言产生影响[2]。

7.1.3 平行发展造成的共同特征

语言的演变往往遵循一些共通的规律。比如北京话中古见组声母在细音前变为舌面音，类似的演变在英语中也可以见到，比如"chin [kinn]—[tʃinn]"[3]。北京话和英语经历了相似的演变历程，但这并不表示它们同源，只是说明相同的演变条件往往会诱发相同的演变结果。

苏皖方言中的一些共同特征很可能是平行发展的结果。比如表体貌的半虚化的"脱"类词在我们调查的所有方言点都有，而且这也是东南方言很重要的语法特点。不同方言点的"脱"类词看来是平行发展的结果。

"脱"类词一般经历了动词→唯补词→表体貌的半虚化成分这样的发展过程。我们知道，补语是汉语中容易诱发语法化的位置之一；"脱"类词本身所具有的"去除、脱离、完成"的语义特征使它很容易语法化为表体貌的成分。类似的演变也出现在北方话中，比如北京话的

---

[1] 详细论述可以参看葛剑雄等《简明中国移民史》和黄继林《有关苏北"洪武移民"的几个问题》，载于《江苏地方志》2001年第4期。

[2] 明初的"洪武赶散"似乎可以用来解释为什么量词独用现象是散点状分布的，同一县的不同乡镇表现就可能有很大的不同，比如我们在涟水调查了南禄和涟城两个镇，南禄有量词独用现象，涟城就没有。不过，从语音和词汇项目的调查来看，两地虽然有差异，但都属于典型的江淮官话洪巢片方言。

[3] 见 Trask(2000:78)。

"/·lou/"性质跟"脱"类词很相似,不过它语法化的历程跟"脱"类词有些不同,"/·lou/"不能出现在动补结构的后面,而多数"脱"类词可以跟在动补结构的后面。

用不同位置的虚化处所介词结构(下文用 PP 表示)表示进行体和持续体、存续体也可能是平行发展的结果。据 Comrie(1976),很多语言的进行体都是从表示"处所"的词语虚化来的。当我们把关注的焦点放到动作本身时,动作的活动场所(由介词结构体现)就很容易虚化,成为进行体的标记。汉语多数方言动词前的处所介词结构都有不同程度的虚化,兼表进行体。比如北京话"他(在)那儿正吃饭呢"中的"那儿"表示方位的意思比较虚,主要指示"吃饭"的行为正在进行;不过北京话的"(在)那儿"在这里仍然有表示方位的意思,跟"(在)这儿"还是有远近指的对立;而且,北京话表示进行体,句尾的"呢"是必不可少的,"(在)那/这儿"却是可有可无的;北京话也没有用"在"表示进行体的情况。跟北京话形成对比的是,吴语、徽语和江淮方言一些地方"介词+指示词+方位词"结构里"指示词"可以不出现,甚至不能出现,这样它们指示方位的意思就更弱了,也没有远近指的对立,向体标记更迈进了一步;而且,多数方言句尾不需要出现语气词。

把 PP 放在谓词后表示持续体或者存续体首先要满足一个条件,这个方言必须允许表示静态性状态的处所成分出现在动词后面,否则 PP 就失去了虚化的可能。据柯理思(2003)介绍,北方很多方言表示静态性状态的处所成分只能出现在动词前面;谓词后的 PP 只能表达动态的位移事件。所以在很多北方方言中 PP 就不可能虚化成为持续体或者存续体标记。

量词独用现象应该也是平行演变的结果。这种现象在苏皖方言中呈现散点式分布。苏皖之外的浙江吴语、粤语、湘语(娄邵片)、安徽和湖北境内的赣语、广东和海南境内的闽语及少部分官话(江淮官话黄孝片、胶辽官话)中也可以见到。这些方言地理上并不连成片,不存在方言接触的条件,也不可能是共同底层的遗留,因为我们没有证据表明吴语、粤语、湘语娄邵片有共同的祖先,而与绝大多数的闽语和官话有异①。

7.1.4 方言接触造成的共同特征

方言接触也是形成区域方言共同特征的一个重要因素②。在地理上紧密相邻的两个地区,人员来往频繁,语言成分互相借用的现象非常普遍。在我们调查的苏皖方言中由于接触造成的趋同现象也很普遍。

合肥话是用句尾的"在"表示进行体。由于合肥中心城市的地位,它的语言特征向四周扩散,使邻近的六安话受到影响。在我们调查的六安苏埠话中,老派只能用动词前加"在"的方式表示进行体;新派已经出现合肥话的形式,但光杆动作动词后不能加"在"表示进行。六安丁集话动词前后的"在"还可以同时出现,呈现叠床架屋的形式,比如"他们在走棋在/我在搞会计在,你张龙传你不敢/大舅讲:'哪睡倒?在喝水在'"③。

方言接触容易在某个方言中形成同样的语法意义用不止一种语法形式表示的情况,这就造成了方言中的层次问题。层次问题我们下节会详细讨论,这里就不多说了。

---

① 不过,我们认为广东和海南境内闽语的量词独用现象是方言接触的结果。海南和广东闽语来源于福建的移民。而福建和台湾闽语根本不允许量词独用(甚至连普通话都允许的宾语位置的"一"省略造成的量词独用都没有)。广东潮汕地区的闽南话允许量词独用应该是受到粤语影响所致;海南闽语允许量词独用,则应该是受到黎语影响所致。

② 陈保亚(1996:8)认为语言接触分为自然接触和非自然接触。自然接触是指在同一空间不同语言的相互接触;非自然接触是指在不同空间通过文字传播或者文献翻译展开。我们这里讨论的都是自然接触;而且不包括普通话影响所造成的趋同现象。

③ 丁集话的例句引自刘祥柏(1997:81)。

7.2 苏皖方言中的层次问题

7.2.1 汉语方言层次问题研究回顾

汉语方言中的层次问题很早就引起了人们的关注。赵元任的《现代吴语的研究》(1928)中在记录字音时就注意了文言音和白话音的不同。罗常培《厦门音系》(1930)区分了字音（文读）和话音（白读），指出"厦门的字音跟话音几乎各成一个系统，所以本地人发音时特别要声明'孔子白'怎么读，'解说'怎么读"，并对话音和字音的对应关系按同声异韵、同韵异声、声韵俱异三类进行了梳理。其后在方言调查中，字音的文白读的分别一直是调查的重点。不过很长一段时间，对文白读的现象仅限于平面的描写，没有对这种现象进行更深一层的理论探讨，也没有自觉地把层次的意识贯穿到方言研究中去。

王洪君(1992)在《文白异读与叠置式音变——山西闻喜方言文白异读初探》中认为汉语中的文白异读是一种特殊类型的差异，由这种差异所体现的音变既不同于条件式音变，也不同于扩散式音变，作者把它命名为叠置式音变。作者认为叠置式音变实际上是两个不同的音韵系统历时竞争、更迭的反映；是以词中音类为单位一个词一个词竞争的过程，它与条件式音变、扩散式音变在性质、单位、条件、过程等方面都有所不同。作者在文中还提出了多层叠置的概念。《文白异读与叠置式音变——山西闻喜方言文白异读初探》把汉语方言中普遍存在的文白异读现象的研究引向了深入，在平面描写的基础上，融入了理论思考，提出了一种不同于以往的音变类型，从汉语的实际出发，丰富了历史语言学的理论。

其实层次问题在语音、词汇和语法层面都存在。关于方言语法层次研究的论文还不多。朱德熙(1985、1991)认为在一个方言里反复问句可以有两种不同的类型,而且两种类型还可以形成一种杂糅的新形式,这反映了时代层次的不同。张敏《汉语方言反复问句的类型学研究:共时分布及其历时蕴含》(1990)在朱先生研究的基础上对汉语方言反复问句做了全面的调查研究,认为某些方言几种格式并存的现象其实是不同层次叠加的结果。梅祖麟《汉语方言里虚词"著"字三种用法的来源》(1988)、《唐代、宋代共同语语法和现代方言的语法》(1994)、《几个闽语语法成分的时间层次》(1995)(与杨秀芳合著)结合历史文献和音韵层次的分析,对方言中丰富多彩的层次叠加现象给出了自己的解释。陈忠敏《论苏州话人称代词的语源》(1999)运用历史层次分析法,结合历史比较法和内部拟测法,分析了苏州话以及整个北部吴语人称代词单数形式的语源。袁毓林《苏州话人称代词构拟中的时间差》(2003)在肯定陈忠敏(1999)利用层次观念解决问题的思路的同时,对陈的部分解释有所质疑。项梦冰《连城客家话完成貌句式的历史层次》(2002)指出连城客家话的完成貌助词有"已、了、来、得、撇"五个,这五个完成貌助词及其构成的句式应区分为三个层次:唐以前的层次(已、了)、唐宋的层次(来、得)和晚近的方言创新层(撇)。

　　虽然层次问题已经吸引了众多方言学者注意的目光,但层次理论本身还不成熟,不同学者对层次的理解就有不同。比如王福堂(2003)所说的层次既包括由于接触造成的异源层次,也包括扩散式音变造成的同源层次。陈忠敏等学者则倾向于只把由于接触造成的层次纳入研究范围。

　　就方言语法层次来看,有待解决的问题更多。语音层次大体还有一个标准,具体表现为同一古音来源的字(一个字或一组字)在方言共时语音系统中有不同语音形式的若干音类(王福堂 2003:1)。我们可以不管这种差异是方言接触造成的,还是扩散式音变造成的,都可以先纳入到研究的框架内。但什么现象才能叫作语法层次呢？

王福堂(2003：1)从比较严格的定义出发,认为"语法层次表现为功能相同而句式不同"。我们觉得,在方言语法层次研究还处于刚起步阶段时,不妨把研究范围适当扩大,采取比较宽泛的定义。我们认为起相同语法功能的虚词也属于层次问题,比如早期上海话实现体标记是"仔",现在基本用"了",这也体现了层次的不同,虽然在句式上并没有什么变化。而且,要想在某个方言中找到语法功能完全相同的不同句式(或者表示完全相同的语法意义的虚词)也是很难的,因为语言的经济性不大会允许完全相同的东西长时间共存于一个系统中。语言的自我调节力往往会促使本来功能相同的东西产生分化。在分化的过程中,不同的句式(或者虚词)就会既有纠缠,又有分工,呈现复杂的面貌。我们认为这种处于分化过程中的句式(或者虚词)也是语法层次研究的对象。

由此,我们尝试给方言语法层次下如下的定义：如果一种方言中存在着表示同一(相同或相近)语法意义的两种(或多种)语法形式(虚词或句法格式),那么这个方言中就存在语法层次问题。

有一些情形要排除在层次研究之外。每种方言中都存在概念意义相同,表达功能有差异的不同句式,比如北京话"张三抢了珠宝",还可以说成"张三把珠宝抢了"、"珠宝被张三抢了"、"珠宝啊,张三抢了",分别是普通的"主动宾句"、"把字句(处置式)"、"被字句"、"话题句"。这些不同句式的产生当然也有时间的先后,但在共时系统中各有自己的基本分工,一般也不会出现纠葛的现象,像这种情况我们不把它认为是层次问题。

我们认为,方言语法层次既有异源层次问题,来源于不同方言的接触,也有同源层次问题,来源于方言自身演变。

7.2.2 苏皖方言语法中的异源层次问题

7.2.2.1 何为异源层次

所谓异源层次,指的是由于方言接触造成的层次问题。苏皖两省方言地处南北方言交汇处,由于接触造成的层次问题在很多方言中都有。比如我们在第四章描写的涟水(南禄)话"指数量名"结构就呈现出复杂的面貌。对应北京话"那两个人过来",涟水(南禄话)可以有7种不同的说法:

a. 那个两个人过来

b. 个两个人过来

c. 个两人过来

d. 两个人过来

e. 两人过来

f. 那两个人过来

g. 那两人过来

说法 a 是最完整的形式,北京话中没有这种说法,但吴语苏州话有类似的说法[①];b 省略了指示词;c 省略了指示词和数词后面的量词;d 指示词和指示词后面的量词都省略了;e 指示词和两个量词都省略了;f 省略了指示词后面的量词;g 省略了数词后面的量词[②]。我们已经指出,在汉语方言中"指量名"结构的省略南北方言大体采取了不同的策略,南方保留量词省指示词;北方保留指示词省量词。涟水(南禄)位于南北两大方言的交汇处,受北方方言的影响,指示词可以脱离量词独用;受吴语底层的影响,也有量词独用的现象。

7.2.2.2 语言接触的后果与机制

---

① 苏州话是说"哀个两个人过来"。
② 如果数词后面的量词不是"个"的话就不能省略,即不能有 c、e、g 的说法。

7.2 苏皖方言中的层次问题

一个方言有自己的语法结构,在受到外来影响时,不同方言有不同的适应策略①。下面我们通过例子来说明。

苏皖方言表示持续体和存续体主要有两种手段:加助词"着"和用虚化的处所介词结构(为方便起见,下文用 PP 表示)。助词"着"主要分布在江淮方言,比如扬州、安庆、合肥、六安和枞阳;徽语的祁门也主要用助词"着"。虚化的处所介词结构主要分布在吴语、江苏境内的江淮方言以及徽语的绩溪、歙县②。

先看泰州话,"着"在泰州话中读[·tsʻu],能跟"踢"、"听"类动词组合,表示动态持续。比如:

(1) 外头下着雨呢　(2) 他跑着呢　(3) 他吃着饭呢

(4) 他关着门呢　　(5) 我等着呢　(6) 我一直听着呢

从这几个例子可以看出,"着"在泰州话中可以跟"踢"类动作动词组合,表示动态持续,比如例(1)—(3);还可以跟"听"类动词组合,这时既有动态性又有静态性,比如例(5)、(6);"站"类动词既能表示动作,也能表示状态,在它们表示动作的时候也可以加"着"表示持续体,比如例(4)。注意泰州话"他关着门呢"只能表示"他"正在做"关门"的动作,不能表示"门"处于"关着"的状态,这点跟老派北京话正好相反(刘一之2001:116)。而且,在泰州话中,"*门关着呢"也是不说的。

动态持续跟进行体意义相似。泰州话进行体是用加在 VP 前的"在下"表示的。"在下"还有"在这/那里"的意思,是半虚化的体标记,跟苏州话的"勒浪"很相似。在泰州人的语感中,"外头在下下雨"跟"外头下着雨呢"差别不大;泰州人还经常把这两种说法叠加起来形成"外

---

① 何大安(1988)认为,一个方言有自己的音韵结构,在受到外来影响时,可以采取种种手段来适应,可以"拷贝",可以调整后吸收,可以做选择性抗拒。语法结构也是如此。

② 有些学者(比如梅祖麟1988)认为苏州话的"仔"既是完成体标记,也是存续体标记。我们同意汪平(2003)、刘丹青(1995)的看法,"仔"在苏州话中只是实现体标记。

头在下下着雨呢"这样叠床架屋的说法。不过仔细体会的话,它们还是有一些差别:用"在下+V"只是一般地陈述现在正在发生的事件;用"V+着"则侧重表示动作行为正在进行之中,还隐含着此时无法再做其他事情,不要打扰的意思;而且,"V+着"可以出现在非施事成分为话题的句子中,"在下+V"出现在这样的句子中就有一些勉强。比如,在别人借用钢笔的时候,说话者可以回答"钢笔我正写着字呢",不能回答"钢笔我在下写字呢"。(详细的描写请参看第二章的相关内容)

泰州话存续体是用后加动词的"在下"表示的,比如:

(7) 坐啊(在)下吃比站啊(在)下吃舒服。

(8) 他欢喜睡啊(在)下看书。

在实际话语中"在"常省掉不说。

"着"也能跟"站"类动词组合。比如:

(9) 毛衣我穿着啊呢。

(10) 沙发我正坐着啊呢。

(11) 提包我拎着啊呢。

这样的说法在泰州话中出现的频率很低,而且跟"在下"表示的存续体也有差别:"V+着"更侧重于强调某种事物正处于被占用的状态,而且一时不会改变;"V啊+(在)下"只是一般性地陈述某人或某种事物所处的状态。比如有人借椅子,回答的人可以说"我坐着呢",不能说"我坐啊在下";再比如"坐啊(在)下比站啊(在)下舒服"也不能说成"*坐着比站着舒服"。泰州话表示存续体的"V+着"一般只出现在表示某种有定事物所处状态的句子中,这个有定事物在句子中做话题,"V+着"后面一般不能出现无定宾语。

以上对泰州话的描写是以老派为根据的。据我们调查,"着"的表现在泰州话新老派中有一些差别。从老派到新派,"着"的用法在扩展。静态性相对较强的"活"类动词后,老派一般加"在下"表示状态的持续,

比如:

  (12) 他一直都醒啊(在)下呢。

  (13) 鱼还活啊(在)下呢。

老派不接受"他一直都醒着啊呢/鱼还活着啊呢"的说法,但是加"着"的说法中派和新派认为是可以接受的。另外,老派"站"类和"拎"类动词构成的表示存续体的"V+着"后不能带无定宾语。泰州老派不接受"*她穿着一件红毛衣/*桌上放着一本书/*墙上挂着一幅画/*他拿着一本书"之类的说法;而这种说法在部分新派中也开始出现。在这种情形下,在老派看来只能表示"他"正在做"关门"的动作,而不能表示"门"处于"关着"的状态的"他关着门呢",在部分新派的语感中是有歧义的。

  总体来看,"着"在泰州话中最容易跟动态性的"踢"类动词和具有动态特点的"听"类动词组合,表示动态持续,这点新老派是一致的。从老派到新派,"着"逐渐向表示静态持续的范畴扩展,先是在不带宾语的存续体中,比如例(9)—(11),然后是跟"活"类动词组合表示状态持续,比如例(12)—(13),再接下去则是出现在存在句中。

  再来看扬州话。"着"在扬州话里读[·tsu]①。"着"在扬州话里的用途很广泛,不仅可以跟"踢"类、"听"类动词组合,还可以跟"活"类动词组合表示持续体。比如:

  (14) 外头下着雨呢。

  (15) 我正等着人呢。

  (16) 鱼还活着呢。

"着"在扬州话中还可以跟"站"类、"拎"类动词组合表示存续体。比如:

---

① 扬州话里除了"著"外还有一个"到[·tə]"。它们在扬州话可以自由替换,"着"更古老一些,"到"口语里说得更多一些。

(17) 坐着比站着舒服。

(18) 她穿着一件红毛衣。

注意,例(17)、(18)相应的说法在老派泰州话里都是不合法的。在扬州话中,"他关着门呢"是一个歧义句,既可以表示"门"处于"关着"的状态,也可以表示"他"正在做"关门"的动作。根据我们的调查,体助词"着"的表现在扬州话老派和新派中差别不大。

比较老派泰州话和扬州话的"着",可以发现他们最大的共同点是:两地的"着"都可以跟"踢"类动词和"听"类动词组合表示动态持续。不同点更多,扬州话的"着"还可以跟"活"类动词组合表示静态持续,泰州话不行;扬州话"着"可以跟"站"类、"拎"类动词组合表示存续体,"V+着"后面可以跟无定宾语,泰州话不行。

结合第二章 2.6.2 介绍的"着"的历时发展过程,从"着"在扬州话和泰州话的不同表现中,我们可以发现一个很有趣的情况:扬州话的"着"既是存续体助词又是持续体助词;老派泰州话的"着"能表示动态持续却还不能自由地表示存续。泰州话似乎跨越了存续体助词的阶段直接发展到持续体助词的阶段。而且,在表示持续意义时,泰州话的"着"也更容易跟动态性比较强的"踢"、"听"类动词组合,而不太能跟动态性相对较弱的"活"类动词组合。

我们认为,泰州话助词"着"是受到邻近的扬州话的影响形成的。理由一,泰州话的"着"有超越一般演化规律的现象存在;更重要的是,结合我们对其他泰如片方言的调查,处于泰如片腹地的海安、如皋使用"着"的频率远远低于泰州,南通则根本就不使用"着"。就连属于洪巢片的南京话中的"着"至今仍不能放在"踢"类动词后表示动态持续,南京话里没有"跳着舞/下着雨/看着电视"这样的说法(刘丹青 1995)。因泰州话处于泰如片最西沿,跟扬州话紧邻,泰州、扬州历史上长期在一个行政区内,扬州在文化、经济上的优势地位使泰州话不断受其影响,助词"着"的使用就是一个例子。

下面再来看绩溪话"着"的表现。"着"在绩溪话中读[·tɕ'yoʔ]。"着"在绩溪话中的使用范围很小,常跟"站"类、"拎"类动词组合,表示存续体,经常出现在"动词+着+无定宾语"结构中,表示存在,比如:

(19) 桌上放着两本书。

(20) 墙上挂着两张画。

(21) 沙发上坐着一个人。

不过,绩溪话更常用半虚化的"是尔/那搭"表示存续体,当"站"类动词后不带宾语时,老派绩溪话一般用半虚化的处所介词结构表示存续体,而不用"动词+着"。比如"渠仍_{他的}门关是那 xa^{55}",老派一般不说"渠仍门关着"。新派则认为两种说法都能接受,但从他们的语感上来说,这里的"着"还没有完全虚化,还有一定的词汇意义,意思是"门关严了"。对于"拎"类动词而言,老派认为用"动词+是/到尔 nɑ^0/那 xa^{55}"或者"动词+着"表示存续体都是可以的,比如"包我担_拿是尔 nɑ^0/包我担着呢"。而对于"拎"类动词而言,新派基本都用"动词+着"表示存续体。"包我担_拿是尔 nɑ^0"在绩溪话中是有歧义的,既可以表示"包我拿着呢",也可以表示"包我拿在这里了";而"包我担着呢"则没有歧义。当"站"类动词后没有宾语时,老派也可以接受用"着"表示存续,出现在格式"受事+施事+动词+着"中,但跟泰州话一样,这种格式侧重于强调某种事物正处于被占用的状态,而且一时不会改变,比如:"沙发我坐着呢,没有哩 xē^{223} 尔_{沙发我坐着呢,不能给你。}"①

新派绩溪话"着"还可以跟"活"类动词组合表示持续体,比如:"金鱼活着仍/我一直醒着仍"。但这种说法老派不接受,老派用后加半虚化的"是/到尔 nɑ^0/那 xa^{55}"或零形式(即不加任何体标记)来表示静态

---

① 在绩溪话中,"没有"读成合音形式[miə^{55}]。

持续。个别新派还可以接受"听"类动词后加"着"表示持续体,比如"我听着呢/我看守着呢",但也认为讲得很少,老派则完全不接受这种说法,同样的意思老派要说成"我是尔 na⁰ 听/我是尔 na⁰ 看"。至于"踢"类动词跟"着"的组合,不管新派还是老派都不接受。

比较一下绩溪话和泰州话就会发现一个很有趣的现象:绩溪话"着"的用法跟泰州话正好相反。泰州话"着"最容易跟"踢"类动作动词组合,绩溪话的"着"完全不能跟"踢"类动词组合;绩溪话的"着"最常出现在"动词+着+无定宾语"结构中,而同样的结构在泰州话里是不合法的。

我们再来看看地处皖南的安庆话的情况。安庆话属于江淮方言洪巢片。助词"着"在安庆话中读[·tʂo]。

"着"在安庆话中可以做实现体标记。比如:

(22) 我吃着饭了。

(23) 我今天上着三节课。

(24) 我喝着茶了,还作渴。

"着"在安庆话中还可以兼表存续体。比如:

(25) 我在堂屋里坐着。

(26) 门高头贴着一幅画。

安庆话表示存续体的"动词+着"后面既可以不带宾语,如例(25),也可以带宾语,如例(26)。

"着"在安庆话里还可以表示持续体,比如"他一直听着的/我一直在安庆住着"。安庆老派认为"着"可以跟"听"类动词组合,也可以跟"活"类动词组合①,但不能跟"踢"类动作动词组合。少数新派认为"着"可以跟"踢"类动词组合,比如"我正在听着歌呢/他正在跳着舞呢/

---

① 我们在调查中也发现一部分发音人不认可"鱼还活着/他一直醒着"这样的说法,而采用零形式,说成"鱼还是活的/他一直没睡着"。

我在看着电视呢"。

绩溪话和安庆话的"着"都可以表示存续体，但绩溪话的"着"较多地出现于"动词＋着＋无定宾语"的结构中，当动词后不带宾语时，一般用半虚化的介词结构表示存续体。而安庆话的"着"还可以表示实现、静态持续。我们认为，绩溪话中的"着"也是方言接触的结果，其来源就是安庆一带的方言。赵日新（1998）介绍，明代以后有不少"客姓"移居徽州，这些客姓以安庆府所辖县人居多。他们在旷野搭棚居住，靠手艺和出卖劳力谋生，被称为"棚民"。据统计，清嘉庆初（1796 年），徽州各地有棚 1563 座，"棚民"8681 人（劳动力），实际人口 5 万余人。"棚民"对内一直使用"安庆话"。太平天国之后，徽州地区人口锐减，外省、外府农民大量迁入。"客籍"主要仍以安庆府和怀宁府各县人士居多。直到今天徽语区中仍有不少安庆人聚居村落。可以看出，近现代以来，安庆话对整个徽语都产生了深刻的影响。钱惠英（1999）明确认为，今天屯溪、休宁一带用"着"表示实现体是受了安庆话的影响；赵日新（1998）也持相同的看法；平田昌司、伍巍（1996）在描写休宁方言"体"的时候也认为休宁话中用"着"表示持续体是受官话的影响新起的。

如果我们的猜想没错的话，"着"在传入泰州和绩溪之前，四地方言实现体、存续体和持续体的表现是这样的：

①接触前的情形，见表十一。PP 表示半虚化的方所介词结构；因为持续体的表现跟动词带不带宾语没有直接关系，故在持续体里不做有无宾语的区分。

从表十一可以看出，泰州话没有专门的语法手段表示具有动态特点的持续体（"踢"类动词和"听"类动词）；用实现体兼表存续体。扬州话存续体、持续体都是用助词"着"表示。安庆话和绩溪话一样，没有语法手段表示动态性比较强的持续体（"踢"类动词）；安庆话静态持续体用"着"表示，绩溪话用半虚化的PP表示；安庆话和绩溪话带宾语的存

表十一

	实现体	存续体				持续体		
		"站"类		"拎"类		"活"类	"听"类	"踢"类
		带宾	不带宾	带宾	不带宾			
扬州	V了	V着+O	V着	V着+O	V着	V着	V着	V着
泰州	V啊	V啊+O	V啊+PP	V啊+O	V啊+PP	V啊+PP		
安庆(老派)	V着	V着+O	V着	V着+O	V着	零形式或V+着	V+着	
绩溪	V了	V了+O	V+PP	V了+O	V+PP	零形式或V+PP		

表十二

		实现体	存续体				持续体		
			"站"类		"拎"类		"活"类	"听"类	"踢"类
			带宾	不带宾	带宾	不带宾			
扬州		V了	V着+O	V着	V着+O	V着	V着	V着	V着
泰州	老派	V啊	V啊+O	V啊+PP(多)或V着(少)	V啊+O	V啊+PP或V着	V啊+PP	V着	V着
	新派	V啊	V啊+O(多)或V着(少)	V啊+PP或V着	V啊+O(多)或V着(少)	V着	V啊+PP或V着(少)	V着	V着
安庆	老派	V着	V着+O	V着	V着+O	V着	零形式或V着	V着	
	新派	V着	V着+O	V着	V着+O	V着	零形式或V着	V着	V着(少)
绩溪	老派	V了	V着+O或V了+O	V着(少)或V+PP(多)	V着+O	V着(多)或V+PP(少)	V+PP或零形式		
	新派	V了	V着+O或V了+O	V+PP(多)或V着(少)	V着+O	V着	V着(少)或零形式(多)或V+PP(少)	V着(少)	

续体跟实现体用同一个助词表示,安庆话用的是"着",绩溪话用的是"了";绩溪话不带宾语的存续体是用半虚化的 PP 表示的,安庆话不管带不带宾语,都是用"着"兼表存续体。

②接触后的情形,见表十二。

对比表十一和表十二,我们可以清楚地看出,泰州话受到扬州话影响,"着"首先用来表示原先没有专门语法手段表示的,具有动态特点的持续体(原先是空格);然后"着"逐渐向不带宾的"拎"类存续体、不带宾的"站"类存续体、静态持续和带宾的存续体发展。绩溪话从安庆话里借来了"着"首先用来表示带宾的存续体;然后逐渐向不带宾的"拎"类存续体、不带宾的"站"类持续体和静态持续体扩展。"着"在泰州话和绩溪话里扩展的情况大体如下:

泰州话:具有动态特点的持续体("踢"类、"听"类动词)→不带宾的"拎"类存续体→不带宾的"站"类存续体→静态持续体("活"类动词)→带宾的存续体("站"类、"拎"类动词)。

绩溪话:带宾的存续体("站"类、"拎"类动词)→不带宾的"拎"类存续体→不带宾的"站"类存续体→静态持续体("活"类动词)→兼有动静特点的持续体("听"类动词)。

泰州话最先接纳"着"的是原先的两个空格。这很好理解,原来没有语法手段表示动态持续,这时正好有一个"送上门"的"着",不妨拿来一用。不过,动态持续跟方言原有的进行体意义很相近,所以在泰州话里就出现了"中介方言"(inter dialect),在这里表现出的就是叠床架屋现象:把方言原有的进行体的成分和动态持续的"着"杂糅到一个句子中,比如"外头在下下着雨",动词前的"在下"是进行体的标记,紧跟动词的"着"是动态持续体的标记。而且,泰州话里还发生了重新分配的现象(reallocation),进行体和动态持续体逐渐有了分工:进行体一般地陈述现在正在发生的事件;动态持续体则侧重表示动作行为正在进行之中,隐含着此时无法再做其他事情,不要打扰的意思。更重要的是,从句法表现上,两者也有了一些不同:动态持续体可以出现在非施事性成分为话题的句子中,进行体出现在这样的句子中就有一些勉强。

绩溪话的情况就很不相同。因为安庆话本身就没有什么语法手段表示动态持续,所以绩溪话不可能一开始就从安庆话中借来表示动态持续的"着"。"着"在绩溪话的突破口是带宾语的存续体。因为在带宾语的情况下,绩溪话原先没有专用的语法标记表示存续体,从安庆话借来"着"就使绩溪话有了专门的存续体标记手段。注意,"着"在安庆话中是实现体标记兼表存续体;绩溪话的"着"则是真正的存续体助词。下面句子中安庆话跟绩溪话虽然表面形式相当,但"着"的性质大不相同:

安庆话:桌子高头放着一本书。

绩溪话:桌上放着一本书。

安庆话在动词前可以加上施事主语,绩溪话不行:

安庆话:桌子高头我放着一本书。

绩溪话:*桌上我放着一本书。

在这样的存现句中,安庆话的"着"也表现出一些存续体标记的特点。把它跟苏州话的"着(仔)"比较一下就能看得很清楚,苏州话不能说"*台子浪一径─直放仔一本书",而安庆话可以说"桌子高头一直放着一本书"。苏州话的"着(仔)"还是单纯的实现体标记;安庆话的"着"则身兼三职:实现体标记、存续体标记、持续体标记。

泰州话和绩溪话"着"引进的突破口不同,主要是因为源方言(source dialect)"着"的表现不同。两个方言"着"的进一步发展却有相似的路向,这跟两个方言原有语法结构有关。两个方言原来都有用半虚化的方所介词结构(PP)表示存续体和持续体的手段。不过两个方言中的PP都还含有处所指示的意味,这就造成了"拎"类动词在跟PP

组合时会产生歧义,比如绩溪话"包我拎是尔 nɑ⁰"既可能有"包我拎着呢"的意思,也可能有"包我拎在这里了(此时包已不在我手上)"的意思,而用"着"则不会产生歧义。因此,在两地方言中,"着"迅速向不带宾的"拎"类存续体扩展。

在泰州话中,"拎"类和"站"类动词还受"踢"类和"听"类动词构成的"非施事+施事+V 着"结构(钢笔我用着啊呢)的影响,经过类推,这两类动词也常出现在这样的结构中,表示某种事物正处于被占用的状态,而且一时不会改变(椅子我坐着啊呢/包我拎着啊呢)。在无后接宾语的情况下,绩溪话中的"站"类动词也可以跟"着"组合,表示某种事物正处于被占用的状态,这应该是受到"拎"类动词影响所致。

我们发现,"着"在泰州、绩溪扩展的速度很快。PP(在下、是尔 nɑ⁰/那 xa⁵⁵)音节长,意义没有完全虚化;汉语一般不允许"V+PP+O"结构的存在,而体范畴跟动词关系密切,体标记紧跟动词是最自然(natural)的标记模式①。这一切都使 PP 在跟"着"的竞争中处于下风。这说明,两个方言接触,语法功能相当的两个成分,自然的、简化的那个容易保留。这就是方言接触过程中的简化现象(simplification)。而且,从汉语方言发展历史上看,实现体标记"了"和经历体标记"过"都经历了从句尾移到动词后的过程。助词"着"总是紧跟动词,而 PP,因为不能总是紧跟动词,所以做体标记有先天的不足。

在调查中我们还感觉到,"着"在四地的使用都同时受到普通话的影响。不独泰州、绩溪,扬州、安庆的"着"也在扩展地盘。根据我们的调查,江都话进行体是用"在+V"表示的,但在扬州市区,不管老派还是新派都用动态持续体兼表进行体。安庆少数新派甚至认可"跳着舞/

---

① 从汉语史的角度看,体助词"了"和"过"都经历了从句尾移到动词后的过程。从现代方言来看,新派苏州话的 PP("勒浪"的缩减形式"浪")有前移到动词后宾语前表示存续体的用法,比如"门前停浪一部车子/台子浪放浪一本书"。

唱着歌"这样的说法。以苏州话的情况推测，安庆话"着"跟"活"类和"听"类动词组合表示持续都应该是相当晚起的，因为苏州话"着"到现在仍然不能跟"活"类和"听"类动词组合表示持续。

还有一个问题需要解释。从表十一中我们可以看到，在带宾语的情况下，泰州话和绩溪话都没有专门的存续体标记。泰州话出现在存在句中的是实现体标记"啊"，绩溪话是"了"。但为什么泰州话直到现在仍只有少数新派在存在句中用"着"代替"啊"，表示存续，而绩溪话在接触演变的开始"着"就侵入了存在句？

泰州话的动词后附成分"啊"对于泰州人来说是一个方言特征极其显著的成分。我们到泰州去调查，没等我们询问，当地的发音人就主动告诉我们泰州话里有个"啊"，使用非常广泛，说明他们对"啊"非常敏感。虽然通过多种途径，泰州人会接触到包括扬州话在内的异方言，但他们对内仍说泰州话，类似"啊"这样的方言特征显著的成分很难被异方言的其他成分替换。绩溪话的"了"并不属于方言特征显著的成分，经过接触，新成分"着"跟"了"有了分工。"着"做存续体标记，而"了"作为实现体标记的功能并没有发生动摇。

可能还有一个原因：泰州话跟扬州话接触的强度相对较弱。泰州话受扬州话的影响，是因为地理位置靠近，扬州在政治、经济、文化各方面都处于优势地位，行政上泰州又长时间隶属于扬州，扬州话的语言成分势必会慢慢向泰州话渗透、扩散。但据对泰州方言和文化素有研究的俞扬先生告知，扬州文化和泰州文化有显著不同，泰州人对扬州话也并不认同，泰州话受扬州话的影响是潜移默化的。而安庆跟绩溪地理位置相距遥远，绩溪话受到安庆话影响是因为移民。新移民跟原住居民混居在一起，为了交际，他们往往要彼此适应对方，有时候会有意识地使用对方的一些语言成分，语言成分的替换就很容易发生。哪个方言的成分替换哪个方言的成分跟人口和方言的社会地位有关。比如，在屯溪和休宁,因为安庆一带的移民人数众多,所以这两地的实现体标记也换成了安庆的"着";在绩溪,安庆移民相对人数较少,实现体的"了"没有被替换。

通过比较四地"着"的不同表现,我们认为:

①方言接触中,出现空格的地方通常容易吸收异方言的相应成分。

②简化和自然的语法成分容易生存,发展迅速。

③方言接触后往往会出现"中介方言",最常见的表现是两种功能相当的成分杂糅在一个句子中,形成叠床架屋的形式。

④方言接触后会发生重新分配现象,来自不同方言的成分会出现新的分工。

⑤某种语法成分在源方言的表现会直接影响它在借入方言中的表现。

⑥方言特征显著的成分较难被新成分替换。

7.2.3 苏皖方言语法中的同源层次问题

跟异源层次不同的是,同源层次是由于方言自身演变形成的,而不是在方言接触的过程中受其他方言影响而产生的。

从语言经济性的角度考虑,一种语言不大会允许两种表示相同语法意义的形式并存。不过,在某种结构产生之初,可能有某个阶段呈现比较混乱的格局,两种形式就有可能并存。比如在六朝时产生了分用的动结式 VOC 和合用的动结式 VCO 两种形式,它们功能相同。两种形式并存了很长时间,到宋代以后 VOC 的形式才逐渐减少,以至消亡(蒋绍愚 1994:192)。

另外,新的语言形式代替旧的语言形式也有一个过程,在这个过程中就会产生层次问题。我们知道,上古汉语表示源点的介词结构多处于动词后,从西汉开始,这类介词结构开始前移,到魏晋南北朝时期这类介词结构就基本是处于动词前的了(洪波 1999,张赪 2002)。不过,直到现代汉语,"从北京来"跟"来自北京"也是共存的,只是"来自北京"的说法更文一些罢了。这两种不同的语序实际代表的就是两个不同的层次:

　　从我们调查的方言来看,语法同源层次的产生有两个情况。一种情况是,某种语法形式在使用的过程中功能发生了扩展,出现了在它原本无法出现的场合,而这种场合本来由另外一种语法形式来表示,这样就造成了同源层次。我们通过下面的例子来说明这种情况。

　　苏州话持续体的标记是放在谓词后的虚化的处所介词结构,常用的是"勒海"。老派苏州话放在谓词后的"勒海"(还包括"勒里、勒浪、勒笃"等)只能表示静态的持续,不能表示动态的持续,比如"俚还活勒海/俚一直醒勒海/我会勒海/我晓得勒海"等都是可以接受的,相反"外头落雨勒海/俚汏衣裳勒海"都是不能接受的。不过在新派苏州话中,"勒海"也可以出现在动态动词组成的动宾词组后,像"外头落雨勒海/俚汏衣裳勒海"这样的说法开始出现了。据我们调查,其意思跟"外头勒海落雨/俚勒海汏衣裳"基本一样,没有什么明显的区别。李小凡(1998:173)在谈到这个问题的时候说,从苏州方言的情况来看,在语法意义上区分进行体和动态持续并非十分必要。这就说明了在苏州话中有两种不同的结构可以表示进行体的意思,实际代表了两种不同的层次:"勒海+VP"是原来就有的,"VP+勒海"是新起的。跟我们在 7.2.2 中讨论的异源层次不同,新起的层次并不是由于其他方言的影响而产生的,是在本方言内部产生出来的。

　　苏州话能进行"勒海+VP"和"VP+勒海"变换的动词限于无[状态]语义特征的体宾动词(主要是我们在 2.1 中所分的"踢"类动词),而且体宾动词若不带宾语也还不能做此变换(李小凡 1998:173)。

　　语法同源层次的产生还有一种可能:有些成分由于语义上具有相

关性，很容易相继语法化，造成不同的层次。下面我们拿祁门话表体貌的"掉"和"失"为例来谈。

我们在 3.2.5 中描写了祁门话有两个跟苏州话表体貌的"脱"对应的成分"掉"和"失"。从整个徽语的情况来看，"掉"和"失"都应该是祁门话自身产生发展出来的，因为徽语用得最多的是"塌"，绩溪、歙县、屯溪、休宁①都既没有"掉"也没有"失"。"掉"和"失"在很多情况下可以互换使用而意思不变，比如：

(27) 渠伊道题错掉/失了。

(28) 学校里死掉/失一个人。

"掉"和"失"共存在祁门话中，有相同的语法功能，可以认为是两个不同层次的语法成分。从语法化的程度来看，"掉"在某些指标上比"失"语法化得更厉害，比如"掉"可以跟在动结式之后，"失"不行；"掉"可以跟在消极义形容词之后，"失"不能跟在形容词之后。在另外一些指标上，"失"又表现得比"掉"语法化程度更高，比如"掉"可以作可能补语，"失"不行；"掉"可以出现在否定句中，"失"不行。依据现有的资料，我们很难说哪个成分是新的，哪个成分是原来的。这也说明了"掉"和"失"现在正处于激烈竞争的态势，功能既有交叉的地方，又各有自己的势力范围。

为什么祁门话中会同时存在"掉"和"失"这两个半虚化的成分呢？我们认为，"掉"和"失"有两条重要的共同点：①它们都经常出现在结果补语的位置；②都含有[＋去除]的语义特征。结果补语是很容易语法化的位置，共同的[＋去除]的语义特征又促使它们走上了同一条语法化的道路。

---

① 绩溪、歙县的材料是我们自己调查的，屯溪的材料来自钱惠英编写的《屯溪话音档》，休宁的材料来自平田昌司、伍巍(1996)《休宁方言的"体"》。

7.3 本书的成绩与不足

方言语法在整个方言学研究中还处于弱势地位。方言语法调查也没有一套通行的工作框架。方言语法现象纷繁复杂,跟语音、语义问题纠缠在一起,涉及面广,对于没有母语语感的人来说调查难度极大。调查中的辛苦是没有系统做过非母语方言语法调查的人很难体会到的。我们在前人研究的基础上做了一些尝试,如果说还有一些可取之处的话,我们觉得有以下几点:

①用区域语言学的眼光审视方言问题。

以往的方言研究多是以单点为主,系统地描写某地的语音、词汇和语法现象。后来,方言研究的视野逐渐扩大,方言比较日渐兴盛。不过多数的比较还是局限在一个大方言区内,跨方言区的比较还很少见。我们同意游汝杰(2000:162)的观点,汉语方言"分化的过程和融合的过程是同时发展,并行不悖的"。我们尝试在本文的写作中引入区域语言学的视角。以跨方言的苏皖区域入手,观察这个区域的方言语法现象,探索方言的底层和方言接触的过程。在汉语方言研究中,这个视角是比较新的。而且,我们认为,这种视角也适合方言语法的研究,因为方言区的划分以语音特征为主,某种方言语法现象往往不局限于某个方言区所独有;如果从区域语言学角度出发,会让我们观察到更多更有意思的现象,还可以把分布在不同方言中的同类型的语法现象联系起来。

②初步调查了苏皖两省的吴语、徽语和江淮方言的五种语法现象。

吴语中苏州话可能是单点方言中研究成果仅次于北京话的了,不过常州话,尤其是湾沚话以前的研究还很不充分,很多特殊的语法现象没有被揭示出来。徽语和江淮方言以前虽然有了一些研究成果,但在语法方面基本还是空白。我们这次实地调查了吴语、徽语、江淮方言共 21 个方言点,重点描写了 17 个方言点的情况,发掘出了很多以前没有报道过的语法现象。比如量词独用现象不仅在吴语、徽语,在江淮方言很多点中也存在。而且,涟水(南禄)和阜宁(沟墩)不仅有量词独用现象,指示词也可以独用,甚至数词也有定指用法①。这些现象的描写使我们对吴语、徽语和江淮方言有了更进一步的了解,对探索它们之间的关系提供了丰富的第一手资料。而且我们在调查中注意了方言层次问题,有些点的调查有新老派的对比,对方言变异现象也尽量做到如实记录。

③尝试将共时平面描写和历时文献考察结合起来。

我们知道,方言共时的差异往往反映历时的过程,所以我们在对方言语法现象进行描写的同时,注意结合历史文献探索它们的源流和发展。通过对动词重叠式特殊组配共时地域分布和动词重叠历时发展的考察,我们还大致推算出徽语和江淮方言从吴语中分化出来的时间应该不早于宋元时期②。

毋庸讳言,我们的论文还存在着一些问题,突出的有以下几个方面:

①调查材料的完备与准确有待进一步提高。

任何理论分析都必须建立在坚实可靠的事实材料基础上。如果材料有问题,理论自然失去了立足之地。在调查之前我们做了大量的前期准备工作,调查点和合作人也经过了精心挑选。但是方言的复杂与精妙却往往出乎我们的意料。在调查的过程中我们经常遇到没有设想到的情况,只能边调查边补充我们的调查例句,到了下一个点遇到了新情况,还得返回头到上一个点补充调查。本文详细描写了 17 个点的情

---

① 比如涟水(南禄)话"两人过来"就是"那两个人过来"的意思。详细描写请参看本文 4.4.1。

② 请参看第五章和本章 7.1.2 的内容。

况,都不是我的母语。苏州话因为有了大量的已经出版的材料,而且我在苏州(常熟)生活了将近十年,相对比较熟悉,调查起来还不太困难。我父亲是南通海安人,从小耳濡目染,对江淮方言泰如片也有一些感性认识。但是有些方言点,尤其是徽语的绩溪、歙县、祁门,听懂他们的话都有困难,材料搜集的难度相当大。为了保证材料的准确性,我们在调查点的选择上花了一番心思,尽量选择那些可以找到能说当地话的语言学工作者作为发音合作人或者核对人的点。比如我们在泰州的发音人俞扬先生,早年师从方光焘先生学习语言学,毕业后一直在家乡工作,从上个世纪60年代开始就对泰州话进行研究,在《中国语文》《方言》等杂志上发表了有关泰州话的论文数篇。兴化的合作人张丙钊先生是《兴化方言志》的作者。苏州话的材料汪平教授也帮助核对过。绩溪、歙县的材料由赵日新教授帮助核对过一次。扬州的材料由《扬州方言词典》的编者之一黄继林先生和扬州大学中文系的张其昀教授帮助核对。六安话的部分材料也跟刘祥柏先生讨论过。常州、灌南、涟水、阜宁、东台、枞阳、祁门、合肥的新派合作人都是语言学专业的研究生或者教师。可惜,湾沚和南通我们没找到合适的核对人。

即便如此,我们在调查时也遇到一些问题。比如对同一个例句,同一个点的,年龄相当的发音人有时会做出完全相反的判断;有时我们在当地调查的结果跟帮助我们核对的语言学工作者的语感也有差异。对于这些差异,我们在文中都通过脚注的方式加以注明。而且,由于多数点是采用问答法①进行调查,调查的结果很难全面反映方言的实际。发音人合作人也难免受到普通话的影响。最近三年来,我一直从事欧盟SINOTYPE项目的研究工作,在绩溪上庄镇做了大量的田野调查,用国际音标和汉字转写了十几个小时的自然口语语料,发现了很多以前没有

---

① 也叫"翻译法",调查时让发音人翻译普通话的例句;或者由调查者描述语境,让发音合作人给出适合这种语境的句子。

关注到的现象。本书中绩溪方言的例句很多就取自这些自然语料。我们认为,以后方言语法的描写应该建立在大规模自然口语语料搜集的基础上,问答法只能作为辅助手段,这样才能确保调查的全面和准确。

②调查的点还不够普遍,有些有特色的点还没有包括进来。

虽然我们实地调查了21个方言点,但由于考虑到核对材料的方便,对方言点的代表性就照顾不够。比如徽语的休黟片和旌占片就连一个点都没有,所以本文对徽语的认识可能还是很片面的。从调查材料来看,安徽江淮方言和江苏江淮方言有明显的差别,但由于缺少过渡地区的材料,我们看不出这种差异在地理上的推移过程。如果能增加滁州、马鞍山等位于江苏、安徽交界地区的点就好了。

③对地方志、家谱族谱利用不够。

地方志和家谱族谱中往往记录移民的信息,有些地方志中还有直接记录方言的材料,这些都是研究方言可以利用的。我们在写作本文的过程中也查阅了一些地方志的材料,比如《乾隆十一年阜宁县志》《光绪十一年阜宁县志》《民国廿一年阜宁县志》《光绪安东县志》《明万历扬州府志》《道光徽州府志》等。不过由于时间关系,大多数地方志我们还没有来得及看,家谱族谱更是无缘得见。

④事实描写多,理论升华不够。

在写作本文的过程中,我们试图在描写的基础上,从语法化的角度入手探讨方言演变的轨迹;在区域语言学方法的指导下研究方言之间的关系;在对文献爬梳的过程中探索方言区域的变迁。不过我们自己感觉在这几个方面做得都还很不够。苏皖方言地处南北方言交界,其材料可以为建立和丰富方言层次理论服务,我们也在这方面做了一些探索,但观点能否成立还需要时间的检验。另外,我们自己也感觉到本书各个部分虽然都是在苏皖区域方言这个大背景下讨论问题,但除此以外缺乏内在的呼应,显得比较杂。

参考文献

安徽省地方志编纂委员会　1997　《安徽省志·方言志》,方志出版社。
鲍明炜、王均　2003　《南通方言研究》,江苏教育出版社。
鲍世杰　1998　《杭州方言词典》,江苏教育出版社。
蔡国璐　1998　《丹阳方言词典》,江苏教育出版社。
蔡镜浩　1990　《重谈语助词"看"的起源》,《中国语文》第1期。
曹广顺　1995　《近代汉语助词》,语文出版社。
曹晓燕　2003　《无锡方言研究》苏州大学硕士毕业论文。
曹志耘　1996　《金华方言词典》,江苏教育出版社。
————　2008　《汉语方言地图集·语法卷》,商务印书馆。
陈保亚　1996　《语言接触与语言联盟》,语文出版社。
陈垂民　2001　《闽南话的动词重叠》,《陈垂民语法方言论集》,兰州大学出版社。
陈　刚　1980　《试论"着"的用法及其与英语进行式的比较》,《中国语文》第1期。
陈立中　2004　《湘语与吴语音韵比较研究》,中国社会科学出版社。
陈淑梅　2001　《鄂东方言语法研究》,江苏教育出版社。
陈兴伟　1992　《义乌方言量词前指示词与数词的省略》,《中国语文》第3期。
陈忠敏　1999　《论苏州话人称代词的语源》,《中国语言学论丛》第二辑,北京语言文化大学出版社。
崔山佳　2004　《近代汉语语法历史考察》,崇文书局。

戴维·克里斯特尔编,沈家煊翻译　2000　《现代语言学词典》(第4版),商务印书馆。

戴耀晶　1997　《现代汉语时体系统》,浙江教育出版社。

地藏堂贞二　2000　《从语言的角度看〈儒林外史〉的作者问题》,《中国语文》第1期。

董楚平　2001　《汉代的吴越文化》,《杭州师范学院学报》第1期。

丁邦新　1982　《汉语方言分区的条件》,原载《清华学报》14.1,2:257—273,《庆祝李方桂先生八十岁论文集》。收入《丁邦新语言学论文集》,商务印书馆1998年。

——— 1992　《汉语方言史和汉语区域史的研究》,《中国境内语言暨语言学(一)汉语方言》。收入《丁邦新语言学论文集》,商务印书馆1998年。

丁　锋　1995　《〈博雅音〉音系研究》,北京大学出版社。

董绍克　2002　《汉语方言词汇差异比较研究》,民族出版社。

董秀芳　2003　《北京话名词短语前阳平"一"的语法化倾向》。收入吴福祥、洪波主编《语法化与语法研究(一)》,商务印书馆。

范　晓　1988　《吴语"V—脱"中的"脱"》,《吴语论丛》,上海教育出版社。

方　梅　2002　《指示词"这"和"那"在北京话中的语法化》,《中国语文》第4期。

冯春田　2000　《近代汉语语法研究》,山东教育出版社。

高名凯　1957　《汉语语法论》,科学出版社。

葛剑雄等　1993　《简明中国移民史》,福建人民出版社。

顾　黔　2002　《通泰方言音韵研究》,南京大学出版社。

郭　锐　1993　《汉语动词的过程结构》,《中国语文》第6期。

——— 2002　《现代汉语词类研究》,商务印书馆。

何大安　1988　《规律与方向:变迁中的音韵结构》,历史语言所专刊之九十。

洪　波　1996　《庐江话的虚词"仔"》,《语言学论辑》,北京语言学院出版社。

——— 1999　《汉语场所成分的语序演变及其机制》,《坚果集——汉台语锥指》,南开大学出版社。

洪　诚　1957　《论南北朝以前汉语中的系词》,《语言研究》第 2 期。

洪成玉　1980　《判断词"是"的来源——与王力先生商榷》,《河北师院学报》第 1 期。

洪心衡　1964　《〈孟子〉里的"是"研究》,《中国语文》第 4 期。

侯精一　2002　《现代汉语方言概论》,上海教育出版社。

胡光斌　1989　《遵义话中的"名+量"》,《中国语文》第 2 期。

胡明扬　1996　《B.Comrie〈动态〉简介》,《国外语言学》第 3 期。

胡松柏　2003　《赣东北汉语方言接触研究》,暨南大学博士论文。

胡松柏等　2009　《赣东北方言调查研究》,江西人民出版社。

华学诚　2003　《周秦汉晋方言研究》,复旦大学出版社。

黄伯荣　1996　《汉语方言语法类编》,青岛出版社。

黄继林　2001　《有关苏北"洪武移民"的几个问题》,《江苏地方志》第 4 期。

黄家教等　1997　《汉语方言论集》,北京语言文化大学出版社。

江蓝生　2000　《近代汉语探源》,商务印书馆。

江苏省地方志编纂委员会　1998　《江苏省志·方言志》,南京大学出版社。

蒋绍愚　1994　《近代汉语研究概况》,北京大学出版社。

杰克·理查兹等编著,刘润清等翻译　1993　《朗曼语言学词典》,山西教育出版社。

柯理思　2003　《从河北冀州方言对现代汉语[V在＋处所]格式的再探讨》。收入戴昭铭主编《汉语方言语法研究和探索——首届国际汉语方言语法学术研讨会论文集》,黑龙江人民出版社。

李崇兴　1996　《湖北宜都方言的助词"在"的用法和来源》,《方言》第1期。

李金陵　1997　《合肥话音档》,上海教育出版社。

李人鉴　1957　《泰兴方言中动词的后附成分》,《中国语文》第12月号。

李如龙　2002　《汉语方言特征词研究》,厦门大学出版社。

李如龙、辛世彪　1999　《晋南、关中的"全浊送气"与唐宋西北方音》,《中国语文》第3期。

李恕豪　2003　《扬雄〈方言〉与方言地理学研究》,巴蜀书社。

李小凡　1998　《苏州方言语法研究》,北京大学出版社。

李小凡、陈宝贤　2002　《从"港"的词义分布和地域分布看古吴语的北界》,《方言》第3期。

李宇明　2002　《动词重叠的若干句法问题》,《语法研究录》,商务印书馆。

李宗江　1999　《汉语常用词演变研究》,汉语大词典出版社。

林伦伦　1996　《澄海方言研究》,汕头大学出版社。

林新年　2004　《〈祖堂集〉"著"的语法化等级研究》,《福建师范大学学报》第3期。

林语堂　1927　《前汉方音区域考》,《贡献》第2、3期。收入林语堂《语言学论丛》,开明书店,1933年。

刘丹青　1985　《苏州方言定中关系的表示方式》,《苏州大学学报》第2期。

——　1986　《苏州方言重叠式研究》,《语言研究》第1期。

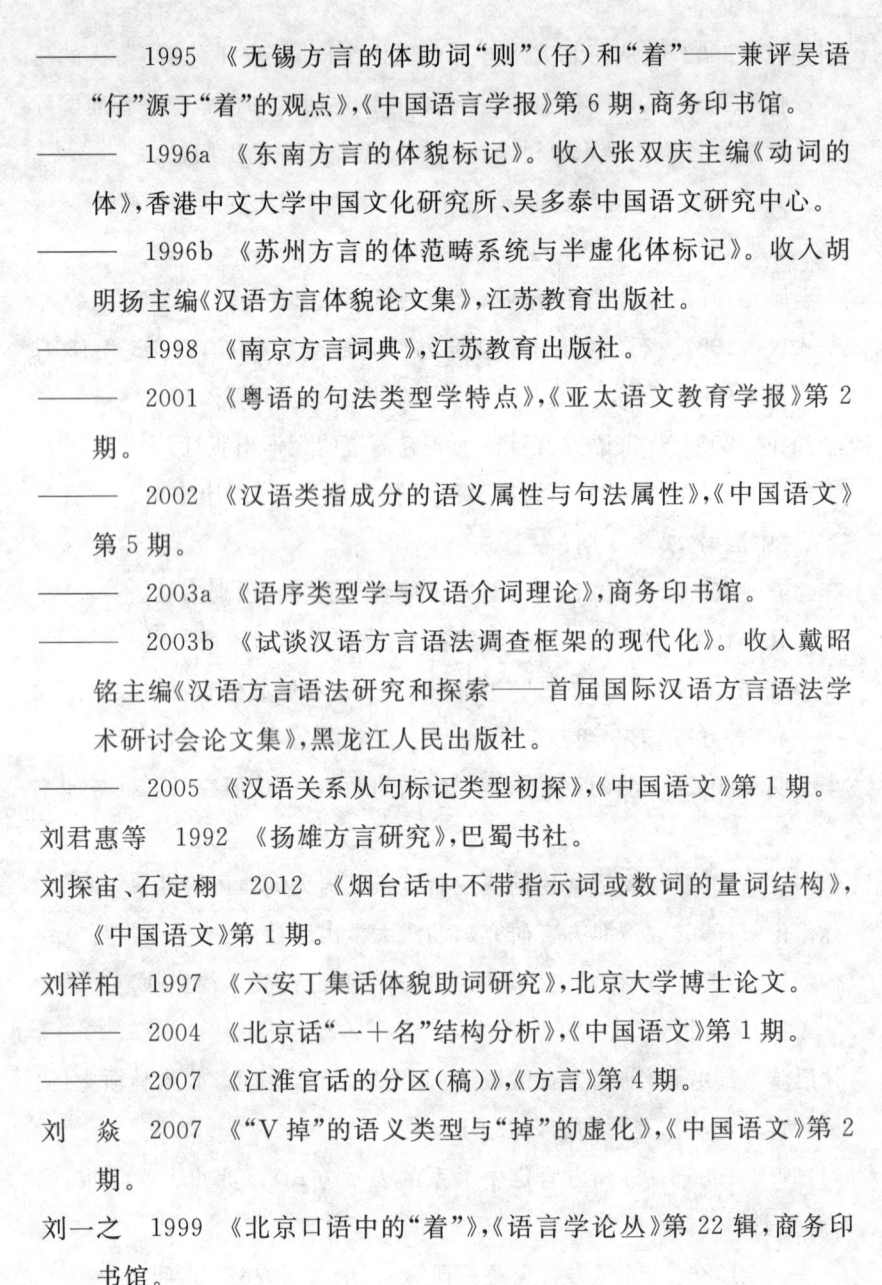

—— 1995 《无锡方言的体助词"则"(仔)和"着"——兼评吴语"仔"源于"着"的观点》,《中国语言学报》第 6 期,商务印书馆。

—— 1996a 《东南方言的体貌标记》。收入张双庆主编《动词的体》,香港中文大学中国文化研究所、吴多泰中国语文研究中心。

—— 1996b 《苏州方言的体范畴系统与半虚化体标记》。收入胡明扬主编《汉语方言体貌论文集》,江苏教育出版社。

—— 1998 《南京方言词典》,江苏教育出版社。

—— 2001 《粤语的句法类型学特点》,《亚太语文教育学报》第 2 期。

—— 2002 《汉语类指成分的语义属性与句法属性》,《中国语文》第 5 期。

—— 2003a 《语序类型学与汉语介词理论》,商务印书馆。

—— 2003b 《试谈汉语方言语法调查框架的现代化》。收入戴昭铭主编《汉语方言语法研究和探索——首届国际汉语方言语法学术研讨会论文集》,黑龙江人民出版社。

—— 2005 《汉语关系从句标记类型初探》,《中国语文》第 1 期。

刘君惠等 1992 《扬雄方言研究》,巴蜀书社。

刘探宙、石定栩 2012 《烟台话中不带指示词或数词的量词结构》,《中国语文》第 1 期。

刘祥柏 1997 《六安丁集话体貌助词研究》,北京大学博士论文。

—— 2004 《北京话"一+名"结构分析》,《中国语文》第 1 期。

—— 2007 《江淮官话的分区(稿)》,《方言》第 4 期。

刘焱 2007 《"V 掉"的语义类型与"掉"的虚化》,《中国语文》第 2 期。

刘一之 1999 《北京口语中的"着"》,《语言学论丛》第 22 辑,商务印书馆。

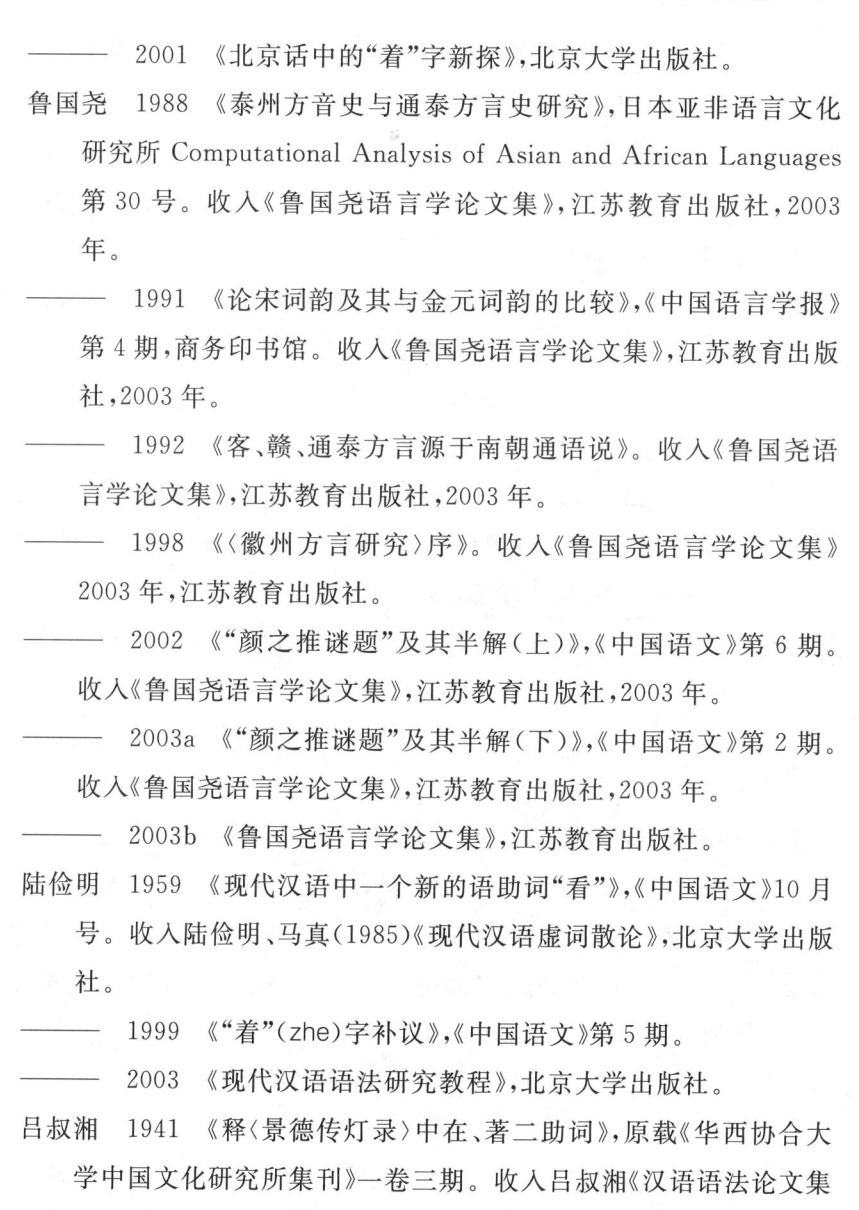

———— 2001 《北京话中的"着"字新探》,北京大学出版社。

鲁国尧 1988 《泰州方音史与通泰方言史研究》,日本亚非语言文化研究所 Computational Analysis of Asian and African Languages 第 30 号。收入《鲁国尧语言学论文集》,江苏教育出版社,2003年。

———— 1991 《论宋词韵及其与金元词韵的比较》,《中国语言学报》第 4 期,商务印书馆。收入《鲁国尧语言学论文集》,江苏教育出版社,2003 年。

———— 1992 《客、赣、通泰方言源于南朝通语说》。收入《鲁国尧语言学论文集》,江苏教育出版社,2003 年。

———— 1998 《〈徽州方言研究〉序》。收入《鲁国尧语言学论文集》2003 年,江苏教育出版社。

———— 2002 《"颜之推谜题"及其半解(上)》,《中国语文》第 6 期。收入《鲁国尧语言学论文集》,江苏教育出版社,2003 年。

———— 2003a 《"颜之推谜题"及其半解(下)》,《中国语文》第 2 期。收入《鲁国尧语言学论文集》,江苏教育出版社,2003 年。

———— 2003b 《鲁国尧语言学论文集》,江苏教育出版社。

陆俭明 1959 《现代汉语中一个新的语助词"看"》,《中国语文》10 月号。收入陆俭明、马真(1985)《现代汉语虚词散论》,北京大学出版社。

———— 1999 《"着"(zhe)字补议》,《中国语文》第 5 期。

———— 2003 《现代汉语语法研究教程》,北京大学出版社。

吕叔湘 1941 《释〈景德传灯录〉中在、著二助词》,原载《华西协合大学中国文化研究所集刊》一卷三期。收入吕叔湘《汉语语法论文集(增订本)》,商务印书馆,1984 年。

———— 1956 《中国文法要略》,商务印书馆。

―――― 1996 《现代汉语八百词》,商务印书馆。

吕叔湘著,江蓝生补 1985 《近代汉语指代词》,学林出版社。

罗常培 1930 《厦门音系》,中央研究院历史语言研究所。

―――― 1935 《切韵鱼虞之音值及其所据方音考》,《历史语言研究所集刊》第2本第3分。

罗常培、周祖谟 1958 《汉魏晋南北朝韵部演变研究》,科学出版社。

罗福腾 1997 《牟平方言词典》,江苏教育出版社。

罗杰瑞 1988 Chinese,本书据张惠英中译本《汉语概说》,语文出版社,1995年。

罗 骥 2003 《北宋语气词及其源流》,巴蜀书社。

罗曼·雅可布森 1958 《类型学研究及其对历史比较语言学的贡献》,姚小平主编《雅可布森文集》,湖南教育出版社,2001年。

罗自群 2005 《现代汉语方言表示持续意义的"住"》,《中国语文》第2期。

―――― 2006 《现代汉语方言持续体标记的比较研究》,中央民族大学出版社。

马重奇 1995 《漳州方言重叠式动词研究》,《语言研究》第1期。

马庆株 1992 《时量宾语和动词的类》,《汉语动词和动词性结构》,北京语言学院出版社。

马希文 1982 《关于动词"了"的弱化形式/·lou/》,《中国语言学报》第1期。

梅祖麟 1980 《吴语情貌词"仔"的语源》(陆俭明译),《国外语言学》第3期。

―――― 1988 《汉语方言里虚词"著"字三种用法的来源》,《中国语言学报》第3期。

―――― 1994 《唐代、宋代共同语语法和现代方言的语法》,《中国境内语言暨语言学》第2期。收入《梅祖麟语言学论文集》,商务印书馆,2000年。

—— 1995 (与杨秀芳合著)《几个闽语语法成分的时间层次》,《历史语言研究所集刊》第66本第一分。收入《梅祖麟语言学论文集》,商务印书馆,2000年。

—— 1995 《方言本字研究的两种方法》,《吴语闽语比较研究》,上海教育出版社。收入《梅祖麟语言学论文集》,商务印书馆,2000年。

—— 2004 《苏州话的"唔笃"(你们)和汉代的"若属"》,《方言》第3期。

莫 超 2004 《白龙江流域汉语方言语法研究》,中国社会科学出版社。

潘悟云 1983 《中古汉语方言中的鱼和虞》,《语文论丛(第2辑)》,上海教育出版社。

潘悟云、陶寰 1999 《吴语的指代词》,收入李如龙、收入张双庆主编《代词》,暨南大学出版社。

彭泽润 2003 《衡山南岳方言的地理研究》,湖南师范大学博士论文。

平田昌司 1998 《徽州方言研究》,日本好文出版社。

平田昌司、伍巍 1996 《休宁方言的体》,收入张双庆主编《动词的体》,香港中文大学出版社。

钱惠英 1997 《屯溪话音档》,上海教育出版社。

—— 1999 《屯溪方言中的"着"——官话方言向土著方言渗透的又一例证》,《黄山高等专科学院学报》第1期。

钱乃荣 1997 《吴语中的"来"和"来"字结构》,《上海大学学报》第3期。

—— 2002a 《北部吴语的特征词》,收入李如龙主编《汉语方言特征词研究》,厦门大学出版社。

—— 2002b 《进行体、持续体和存续体》,《中国语文研究》第 1 期。

—— 2003 《苏州方言动词"勒浪"的语法化》,收入钱乃荣主编《北部吴语研究》,上海大学出版社。

桥本万太郎著,余志鸿译 1985 《语言地理类型学》,北京大学出版社。

任学良 1980 《判断词"是"见于先秦说》,《杭州师范学院学报》第 2 期。

荣晶、丁崇明 2000 《昆明话动词重叠的句法组配》,《方言》第 1 期。

邵荣芬 1982 《切韵研究》,中国社会科学出版社。

沈家煊 2001 《语法化学说·导读》,外语教学与研究出版社。

施其生 1996 《广州方言的"量+名"组合》,《方言》第 2 期。

石汝杰 1995 《明清小说和吴语的历史语法》,《语言研究》第 2 期。

—— 2002 《苏州方言的体和貌》,收入戴庆厦主编《民族语言文学研究论集》,民族出版社。

石汝杰、宫田一郎 2005 《明清吴语词典》,上海辞书出版社。

石汝杰、刘丹青 1985 《苏州话的量词定指用法及其变调》,《语言研究》第 1 期。

石毓智 2002 《量词、指示代词和结构助词的关系》,《方言》第 2 期。

—— 2004 《自然数"1"语法化为有定性标记的认知基础》,《民族语文》第 1 期。

史有为 1982 《常州方言的"佬"》,《中国语文》第 3 期。

太田辰夫著,蒋绍愚、徐昌华译 1987 《中国语历史文法》,北京大学出版社。

汤珍珠等 1997 《宁波方言词典》,江苏教育出版社。

唐爱华 2005 《宿松方言研究》,中国社会科学出版社、文化艺术出版社。

陶 寰　1995　《吴语的时间标记研究》,复旦大学博士论文。

特鲁别茨柯依　1937　《有关印欧语问题的一些看法》(雷明译),《国外语言学》1982 年第 4 期。

汪国胜　1994　《大冶方言语法研究》,湖北教育出版社。

——　1999　《湖北方言的"在"和"在里"》,《方言》第 2 期。

汪化云　2004　《鄂东方言研究》,巴蜀书社。

汪 平　1984　《苏州方言的"仔、哉、勒"》,《语言研究》第 2 期。

——　2003　《方言平议》,华中科技大学出版社。

——　1996　《苏州方言语音研究》,华中理工大学出版社。

——　1994　《贵阳方言词典》,江苏教育出版社。

王福堂　1999　《汉语方言语音的演变和层次》,语文出版社。

——　2003　《汉语方言语音中的层次》,《语言学论丛》27 辑,商务印书馆。

——　2004　《徽州方言的性质和归属》,《中国语文研究》第 1 期。

王洪君　1992　《文白异读与叠置式音变——山西闻喜方言文白异读初探》,《语言学论丛》第 17 辑。

——　2004　《也谈古吴方言"覃谈寒桓"四韵的关系》,《中国语文》第 4 期。

王红旗　2001　《指称论》,南开大学博士论文。

王 健　2007　《睢宁话中"个"的读音和用法》,《方言》第 1 期。

王 力　1937　《中国文法中的系词》,《清华学报》第 12 卷第 1 期。

——　1958　《汉语史稿》,中华书局。

王临惠　2003　《汾河流域方言的语音特点及其流变》,中国社会科学出版社。

王世华、黄继林　1996　《扬州方言词典》,江苏教育出版社。

王　瑛　1996　《唐诗中的动词重叠》,《中国语文》第 3 期。

吴福祥　1995　《尝试态助词"看"的历史考察》,《语言研究》第 2 期。

———　2002　《南方方言里虚词"到(倒)"的用法及其来源》,《中国语文研究》第 2 期。

———　2004　《也谈持续体标记"着"的来源》,《汉语史学报》第 4 辑。

吴永焕　2005　《北京话"一个"弱化的原因》,《语言教学与研究》第 2 期。

伍　巍　1988　《徽州方言和现代"吴语成分"》,《吴语论丛》,上海教育出版社。

项梦冰　1997　《连城客家话语法研究》,语文出版社。

———　2002　《连城客家话完成貌句式的历史层次》,《语言学论丛》第 26 辑。

肖娅曼　2006　《汉语系词"是"的来源与成因研究》,巴蜀书社。

谢留文　1999　《重读〈临川音系〉》,《方言》第 3 期。

谢自立等　1989　《苏州方言里的语缀(一、二)》,《方言》第 1、2 期。

辛世彪　2004　《东南方言声调比较研究》,上海教育出版社。

邢公畹　1979　《现代汉语和台语里的助词"了"和"着"》,《民族语文》第 2、3 期。

邢向东　2006　《陕北晋语语法比较研究》,商务印书馆。

邢向东、张永胜　1997　《内蒙古西部方言语法研究》,内蒙古人民出版社。

许宝华、宫田一郎　1999　《汉语方言大词典》,中华书局。

许宝华、陶寰　1997　《上海方言词典》,江苏教育出版社。

许宝华、汤珍珠　1988　《上海市区方言志》,上海教育出版社。

许心传　1988　《绩溪方言词和吴语方言词的初步比较》,《吴语论丛》,上海教育出版社。

颜清徽、刘丽华　1993　《娄底方言的两个语法特点》,《方言》第 1 期。

颜逸明　1994　《吴语概说》,华东师范大学出版社。

杨剑桥　1988　《吴语的"指示代词＋量词"的省略式》,《中国语文》第 4 期。

杨　清　1996　《台—卡岱语系区域语言学研究》,中国社会科学院民族研究所博士论文。

杨秀芳　1992　《从历史语法的观点论闽南语"著"及持续貌》,《汉学研究》10.1。

叶祥苓　1998　《苏州方言词典》,江苏教育出版社。

伊原大策　1986　《表示进行时态的"在"》,《河北大学学报》第 3 期。

游汝杰　1982　《论台语量词在汉语南方方言中的底层遗存》,《民族语文》第 2 期。收入《游汝杰自选集》,广西师范大学出版社,1998 年。

———　2000　《汉语方言学导论》,上海教育出版社。

———　2001　《吴语地理在历史上的演变》,《中国语文研究》第 1 期。

游汝杰、杨乾明　1998　《温州方言词典》,江苏教育出版社。

余霭芹　1997　《语法演变中的词汇——汉语语法的词汇扩散》,原载 Journal of Chinese Linguistics Vol.21,No.2。收入黄家教等《汉语方言论集》,北京语言文化大学出版社。

俞光中、植田均　1999　《近代汉语语法研究》,学林出版社。

于　江　2000　《〈金瓶梅词话〉中的单音节动词重叠》,《上海大学学报》第 5 期。

袁家骅　1960　《汉语方言概要(第一版)》,文字改革出版社。

———　1983　《汉语方言概要(第二版)》,文字改革出版社。

———　2001　《汉语方言概要(新第二版)》,语文出版社。

袁毓林　2002　《方位介词"着"及相关语法现象》,《中国语文研究》第

2期。

———— 2003 《苏州话人称代词构拟中的时间差》,《吴语研究——第二届国际吴方言研讨会论文集》,上海教育出版社。

袁毓林 王健 2005 《吴语的动词重叠式及相关的类型学参项——从几种语法格式的分布地域看古吴语的北界》,《吴语研究——第三届国际吴方言研讨会论文集》,上海教育出版社。

张伯江、方梅 1996 《汉语功能语法研究》,江西教育出版社。

张　赪 2000 《现代汉语 VV 与 V—V 的来源》,《语言教学与研究》第4期。

———— 2002 《汉语介词词组词序的历史演变》,北京语言文化大学出版社。

张光宇 1993 《吴闽方言关系试论》,《中国语文》第3期。

———— 1994 《吴语在历史上的扩散运动》,《中国语文》第6期。

———— 1996a 《论闽方言的形成》,《中国语文》第1期。

———— 1996b 《闽客方言史稿》,南天书局。

———— 1999 《东南方言关系试论》,《方言》第1期。

张惠英 1997 《汉语方言代词研究》,《方言》第2期。

———— 1998 《崇明方言词典》,江苏教育出版社。

张　军 2005 《汉藏语系语言判断句研究》,中央民族大学出版社。

张　敏 1990 《汉语方言反复问句的类型学研究:共时分布及其历时蕴含》,北京大学博士论文。

张维佳 2005 《演化与竞争:关中方言音韵结构的变迁》,陕西人民出版社。

张渭毅 2003 《魏晋至元代重纽的南北区别和标准音的转变》,《语言学论丛》第27辑,商务印书馆。

张亚军 2008 《江苏海安话的量词独用变调现象》,《中国语文》第1

期。

张映庚　1997　《昆明方言的文化内涵》,云南教育出版社。

赵日新　1998a　《徽语研究》,山东大学博士论文。

———　1998b　《从历时和共时谈"一看"》,《语文建设通讯》第 55 期。

———　1999　《说"个"》,《语言教学与研究》第 2 期。

———　2001　《绩溪方言述补结构的变调》,中国东南部方言研究比较计划提交论文。

———　2003　《汉语东南方言量词的语法功能》,《中国语文研究》第 1 期。

赵元任　1928　《现代吴语的研究》,清华学校研究院丛书第四种,科学出版社,1956 年。

———　1967　《吴语的对比研究》,《国外语言学》第 5 期。收入《赵元任语言学论文集》,商务印书馆,2002 年。

赵元任、杨时逢　1962　《绩溪岭北方言》,《历史语言研究所集刊》36 本上。

郑良伟　1988　《台湾话动词重叠式的语义和语法特点》,《中国语文》第 6 期。

郑　伟　2010　《现代和早期吴语中"上"的完成体用法》,《方言》第 1 期。

郑再发　2002　《就韵母结构的变化论南北方言的分歧:官话方言元音谐和小史》,《南北是非:汉语方言的差异与变化》,(台北)语言学研究所筹备处。

郑张尚芳　1998　《吴语》,载董楚平主编《吴越文化志》,上海人民出版社。

———　2004　《关于"一"作指示代词的方言证据》,《民族语文》第 4 期。

中国社会科学院、澳大利亚人文科学院　1987　《中国语言地图集》,朗文远东出版公司。

周法高　1959　《中国古代语法·称代篇》,"中央研究院"历史语言研究所。

周小兵　1997　《广州话量词的定指功能》,《方言》第 1 期。

周振鹤、游汝杰　1986　《方言与中国文化》,上海人民出版社。

朱德熙　1980　《北京话、广州话、文水话和福州话里的"的"字》,《方言》第 3 期。

——　1982　《语法讲义》,商务印书馆。

——　1985　《汉语方言里的两种反复问句》,《中国语文》第 1 期。

——　1986　《在中国语言和方言学术讨论会上的发言》,《中国语文》第 4 期。收入《朱德熙文集》第 3 卷,商务印书馆 1999 年。

——　1991　《"V-neg-VO"与"VO-neg-V"两种反复问句在汉语方言里的分布》,《中国语文》第 5 期。

——　1993　《从方言和历史看状态形容词的名词化兼论汉语同位性偏正结构》,《方言》第 3 期。

Feng-fu Tsao　2001　*Semantics and Syntax of Verbal and Adjectival Reduplication in Mandarin and Taiwanese South Min：Sinitic Grammar*, Oxford University Press.

Chao Yuen Ren　1968　*A Grammar of Spoken Chinese*, University of California Press. 丁邦新全译本《中国话的文法》,香港中文大学出版社,1980 年。收入刘梦溪主编《中国现代学术经典·赵元任卷》(胡明扬、王启龙编校),河北教育出版社,1996 年。吕叔湘节译本《汉语口语语法》,商务印书馆,1979 年。

Comrie, Bernard　1976　*Aspect*, Cambridge University Press.

Hopper & Traugott　2001　*Grammaticalization*,外语教学研究出

版社。

Lehmann, Christian　2002　Thoughts on *Grammaticalization*(Second, revised edition)(未出版)。

Pustet　2005　*Copulas：Universals in the Categorization of the Lexicon*, Oxford University Press.

Trask　2000　*Historical Linguistics*, 外语教学与研究出版社、爱德华·阿诺德出版社。

Trudgill, Peter　1986　*Dialects in Contact*, Basil Blackwell Ltd..

附录 各地发音人、核对人一览表

（年龄以调查时为准）

地 址	发音人姓名	发音人年龄	发音人性别	发音人职业	核对人姓名	核对人职业
睢宁县睢城镇	岳兰	60	女	退休会计		
睢宁县李集镇	冯玉德	60	男	退休国家干部		
苏州市吴中区	彭玉康	27	男	南京师范大学文学院现代汉语研究生	汪平	苏州大学文学院教授
常熟市虞山镇	赵平	64	男	常熟理工学院退休教师		
常州市湟里镇	乔桂珍	56	女	务农	汪平	
	郑国民	57	男	务农		
	郑伟	30	男	上海师范大学人文学院教师		
丹阳市	殷琛	22	女	徐州师范大学文学院学生		
通州市张芝山镇	陈莉烨	22	女	徐州师范大学文学院学生		
芜湖县湾沚镇	陶德炳	52	男	湾沚镇赵桥中心学校干部		
	张永晏	67	男	务农		
	陶智	25	男	安徽教育学院进修生（赵桥中学教师）		
芜湖县红杨镇	陶天霞	22	女	淮北职业技术学院学生		
泾县泾川镇	赵冰	58	男	水利高级技师		
宣州市宣州区古泉镇	范昌起	31	男	安徽教育学院中文系进修生		
宣州市宣州区裘公乡	鲍延龄	61	男	退休教师		
绩溪县伏岭镇	胡新军	22	男	安徽教育学院中文系学生	赵日新	北京语言大学教授
绩溪县华阳镇	葛轩	22	女	安徽师范大学学生	赵日新	
	葛卫国	53	男	物资局干部	赵日新	
绩溪县扬溪镇	许旺财	70	男	经商		
绩溪县上庄镇	胡来其	64	男	务农		
歙县徽城镇溪渠（鱼梁）	王海萍	19	女	安徽师范大学学生	赵日新	
	姚国庆	49	男	茶场工人	赵日新	
歙县徽城镇	何玉华	56	男	工人		
祁门县祁山镇	马曼娥	55	女	国家干部	饶洪泉	安徽师范大学教师
	饶国顺	50	男	祁门县经贸委副主任	饶宏泉	
婺源县紫阳镇	董隆辉	79	男	交通局退休干部		

续表

地点	姓名	年龄	性别	职业	核对人	备注
宿松县孚玉镇	张荣松	66	男	退休工人	唐爱华	宿州学院教师
南通市	王文贵	56	男	南通航运职业技术学院教师		
	陈娟	50	女	南通西郊小学教师		
	王厦	26	女	南通航运职业技术学院教师		
东台县富安镇	高传希	72	男	富安镇小学校长(退休)	王祖霞	盐城师范学院文学院教师
	王祖霞	30	女	盐城师范学院文学院教师(汉语史研究生)	王祖霞	
东台县三仓镇	梅海霞	21	女	徐州师范大学学生		
泰州市	俞扬	67	男	泰州市文史办退休干部	俞扬	
	陆江宏	58	男	工人		
兴化市昭阳镇	张丙钊	68	男	兴化档案办公室退休干部	张丙钊	
	张学礼	60	男	工人		
姜堰市溱潼镇	王园	20	女	徐州师范大学学生		
如皋市吴窑镇	周小娟	21	女	徐州师范大学学生		
海安县营西镇	唐仁涛	27	男	浙江杭叉工程机械股份有限公司南通分公司职员		
泰兴市珊瑚乡	黄小平	33	男	在常熟打工		
泰兴市南新镇	孔爱峰	28	男	常熟理工学院校长办公室干部		
灌南北陈集镇	杜恒华	51	男	灌南县城建局干部	杜鹃	徐州师范大学文学院现代汉语研究生
灌南县新安镇	刘传太	70	男	退休工人		
灌云县宁海乡	李明高	41	男	连云港师范专科学校教师		
灌云县鲁河乡	陈守红	22	女	徐州师范大学学生		
沭阳县贤官镇	于会芹	21	女	徐州师范大学学生		
沭阳县沭城镇	刘伟	21	男	淮阴师范学院学生		
沭阳县沭城镇	赵静	20	女	盐城师范学院学生		
赣榆县青口镇	邵静	21	女	徐州师范大学学生		
东海县牛山镇	臧蕾	32	女	连云师范专科学校教师		
涟水县南禄镇	顾劲松	32	男	徐州师范大学方言学研究生	顾劲松	
涟水县唐集镇	沈一彤	35	男	涟水县中学教师		
涟水县唐集镇	刘长城	31	男	涟水县郑梁梅小学教师		
涟水县大东镇	张秀兰	45	女	涟水县郑梁梅小学教师		
涟水县涟城镇	魏婷婷	22	女	徐州师范大学学生		

续表

阜宁县沟墩乡	陈国华	26	男	盐城师范学院文学院教师（北京大学汉语史博士）	陈国华	盐城师范学院教师
	吴立根	62	男	村支部书记	陈国华	
阜宁县三灶乡	徐宁	23	女	淮阴师范学院中文系学生		
阜宁县芦荡乡	陈奇春	22	男	淮阴师范学院中文系学生		
阜宁县吴滩乡	刘玲	24	女	淮阴师范学院中文系学生		
淮安市淮阴区王兴镇	郭冲	20	男	淮阴师范学院中文系学生		
	王建刚	20	男	淮阴师范学院中文系学生		
洪泽县岔河镇	唐传奇	19	男	淮阴师范学院中文系学生		
江都县江都镇	张林	60	男	退休工人	黄继林	原扬州市地方志办公室主任
扬州市	黄继林	59	男	原扬州市地方志办公室主任	张其昀	扬州大学文学院教授
	黄玉琴	58	女	退休工人		
滨海县界牌镇	陆红梅	21	女	徐州师范大学学生		
滨海县东坎镇	李玉楼	50	男	在盐城做生意		
	黄立兰	50	女	在盐城做生意		
滨海县通榆镇	蒯元元	20	女	徐州师范大学学生		
响水县响水镇	卜海涟	49	男	在盐城做生意		
盐都县步凤乡	蔡华祥	22	男	徐州师范大学方言学研究生		
	田富培	52	男	农民		
宝应县安宣镇	陈治	23	男	徐州师范大学学生		
江浦永宁乡	张文照	56	男	中学教师		
江浦县桥林镇	张友燕	27	女	南京师范大学文学院研究生		
南京市鼓楼区	姚喆	20	男	徐州师范大学学生		
句容华阳镇	朱琴	22	女	徐州师范大学学生		
	朱德海	49	男	农民		
肥东县高亮乡	夏庆明	29	男	安徽教育学院中文系进修生		
肥东县众兴乡	司圣柱	54	男	安徽教育学院教师		
合肥市	余建设	52	男	合肥钢铁公司技术工人		
	吴量	23	女	安徽教育学院中文系学生		
	李治淦	62	男	退休工人	李慧敏	安徽大学教师
安庆市	丁海燕	27	女	徐州师范大学文学院研究生（现代汉语方向）		
枞阳县陈瑶湖镇	张定	33	男	中国社会科学院语言所词典室		
	周捍东	62	男	枞阳陈瑶湖镇小学教师	张定	

续表

青阳县陵阳镇	郝瀚	20	男	安徽教育学院学生			
六安市独山镇	李敏	22	女	安徽教育学院学生			
六安市苏埠镇	程志堂	56	男	农民	刘祥柏	中国社会科学院语言所副研究员	
	尤业东	25	男	安徽教育学院进修生			
	汪显开	55	男	务农			
巢湖市苏湾镇	陈瑜	22	女	安徽师范大学学生			
繁昌城关	邵晨	18	女	安徽师范大学学生			
滁州市区	万悦	20	女	安徽师范大学学生			
铜陵郊区	安芬	20	女	安徽师范大学学生			
寿县陶店乡	陶旭东	24	男	安徽教育学院中文系学生			

专家评审意见

汪 平

汉语方言语法有一些突出的特点,第一是强烈的口语性,本来就很少书面文献,即使有,也只能是第二性的,仍要以口语为主体;第二是一个方言点一个样,任何人所能了解的方言点都很有限。第三,在方言研究中,对语法的研究属于深层的研究,想用有限的时间掌握一个不熟悉的方言语法,几乎是不可能的,要想对某方言语法有比较全面、可靠的了解,必须建立在获得该方言语感的基础上。这些特点(或者说难点)制约了方言语法研究的发展,尽管近二十年来,已有很多学者在努力,但成绩还不能令人满意。

本书作者在如此背景下,经过艰苦努力,获得了较好的成绩。此书的优点可以大致归纳为这几项:

1. 作者充分利用自己的方言背景(苏皖区域),最大限度地发挥了对这一区域方言了解的优势。

2. 作者不辞劳苦,在苏皖区域进行了相当大规模的调查,掌握了尽可能多的第一手资料。尽管如作者自己说的,有的方言连听懂都困难。但是,如前所说,任何人都不可能听懂许多不同方言区的方言。我们不可能做到最好,只能做得更好。作者大体上尽到了努力。

3. 作者对各相关方言语法特点的描写是比较精细和准确的,态度是严肃认真的。引用的材料,包括自己调查的和前人成果,都比较丰富。在相关领域内,已经达到了相当深度,填补了这一区域(作为一个整体)的方言语法的空白。

作者并没有泛泛地描写全部语法现象,而是有重点地选择了若干语法项,包括三种动态范畴的表现形式,跟苏州话"脱"相对应的成分,量词独用,动词重叠,跟数量词连用的"头"。这几项确实能反映该地区的重要特点,作者的选择是准确的。可见作者对相关方言语法的研究和成就十分熟悉,也有较深刻的理解。

4. 本书研究的是苏皖区域方言,这一区域主要包括三大方言:官话、吴语、徽语,官话还可分为江淮官话和中原官话。把这么多不同方言放在一本书里,应该如何处理?他们之间是什么关系?同源关系?接触关系?类型学关系?这是一个令读者感兴趣的问题。作者在此独辟蹊径,即采用区域语言学方法,突出其聚合特征,以新鲜的视角,从本以为各不相同的方言中发现种种共同点和关系,为我们打开了新的思路和提供了独到的见解。

5. 作者自己说到,以往方言分区,总以语音为标准。此话虽略有片面,但语法标准在方言分区中不受重视是事实。本书的研究,不但为方言语法研究本身做出贡献,也为提升语法研究在方言研究中的作用起到了促进作用。

总之,这是一本颇有价值的方言语法研究著作,理应受到方言工作者的欢迎。

本书也难免有不足之处。1. 在语料方面,虽然作者已尽了很大努力,但难以保证全部语料的准确性,而语料的准确是科学研究的基础。其他方言我不敢说,苏州话是我的母语,书中大量苏州话语料,有的例句的合法性有疑问,如 5.1.4.4 例(19)我认为不能说。

2. 作者没有提到,苏皖区域除了作者所说的三大方言外,在皖西还有赣语。皖、鄂交界处的江淮官话属黄孝片,跟洪巢、泰如两片不同,虽然分布范围较小,但不应完全不提。

3. 如作者自己认识到的,本书虽然采用了区域语方学的方法,但总体上说,理论的提升还不足,本书的最主的价值还在于提供了众多语言事实,而不是在理论主有重大突破。当然,这时一个困难的论题,不能过于苛求,我愿意提出来作为作者今后努力的方向。

评审人：汪丁

2011 年 12 月 11 日

专家评审意见

吴福祥

跟语言的分化和演变一样,方言形成之后也会不断发生演变。这类演变可能是特定方言的独立创新,也可能是"沿流"(drift)触发的平行演变或接触导致的"外部演变"(external changes)。后两者往往导致同一区域不同方言在结构上的"趋同"(convergence),从而形成所谓的"方言区域"现象。

以往的汉语方言语法研究,主要聚焦于单个方言共时模式和历时演变的考察以及特定语法现象的跨方言比较,对方言语法的区域现象则关注不够。本书稿从区域语言学的角度描写、分析苏皖两省境内吴语、徽语和江淮官话的五种语法现象,比较不同方言点的异同,探讨它们之间的关系。选题独特,角度新颖,成果具有填补空白的学术价值。

作者从以苏州话为代表的吴语和以北京话为代表的北方方言在语法上具有类型差异这一工作假设入手,选取在苏州话和北京话中具有类型差异的五项语法特征(即三种动态范畴的表现形式,苏州话表体貌的"脱"及在各方言中的对应成分,量词独用现象,跟动词重叠有关的几种句法语义现象,跟数量词连用的词缀"头")在苏皖两省进行调查,然后基于田野调查而得到的资料,对苏皖两地吴语、徽语和江淮官话十余个代表点的上述五项语法特征进行比较全面、深入的描写和分析,其中,苏州话表体貌的"脱"及在各方言中的对应成分(第三章)、与动词重叠有关的几种句法语义现象(第五章)以及与数量词连用的词缀"头"(第六章)三项"区域特征"的讨论尤见功力。

书稿第七章基于共时区域特征的观察,讨论苏皖方言区域特征的成因。作者从区域语言学的角度详细辨析了不同区域特征的历时动因,概括出"共同底层的影响"、"方言接触的结果"以及"平行发展的产物"等三种历时因素。也许我们不一定完全接受作者的某些概括和断言,但本章的讨论无疑显示出作者开阔的学术视野和良好的理论素养。特别是作者有关方言语法层次的论述和思考很有价值。

本书稿也有若干需要再酌之处:

第一,论证苏皖区域内吴语、徽语和江淮官话的语法相似性是一种区域特征,理想的做法应是用苏皖两省之外的吴语、徽语和江淮官话来进行比较,比如可以拿浙南的吴语、江西的徽语以及湖北的江淮官话来跟苏皖的吴语、徽语和江淮官话进行比较。但本书稿在这方面似未有关注。

第二,根据我们的观察,苏皖两地方言最有特色的语法特征是"F(可/阿)VP"型正反问句。这种正反问句虽也偶见于其他地区的方言(如云南官话,广东新丰、怀集一带的客家方言以及少数闽语),但大都跟江淮官话和吴语方言的播散有关,因此"其渊盖出于"苏皖方言。本文对这一语法特征未能涉及。

第三,"区域语言学"(areal linguistics)与"区域方言学"(areal dialectology)是两个相关而不等同的概念,本书稿对此未加辨析。

第四,本书稿的某些分析不够准确,比如作者将专有名词前的量词(如"个老张""个长沙")分析为定冠词。

总之,本书稿是汉语方言语法研究的一份重要成果,具有很高的学术价值,达到了出版的水平。

评审人:吴福祥

2011 年 12 月 11 日

后 记

  这本小书是以我在北京大学的博士论文《苏皖区域方言语法共同特征研究》(2005年)和复旦大学的博士后出站报告《苏皖区域方言语法比较研究》(2009年)为基础修改而成的。在这里我要感谢我的博士论文指导老师,北京大学中文系的袁毓林教授、李小凡教授,还要感谢我在复旦大学中文系的博士后联系导师游汝杰教授。袁老师对学术有浓厚的兴趣,知识面又宽,跟我们这些学生聊天的时候,话题几乎都围绕语言学展开,而我们也很难插得上嘴。不过,听袁老师聊学问也是一种享受,很多东西潜移默化,不经意间自己已经得到了提高。我读博士期间袁老师去日本讲学两年。在此期间由李小凡老师指导我做博士论文。李老师跟袁老师不一样,话特别少。不过,李老师方言学功底深厚,对理论问题也有很深的思考。博士论文开题会上,李老师提出了以区域语言学的视角来审视苏皖方言语法问题的建议,这也成了本书的主体架构。量词独用那一章也是李老师建议加进去的。李老师在盐城插过队,知道那里的方言有不同于普通话,而与苏州话相似的量词独用现象。在此之前,学界还不知道江淮方言中也有类似苏州话的量词独用现象。2007年,我到游汝杰教授那里做第二站博士后。因为兼做复旦大学汉语言文字学专业的学科秘书,所以跟游老师几乎每周都会碰面。游老师很支持我以区域方言学的视角去分析方言语法现象。我每次田野调查回来,他都会问我有没有什么新的发现。我在研究中遇到困难,他也总会设法帮我解决。

  这本书从写作到出版历时十一年,这其中要感谢的人还有很多。

我从 2009 年到 2013 年在法国高等社会科学院东亚语言研究所 SINO-TYPE 项目组工作，主要负责调查和描写绩溪上庄镇的方言。项目负责人 Hilary Chappell（曹茜蕾）教授还为我提供了额外的田野调查经费，使我得以在 2010 年 12 月到 2011 年 1 月重新调查了苏皖的 20 个方言点，进一步核对了材料，并补充调查了宿松和婺源两个点。本书中的绩溪方言的材料也主要来自我 2010 年到 2013 年在绩溪上庄镇的田野调查。2005 年到 2007 年我在中国社会科学院语言研究所做第一站博士后，联系导师是沈家煊研究员。虽然那两年我主要精力投在词汇语义研究上，对生成词库理论很感兴趣，沈老师主要的学术兴趣也不在方言语法方面；但是，能够跟沈老师这样的大家一起讨论问题，耳濡目染，自己的学术素养自然也得到提高。感谢沈老师能给我与他进行两年合作研究的机会。

我要感谢北京大学中文系的王福堂教授和王洪君教授。2002 年底我第一次独自到苏皖地区去做调查。出发前，我把调查问卷发给两位王老师。他们约我见面，拿出了经过他们详细修改的问卷，还给我讲了调查中应该注意的事项。后来王福堂老师担任了我的博士论文答辩委员会主席。王洪君老师则全程参与了从博士论文开题报告到预答辩、答辩的各个环节，提了很多很好的建议。为我提供了很大帮助的还有中国社会科学院语言研究所的刘丹青教授。他在江苏、安徽、浙江等地调查过吴语、徽语、江淮官话，有着非常丰富的方言语法调查经验。我外出调查之前去他那里请教调查的"秘诀"。他从调查点的确定、发音人的选择到问卷设计、调查细节的处理等各个环节都给我做了指导，使我受益匪浅。北京语言大学的赵日新教授不仅把他尚未发表的文稿拿出来让我复印，还帮我联系发音人，帮助我核对绩溪话的材料（博士论文和博士后报告中用的都是绩溪县城的材料）。中国社会科学院语言研究所的刘祥柏博士是安徽六安人，他不仅给了我一本他尚未出版的博士论文，还跟我一起讨论了本书中所用的部分六安话的材料。

特别值得一提的还有南京大学中文系的三位教授。2003年1月初，我先后拜访了顾黔教授、鲍明炜教授和鲁国尧教授。顾黔教授得知我要将江淮方言语法作为博士论文选题后非常高兴，热情地鼓励我做下去，还送了我一本她亲笔签名的《通泰方言音韵研究》。鲍明炜教授将他珍藏多年的江淮方言资料拿出来让我复印。可惜鲍先生过早地离开了我们，无法看到本书的出版。希望这本小书能够告慰鲍先生，他所开创的江淮方言研究后继有人，事业蓬勃。鲁国尧教授将我邀到他家，长谈了两个小时。他对我的论文选题很感兴趣，除了送我一本刚刚出版的《鲁国尧语言学论文集》，还介绍他的好友，泰州人俞扬先生和兴化人张炳钊先生分别做我的泰州方言和兴化方言的发音人。俞扬先生20世纪50年代毕业于南京大学中文系，受过很好的语言学训练，后来长期在家乡工作，在《中国语文》《方言》等杂志上发表过研究泰州方言的学术论文。张炳钊先生编写了《兴化方言志》，是研究兴化方言的权威。有他们两位先生做我的发音人，我的调查顺利了很多。

北京大学中文系的郭锐教授在我的博士论文开题、预答辩及答辩会上都提出了很好的建议。他还将修改建议整理成电子邮件发给我。在复旦大学举行的博士后出站报告开题会、答辩会上，复旦大学中文系戴耀晶教授、龚群虎教授也提出了很多很好的意见或者建议。感谢他们的意见或者建议，这使本书减少了差错，提高了质量。

我要感谢江苏师范大学的张爱民教授，是张老师把我领进了语言学的殿堂。我17岁考入徐州师范学院（江苏师大的前身）中文系，大一的时候张老师就给我们上《现代汉语》。1996年24岁的时候我又考回母校，跟随张老师攻读现代汉语专业硕士。张老师不仅在学习上严格要求我们这些学生，而且在生活上对我们照顾得也是无微不至。毫不夸张地说，我们这些研究生把张老师既当作严师，又当作慈母一样看待。江苏师大的苏晓青教授是我的方言学启蒙老师。想当初在苏老师手底下学国际音标的时候，苏老师要求非常严格，而自己因为年轻不懂事，没少挨苏老师的"骂"。我后来到徐州做调查的时候，苏老师帮我找了三十多位中文系的本科生和研究生协助调查，为我提供江苏各地方言的材料。这其中就有后来跟我合作在《中国语文》上发表两篇论文的顾劲松（后来考取了南京师大刘俐李教授的博士，现在常熟理工学院工作）和跟我一起申报国家课题"苏皖区域方言语法比较研究"的蔡华祥（后来考取了苏州大学汪平教授的博士，现在南通大学工作）。我还忘不了已经去世的廖序东教授和吴继光教授对我的培养。廖先生是语言学研究大家。他主持制定的研究生培养计划规定了语言类研究生必修的一些课程，其中就有语音学和方言学的课程。方言研究是语言研究之基础的理念在先生的头脑可谓根深蒂固，没有丝毫的动摇。吴继光教授在给我们讲西方语言学理论、语法分析方法等课程时就经常拿方言中的例子来进行说明，引导我们不仅要重视普通话中的现象，也要关注方言。

在北大读书时经常跟施春宏、黄瓒辉、周韧、宋亚云、帅志嵩、谭代龙、曾立英、应晨锦、陈宝贤、马云霞、邵丹等同学一起讨论问题。在复旦做博士后期间也经常跟张万禾、郑伟、陈振宇一起谈论语言学话题。这些都是非常美好的时光。

我要感谢常熟理工学院的丁晓原教授、周宏教授、张幼良教授、黄斐博士以及其他师友对我的关心和帮助。没有他们的理解和支持，不可能有这本小书的面世。

我还要感谢帮助我的各地的发音合作人以及语料的核对人。没有他们的密切配合、辛勤工作，我不可能获得如此丰富宝贵的方言材料。感谢本书的两位评审专家。他们的修改意见无疑提升了本书的质量。感谢本书的责任编辑冯爱珍老师。冯老师是方言研究的大家，她参与撰写的《徽州方言研究》一直是我重要的参考书目之一。冯老师认真负责的工作态度使本书减少了很多差错。当然,本书中仍有的问题,概由我负责。

　　方言研究是注定会留下遗憾的,因为方言宝库里的藏品实在太丰富了。期望通过一张事先拟定好的调查问卷,能够把方言中种种奇妙的现象完整、准确地揭示出来是根本不可能的。本来想就着写后记的机会把这十来年间从事方言语法调查、研究的心得写出来,无奈篇幅和时间有限,只能等待以后有机会单独成文了。

王健

2014 年 1 月 18 日